ŒUVRES

DE

GEORGE SAND

IMPRESSIONS ET SOUVENIRS

MICHEL LÉVY FRÈRES, ÉDITEURS

ŒUVRES COMPLÈTES
DE
GEORGE SAND
Nouvelle édition, format grand in-18

LES AMOURS DE L'AGE D'OR.	1 vol.	JEANNE................	1 vol.
ADRIANI................	1 —	JOURNAL D'UN VOYAGEUR PEN-	
ANDRÉ..................	1 —	DANT LA GUERRE.......	1 —
ANTONIA................	1 —	LAURA.................	1 —
LE BEAU LAURENCE.......	1 —	LÉLIA — Métella — Cora.	2 —
LES BEAUX MESSIEURS DE		LETTRES D'UN VOYAGEUR...	1 —
BOIS-DORÉ.............	2 —	LUCREZIA FLORIANI Lavinia.	1 —
CADIO..................	1 —	MADEMOISELLE LA QUINTINIE.	1 —
CÉSARINE DIETRICH.......	1 —	MADEMOISELLE MERQUEM....	1 —
LE CHATEAU DES DÉSERTES.	1 —	LES MAITRES SONNEURS....	1 —
LE COMPAGNON DU TOUR DE		LES MAITRES MOSAISTES...	1 —
FRANCE................	2 —	MALGRÉTOUT.............	1 —
LA COMTESSE DE RUDOLSTADT.	2 —	LA MARE AU DIABLE......	1 —
LA CONFESSION D'UNE JEUNE		LE MARQUIS DE VILLEMER...	1 —
FILLE.................	2 —	MAUPRAT...............	1 —
CONSTANCE VERRIER......	1 —	LE MEUNIER D'ANGIBAULT...	1 —
CONSUELO...............	3 —	MONSIEUR SILVESTRE......	1 —
LES DAMES VERTES.......	1 —	MONT-REVÊCHE...........	1 —
LA DANIELLA............	2 —	NANON.................	1 —
LA DERNIÈRE ALDINI.....	1 —	NARCISSE..............	1 —
LE DERNIER AMOUR.......	1 —	NOUVELLES.............	1 —
LE DIABLE AUX CHAMPS...	1 —	PAULINE...............	1 —
ELLE ET LUI............	1 —	LA PETITE FADETTE.....	1 —
LA FAMILLE DE GERMANDRE.	1 —	LE PÉCHÉ DE M. ANTOINE...	2 —
LA FILLEULE............	1 —	LE PICCININO..........	2 —
FLAVIE.................	1 —	PIERRE QUI ROULE......	1 —
FRANCIA................	1 —	LES SEPT CORDES DE LA LYRE	1 —
FRANÇOIS LE CHAMPI.....	1 —	PROMENADES AUTOUR D'UN VIL-	
HISTOIRE DE MA VIE.....	10 —	LAGE.................	1 —
UN HIVER A MAJORQUE —		LE SECRÉTAIRE INTIME...	1 —
Spiridion.............	1 —	SIMON.................	1 —
L'HOMME DE NEIGE.......	5 —	TAMARIS...............	1 —
IL.....................	1 —	TEVERINO — Léone Léoni...	1 —
IMPRESSIONS ET SOUVENIRS.	1 —	THÉATRE COMPLET.......	4 —
INDIANA................	1 —	THÉATRE DE NOHANT.....	1 —
ISIDORA................	1 —	L'USCOQUE.............	1 —
JACQUES................	1 —	VALENTINE.............	1 —
JEAN DE LA ROCHE.......	1 —	VALVÈDRE..............	1 —
JEAN ZISKA — Gabriel...	1 —	LA VILLE NOIRE........	1 —

CLICHY. — Impr. PAUL DUPONT, rue du Bac-d'Asnières, 12.

IMPRESSIONS
ET
SOUVENIRS

PAR

GEORGE SAND

PARIS
MICHEL LÉVY FRÈRES, ÉDITEURS
RUE AUBER, 3, PLACE DE L'OPÉRA
—
LIBRAIRIE NOUVELLE
BOULEVARD DES ITALIENS, 15, AU COIN DE LA RUE DE GRAMMONT

1873

Droits de reproduction et de traduction réservés

IMPRESSIONS ET SOUVENIRS

I

A CHARLES EDMOND.

1871.

Je ne le nie pas, j'ai la naïveté d'écrire chaque soir, presque toujours en quelques lignes, quelquefois plus au long, le récit de ma journée; et cela depuis vingt ans. Il n'en résulte pas que ce journal mérite jamais d'être publié, et j'ignore encore si quelques pages en valent la peine.

Je le feuillète. Je le trouve insipide pour tout autre que pour moi; c'est comme un journal de bord, car nous vivons en famille, presque toujours à la campagne, et cela ressemble à la vie sur un navire en panne. Ce journal ne peut servir qu'à la famille quand elle a besoin de retrouver la date et les circonstances d'un fait qui l'intéresse.

J'essaierai pourtant, puisque vous m'y conviez; à la condition que vous m'arrêterez si, dès le début, c'est ennuyeux ou puéril; mais je vous demande la permission de pêcher sans ordre et sans parti pris dans cette eau discrète qui a absorbé beaucoup de choses sans les refléter bien nettement. Les fictions me plaisent, ma personnalité s'y perd et s'y efface volontiers : elles ne prennent pourtant pas tout mon temps, il s'en faut de beaucoup, et j'en gaspille bien davantage à rêver sans penser à rien qui puisse être pratiqué ou manifesté. Je serais embarrassé d'exprimer ce mode d'action intérieure que chacun subit à sa manière et qui doit être infiniment varié selon les caractères, les tempéraments, les milieux, les âges de la vie. Peut-être certaines pages de ce journal auront-elles, en ce sens, la valeur d'une étude que chacun peut faire sur soi-même.

Mais y mettre de l'ordre m'est impossible en ce moment. Relier logiquement, jour par jour, vingt ans de ma vie souvent confuse et un peu impersonnelle, serait un travail pour lequel il me faudrait peut-être vingt autres années, et j'ai trop de choses à voir et à comprendre, moi qui ne comprends pas vite, pour consacrer à me connaître et à me comprendre moi-même le temps assez limité qui me reste à vivre. Allons donc au hasard ; voici des feuilles volantes qui tombent du mince registre où chaque journée doit tenir en vingt petites lignes au plus. Quand ces feuilles volantes sont placées entre les pages reliées, c'est que j'avais eu quelque velléité de formuler une idée ce jour-là.

1863, 23 janvier, 5 h. 1/2 du soir.

Le ciel est d'un rouge-orange au couchant, derrière le réseau noir et net des grands tilleuls sans feuilles ; la lune est presque au zénith et présente un masque vu de trois quarts : un de ses bords tranche vivement sur le ciel, l'autre se fond comme dans un lointain brumeux. — Au fait! il y a, dans ce petit champ visuel que l'astre nous présente, plusieurs centaines de lieues de perspective. Comme un monde tient peu de place dans l'espace!

Toute la constellation d'Orion, brillante comme le diamant, monte derrière la lune, dans un bleu froid ; et plus bas, sur la cime des arbres du jardin, côté sud-est, Sirius éclate déjà, blanc et palpitant dans l'éther. Les ombres que projettent les pins du jardin sont franches et immobiles sur le sable. Il y a donc des violettes fleuries? Je ne les ai pas vues, mais je les sens, l'air frais en est imprégné.

Comme cet hiver est doux! Je regarde, de ma fenêtre ouverte, le couchant s'éteindre à ma droite et la nuit monter à ma gauche. Il ne fait pas froid, et sans la position des étoiles, on pourrait se croire en avril. Mais non! ce beau silence n'est pas l'annonce indiscrète du printemps. Il est si profond que je n'ose pas remuer, dans la crainte de le troubler. J'irais bien faire un tour de promenade avant le dîner, mais je pourrais déranger quelque chose dans la nature, et d'ailleurs, je m'entendrais marcher; le charme serait rompu.

J'ai passé une demi-heure comme cela, retenant machinalement mon haleine dans cet air sans brise. La vie était comme suspendue au dehors et au-dedans de moi. Je ne pensais qu'à ces violettes qui se cachent le jour et qui se trahissent le soir par des parfums subtils. Mon Dieu, qu'elles ne craignent donc pas! Je ne me permettrai pas de les cueillir.

La cloche du dîner a sonné; elle n'a pas la voix aigre ni bruyante, mais elle a fait hurler le chien. Le chien est un être peureux, méfiant, plein de visions et de terreurs. Il a des cris de détresse, des sanglots sans cause apparente : la lune à l'horizon le désespère; il ne regarde pas les blanches étoiles, mais les rouges planètes le troublent. Il a sans doute des perceptions qui nous échappent. Les murs blancs l'effrayent dans le crépuscule. Il est dupe des ombres. Il est incessamment tourmenté par des chimères. C'est une imagination vive sans notions suffisantes pour jouir du spectacle des choses. Il le subit et en souffre.

Minuit. — A*** m'a fait *une scène*, parce que j'ai risqué tantôt de prendre un rhume à la fenêtre ouverte. Cet excellent ami ne veut pas comprendre qu'il vaut mieux enrhumer son nez que de priver son âme d'une haute jouissance. J'essaye de lui révéler cette joie muette de la contemplation, je ne réussis pas. Il est enragé de logique, il lui faut des mots qui définissent, et je n'en trouve pas pour définir le vague.

J'essaye pourtant de répondre à ses questions : — Avez-vous besoin, pour voir le tableau que présente la nature à certains moments, d'une demi-heure d'examen? Est-ce qu'à chaque seconde de cette demi-heure, le tableau ne change pas?

— C'est justement ce changement à la fois insensible et rapide que j'observe.

— A quoi cela vous sert-il? Ce changement est le désespoir des peintres qui voudraient en vain fixer l'effet.

— Je me fais une jouissance de ce qui fait le désespoir des peintres. J'assiste à un spectacle qui est toujours nouveau et qui ne subit pas la loi brutale et invraisemblable du dénoûment.

— Mais cela ne sert pas votre art! Vous ne pouvez pas faire la description d'une situation qui vous échappe sans cesse. Vous êtes forcé de la saisir à un moment donné, ou de ne reproduire que les principales phases de son mouvement.

— C'est très-juste, mais je n'ai pas du tout pensé à faire la moindre description. Ces choses-là se font après coup, si l'on a été vivement frappé; mais les meilleures appréciations sont celles qu'on n'a pas besoin de communiquer.

— C'est-à-dire que les descriptions que vous sentez le mieux sont celles que vous n'écrivez pas!

— Je le crois.

— Eh bien! moi, je ne vois rien quand je suis seul. Je ne regarde pas.

— Tu ne veux pas regarder?

— Précisément; cela m'attristerait. Je me mettrais peut-être à pleurer comme le chien, à qui la lune agace les nerfs. Il me faut sentir la vie humaine, la vie de mon espèce autour de moi. Celle des êtres avec lesquels je ne peux pas communiquer m'est indifférente, et presque antipathique. Pour vous, c'est donc le contraire?

— Que sais-je?

— Ce n'est pas une réponse.

— Si ma réponse doit soulever une discussion, j'aime mieux me taire et te laisser croire que j'ai un grain de folie. La discussion sur certaines perceptions intimes où l'on se plaît ressemble à une profanation. Que dirais-tu du peintre qui, pour mieux rendre la couleur d'une prune, essuierait la buée qui la couvre? Il y a une buée sur certaines impressions. C'est comme un voile de fraîcheur auquel je n'aime pas à toucher.

Il va se coucher en disant qu'il respecte ma fantaisie, mais qu'il ne la comprendra jamais. Il voudrait, artiste qu'il est dans un autre sens, saisir le procédé normal et rationnel. Je crois qu'il cherche l'impossible. Chacun a son procédé. Il y a même des artistes qui n'en ont point, et je suis peut-être de ceux-là. Avantage ou infirmité, je ne sais, mais ayant trouvé, dans mon mode de perception, des jouissances infinies, j'avoue que je ne voudrais pas les perdre.

Un autre ami qui me parle quelquefois de ces choses et qui y met plus de complaisance, m'assure que l'analyse de mon moi intérieur ne m'enlèverait pas ces joies qu'il appelle mystérieuses, parce que, dit-il, je m'en fais mystère à moi-même. Il croit que l'on apprécie un plaisir d'autant plus que l'on sait mieux en quoi il consiste. Mais ce plaisir n'est pas à ma disposition! Je puis fort bien me mettre à ma fenêtre par une nuit splendide, regarder l'agencement des lumières et des ombres, voir en quoi consiste la beauté de l'heure et du lieu, noter le chant de l'oiseau nocturne, apprendre enfin, en naturaliste ou en peintre, les mille petites merveilles du dehors, sans m'identifier au-dedans avec elles. Mon moi vit alors de sa vie propre, qui n'est pas un enchantement perpétuel, puisqu'elle est soumise à un enchaînement de devoirs ou d'obligations où je n'ai pas le droit de chercher ma satisfaction aux dépens de celle des autres. Les moments où, saisi et emporté hors de moi par la puissance des choses extérieures, je puis m'abstraire de la vie de mon espèce sont absolument fortuits, et il n'est pas toujours en mon pouvoir de faire passer mon âme dans les êtres qui ne sont pas moi. Quand ce phénomène naïf se produit de lui-même, je ne saurais dire si quelque circonstance particulière, psychologique ou physiologique m'y a préparé. A coup sûr, il y faut l'absence de vive préoccupation ; la moindre cause de sollicitude éloigne cette sorte d'extase intérieure, qui est comme un oubli involontaire et imprévu de ma propre vitalité.

Cela arrive certainement à tout le monde, mais je voudrais rencontrer quelqu'un qui pût me dire : « Cela m'arrive aussi de la même manière. Il y a des heures où je m'échappe de moi, où je vis dans une plante, où je me sens herbe, oiseau, cime d'arbre, nuage, eau courante, horizon, couleur, forme et sensations changeantes, mobiles, indéfinies ; des heures où je cours, où je vole, où je nage, où je bois la rosée, où je m'épanouis au soleil, où je dors sous les feuilles, où je plane avec les alouettes, où je rampe avec les lézards, où je brille dans les étoiles et les vers luisants, où je vis enfin dans tout ce qui est le milieu d'un développement qui est comme une dilatation de mon être. »

Je n'ai pas rencontré cet interlocuteur, ou je l'ai rencontré sans le connaître. Je n'eusse d'ailleurs pas osé l'interroger, n'aimant pas toujours à être interrogé moi-même. Tous les jours on peut passer à côté de son traducteur sans le deviner ou sans être disposé à lui livrer son texte.

J'aurais voulu le rencontrer pourtant, à la condition qu'il fût plus savant que moi et qu'il pût me dire si ces phénomènes sont le résultat d'un état du corps ou de l'âme, si c'est l'instinct de la vie universelle qui reprend physiquement ses droits sur l'individu, ou si c'est une plus haute parenté, une parenté intellectuelle avec l'âme de l'univers, qui se révèle à l'individu délivré, à certaines heures, des liens de la personnalité. M'est avis qu'il y a de l'un et de l'autre et qu'il n'en peut pas être autrement. J'aurais peur d'une explication médicale qui me dirait que ces sortes d'hallucinations tiennent exclusivement à la circulation du sang et peuvent s'expliquer par un accès de fièvre. Je ne sais pas ce que savent les savants; mais je sais fort bien quelles choses ils ne savent pas.

Quoi qu'il en soit, il y a dans l'être humain un double mécanisme d'action et de réaction qu'il serait curieux de pouvoir observer, et qui échappe à l'investigation, même à celle qu'on peut faire de soi-même. Je n'ai rien lu, rien entendu de satisfaisant sur la corrélation de la pensée qui saisit son objet avec l'objet qui s'empare de la pensée. Celui qui l'explique part de son mécanisme qui n'est pas celui d'un autre, et affirme ce qui se passe en lui d'une certaine manière, sans se douter que les choses se passent autrement dans une foule d'organisations variées à l'infini; et que, même chez un même individu, elles se passent tous les jours d'une manière infiniment variable. D'où vient que tel aliment, qui vous plaisait hier, vous déplaît aujourd'hui? Il en est ainsi de tous nos aliments intellectuels. Ils conviennent en leur temps ou selon le nôtre.

— En y réfléchissant, à trois heures du matin — c'est assez l'heure des résumés lucides — en été surtout, aux approches de la lumière et du réveil des choses, — je trouve très-simple le problème qui a tourmenté hier soir mon ami A***, et qui m'a inquiété un peu sur mon propre compte, je l'avoue. Nous ne sommes pas des êtres abstraits, et même rien n'est abstrait en nous. Notre existence s'alimente de tout ce qui compose notre milieu, air, chaleur, humidité, lumière, électricité, vitalité des autres êtres, influences de toutes sortes. Ces influences ont été nécessaires à l'éclosion de notre vie, elles sont encore *nous* pendant sa durée. Nous sommes terre et ciel, nuage et poussière, ni anges ni bêtes, mais un produit de la bête et de l'ange, avec quelque chose de plus intense dans la pensée de l'un et dans l'instinct de l'autre : nous ne sommes pas des êtres ravis dans l'idéal au point d'y perdre la volonté et la liberté. Nous ne sommes pas non plus des êtres absorbés uniquement par le soin de la conservation de l'espèce et soumis à des procédés invariables.

Mais notre parenté intime et directe avec l'ange et la bête se fait sentir à nous d'autant mieux que nous nous exerçons à nous appartenir quand même. Nous étudions l'ange, c'est-à-dire la partie sereine et divine de l'âme universelle; nous observons la bête, y compris la plante, qui est un être sans locomotion apparente; et, à la suite d'une vive attention donnée à cet examen, nous arrivons à sentir, matériellement et intellectuellement, l'action que nos générateurs multiples, êtres ou corps, exercent encore sur nous. Je ne rêve donc pas quand, devant le spectacle d'un grand édifice de roches, je sens que ces puissants ossements de la terre sont miens, et que le calme de mon esprit participe de leur apparente mort et de leur dramatique immobilité. La lune ronge les pierres, au dire du paysan; je dirai volontiers qu'elles boivent la lumière froide de la lune et se désagrégent sourdement la nuit après avoir subi l'action dévorante du soleil. Je songe au travail occulte qui s'opère dans leurs molécules, et je me sens porté à leur attribuer le genre de bien-être qui se fait en moi, plus rapide, sous l'empire de circonstances analogues. Et moi aussi, je suis une pierre que le temps désagrége, et la tranquillité de ces blocs, dont toute l'affaire est de subir l'action des jours et des nuits, me gagne, me pénètre, me calme et endort ma vitalité. A quoi bon vouloir tant de choses inutiles à la tâche quotidienne? L'éternelle destruction, qui préside à la reconstruction sous un autre mode, est plus active, puisqu'elle est incessante, que ne le sera jamais ma volonté qui procède par bonds. Mourir, ce n'est pas devenir mort, puisque c'est servir à faire autre chose. Mourir, c'est changer d'action, et si l'action continue dans la pierre, dans l'ossement qui paraît ce qu'il y a de plus insensible et de plus mort sur la terre, pourquoi me tourmenterais-je du changement inévitable de ma patience sentie en une patience inerte? Ce sera bien plus facile, et, à supposer que je

n'aie point d'âme, c'est-à-dire qu'une vitalité capable
de me reconstruire à l'état humain ne me survive pas,
je suis sûr de laisser ma pierre sous le sable, c'est-à-
dire un ossement tranquille qui deviendra un élément
quelconque de vitalité. Les influences naturelles s'en
chargeront. Si la pierre, qui a contribué à mon ossa-
ture en me fournissant la partie calcaire qui est ma
base, est une aïeule que je ne puis renier et que je
regarde avec un certain respect poétique et raisonnable, la plante qui est un organisme, un être bien an-
térieur à moi sur la terre, a droit à mon admiration,
non-seulement par sa grâce ou sa beauté, mais encore
pour le rôle qu'elle joue dans mon existence. Elle vit
d'ailleurs, jusqu'à un certain point, d'une vie analogue
à la mienne. Elle ne remue pas par elle-même, mais
elle agit par sa croissance, elle opère son mouvement
par une action qui est en même temps une production.
Si elle a besoin d'aller trouver un sol plus propice,
une lumière plus ou moins vive, elle tire de sa propre
substance des branches, des vrilles ou de puissantes
racines qui sont en même temps action et moyens
d'action.

Elle échappe à la mort par une sorte de suicide; la
séve abandonne la tige souffrante et va pousser ailleurs, souvent assez loin, des rejets nouveaux. Le travail de la racine ne s'arrêtera, pour émettre le germe,

que là où le milieu lui sera favorable. Quelle plus belle manifestation de la vitalité? Quand nous perdons un membre, nous perdons tout ce qui constituait l'action de ce membre ; le végétal se fait un membre nouveau qui marche en même temps qu'il pousse, et, bien mieux, il se fait un autre corps, il crée à nouveau son individu pour transporter sa vie entière sur un autre point. On ne peut donc pas le mépriser pour cause d'inertie. Il se déplace par le plus vigoureux effort qui se puisse concevoir.

La puissance des êtres vous saisit donc, et vous ne pouvez les observer sans les admirer. L'admiration est une forme de l'affection ; l'égoïsme lui-même recherche ce qui lui donne des jouissances. Il est donc tout simple qu'en entrant par l'observation dans la vie de la plante, on sente d'autant mieux la force et la solidarité de la vie universelle. Le parfum des fleurs ne pénètre-t-il pas dans notre esprit en même temps que dans nos organes? Est-il pour nous une satisfaction purement physique? Ne s'associe-t-il pas immédiatement en nous à des idées de pureté, de poésie, à un sentiment élevé de la nature et de la vie?

Et si nous étendons nos observations à la vie des êtres plus complets encore qui peuplent notre milieu, à tous les animaux grands et petits, d'allure bruyante ou mystérieuse, qui, du sein de l'écorce terrestre jusqu'à la cime des grands végétaux et aux régions de l'air, agissent et travaillent, nous sommes éblouis de la diversité de leurs fonctions. Toutes sont admirablement ingénieuses, et, comme tous ces êtres sont beaux ou intéressants dans leur mode d'existence, on se transporte involontairement dans cette existence qui a l'air de nous enlever au sentiment de la nôtre, mais qui, au contraire, le complète et le confirme. Qui n'a rêvé les ailes de l'oiseau? Je me contenterais plus modestement des pattes du lièvre, ou des bonds relativement immenses de la sauterelle. Je songe aussi au petit bien-être caché du grillon des champs, dont l'appartement est si chaud, si propre, et le masque d'arlequin si sérieux et si comique. Il a un tambour de basque sous les ailes, et il paraît heureux comme un sauvage, de répéter toujours la même note. Quelle gaité, quelle folie, le soir, dans un pré fleuri, quand toutes les bestioles de l'herbe, rendues à la sécurité par l'absence de l'homme, s'égosillent en conversations dans tous leurs idiomes! N'a-t-on pas besoin de se taire pour les écouter, faute de pouvoir chanter et causer avec elles? Mais comme, pour décrire l'action incessante et féconde de tout ce qui compose le charme de la nature, il faudrait plus de temps qu'il n'en faut pour l'apprécier et le sentir, j'oserai dire demain à mon ami A*** que les descriptions littéraires sont de pauvres paroles qui n'expriment pas la millième partie de ce qu'on sent, et qu'il y a plus de bonheur à ne rien faire qu'à écrire.

Bonheur qu'il faut savoir limiter pourtant, non pas seulement dans la crainte des rhumes, mais parce que les devoirs de la vie... Je vais me coucher ! Ce n'est pas l'heure de rentrer dans les soucis humains. Demain apportera sa tâche, et il faudra avoir dormi. Demain peut-être, je serai si préoccupé des soins relatifs à la vie de mon espèce, que je ne saurai plus rien des mouches qui volent, des fleurs qui poussent et des nuages qui passent.

1871, juillet.

Franchement, tout cela valait-il la peine d'être écrit? C'est, au fond, de la métaphysique à l'usage des poëtes ; mais comme ce n'est pas rédigé dans la langue des métaphysiciens, c'est eux qui le comprendraient le moins ; les poëtes le trouveraient trop réaliste, ou trop idéaliste. Je crois bien qu'il y a beaucoup de choses qu'il faut écrire pour soi-même, comme elles vous viennent. Si on vous invite à les publier, il faut alors les livrer à la critique sans songer à les défendre, et les dédier à ceux qui cherchent avec ingénuité l'énigme de la vie, sans se piquer de l'avoir trouvée.

II

1860, Paris, mars.

. . . .

... Ces bons vieux amis me demandent *en quel état* est mon âme? S'ils y pouvaient lire à toute heure, ils trouveraient peut-être qu'elle est en état de grâce, comme disent les catholiques; moi je dis qu'elle n'a plus guère d'état particulier; elle est entrée depuis longtemps dans le chemin où les accidents et les périls ne font pas retourner en arrière. — On me trouve trop indulgent pour les choses et pour les gens de ce temps-ci. Je ne suis pas si indulgent que l'on croit. J'ai acquis de la patience en proportion de ce qu'il en faut, voilà tout. Ayant traversé beaucoup de choses jugées, je n'ai pas le goût de supplicier ce que je condamne, j'aime mieux l'oublier. Est-ce fatigue ou nonchalance ? C'est peut-être aussi un peu de dégoût; ils disent que le temps présent ne peut pas m'aller, que je dois souffrir de la transformation qui s'opère, depuis dix ans surtout, dans la marche des idées. De quoi ne souffre-t-on pas quand on regarde la réalité? Mais il ne faut pas se laisser dominer par une tristesse stérile. Il faut que la réflexion, après nous avoir abattus, nous relève. Ils avouent que réfléchir les attriste; mais qu'ils réfléchissent encore plus et ils retrouveront cette petite joie intérieure qui consiste à se dire : « Je sens la vie dans ce qu'elle a de vrai et de bon, je n'ai pas soif de ce qu'elle a de faux et de vénéneux. Le *vrai*, qu'à présent je sais très-bien discerner, nul ne peut m'empêcher d'en vivre. »

Je l'appelle petite joie, parce que toute joie qui nous est personnelle est incomplète. On n'est pas vraiment heureux quand on est heureux en petit nombre. Il faudrait le bonheur de tous pour corollaire au bonheur de famille. Il faudrait cela aussi pour la sécurité de l'existence.

Ah bien oui! la sécurité de l'avenir! L'avenir est noir. Ce coup d'État qui, dans les mains d'un homme vraiment logique, eût pu nous imprimer un mouvement de soumission ou de révolte dans le sens du progrès, ne nous a conduits qu'à un affaissement tumultueux à la surface, pourri en dessous. Le Français veut vivre vite. Il se préoccupe peu de l'avenir, il oublie le passé. Ce qu'il lui faut, c'est l'intensité d'émotion de chaque jour. Donnez-lui n'importe quelle émo-

tion, il la boit ; vin pur ou frelaté, il avale et s'enivre.
Si les conditions de la vie normale lui manquent, il se
fait une vie factice et il y tient d'autant plus qu'elle
lui est contraire. Dans les temps de révolution, il
s'agite démesurément et, par ses efforts pour arriver
à la lumière, il se précipite dans les ténèbres. Dans les
temps de calme, il ne se soucie plus de ce qui l'a
passionné la veille, il consent à s'étioler. Le suicide à
petit feu est encore pour lui une manière de passer le
temps. Beaucoup de jeunes gens d'aujourd'hui disent
sans pudeur qu'ils acceptent le rôle de représentants
de la décadence, et ils mettent même une certaine
vaillance à le dire. Il est ainsi fait, ce peuple de
France, le premier du monde quand même ; on l'avertit de sa fin prochaine, et tout ce qu'il trouve à répondre, c'est qu'il est prêt à marcher gaîment à la tombe.
Pour lui, mieux vaut périr que réfléchir.

Le voilà dans un courant funeste, 48 a été pour lui
une ivresse et une déception. « Qu'on nous rende,
a-t-il dit, l'ivresse des plaisirs, la vie facile, le moyen
de s'enrichir, la liberté de se ruiner ; qu'on donne des
aliments à nos passions personnelles, puisque la passion du bien public ne nous a conduits qu'à l'avortement de nos aspirations. Amusons-nous, poussons au
luxe qui enrichit l'ouvrier, ruine le capitaliste et nivelle les conditions par la force des choses. Ce qu'il

y a de plus démocratique, en somme, c'est la prodigalité du riche. »

Devant ce raisonnement spécieux, dont s'est affolée la majorité de la nation, les classes sociales ont marché depuis ces dix ans vers une décomposition très-curieuse à observer. On a continué à se servir des vieux mots sans s'apercevoir qu'il n'exprimaient plus les mêmes choses. Qu'est-ce que noblesse, bourgeoisie, prolétariat signifient aujourd'hui? Ils désignent trois classes qui n'existent plus dans les mêmes conditions que sous le règne de Louis-Philippe ; trois classes tellement transformées qu'un homme mort il y a quinze ou vingt ans ne les reconnaîtrait plus, s'il revenait à la vie.

Qu'est devenu ce bon bourgeois de Paris que Balzac a si bien vu et dont il a su poétiser la terne et solide existence? Et cet autre bourgeois, le bourgeois de province que nous avons tant raillé quand nous étions de jeunes artistes, et qui avait de si fortes affinités avec le boutiquier de Paris? Dans ce temps-là, nous l'appelions le *mollusque*, il y avait encore des mollusques en France. Il y en avait des bancs considérables que nous comparions à ces chaînes calcaires formées d'infusoires pétrifiés, qui composent une grande partie de notre sol et qui constituent beaucoup de nos larges reliefs géographiques. Ces éléments de résistance aux modifications de la surface avaient une sérieuse importance. Il fallait compter avec eux. Ils avaient, comme agriculteurs ou fabricants, une véritable influence sur le peuple. Ils feignaient, du moins, de faire cause commune avec lui. Le roi Louis-Philippe le sentit et fit de la bourgeoisie la base de son édifice.

Un beau jour, elle croula sous lui. Il n'avait pas prévu qu'en devenant trop prépondérante, elle se dissoudrait, et la révolution de Février ne trouva plus devant elle la classe hautaine et têtue qu'elle s'attendait à combattre. La bourgeoisie avait fait fortune, elle n'aimait plus les révolutions; son rôle de 1830 était terminé, elle n'avait plus de principes de gouvernement, elle n'avait plus de philosophie à elle, plus d'esprit de caste, elle ne se tenait plus ; à force de vouloir tenir à tout elle ne tenait plus à rien Elle n'était plus voltairienne, elle ne comprenait plus 89 dont elle parlait sans cesse. Enrichie par cette première révolution, elle était devenue aristocrate, avide d'honneurs et de titres, dévote même et *bien pensante*, comme on disait en plus haut lieu sous la Restauration. N'ayant plus, par cette substitution, sa raison d'être, elle avait déjà cessé d'être ce fameux *tiers*, qui avait voulu être tout et qui n'était plus rien qu'un élément mêlé aux autres éléments des classes riches ou aisées.

Cette vanité maladive est devenue maladie mortelle sous l'empire. La bourgeoisie, qui devrait être flattée d'avoir sur le trône un parvenu, — l'empereur lui-même s'intitule ainsi malicieusement, — ne veut plus être parvenue. Elle se cherche des aïeux, elle se donne des titres, ou tout au moins des particules. Elle trouve que c'est *bon genre;* elle n'est plus seulement pieuse, elle se proclame cléricale; les sottes femmes de nos provinces font de la charité une ostentation qui les assimile aux *dames* du temps où, elles, les bourgeoises, on les appelait *mademoiselle,* quoique mariées. Elles s'enrégimentent dans la propagande des femmes nobles pour instituer des écoles tenues par les *bonnes sœurs.* Agenouillées dans les églises ou marchant dans les processions à côté de ces dames titrées, elles ne songent point à invoquer la sainte égalité devant Dieu; elles ne pensent qu'à l'effet qu'elles font sur leurs petites concitoyennes dépitées, en défilant de pair avec les comtesses.

Déjà, sous l'autre règne, elles avaient commencé ces orgueilleuses platitudes. Les maris en riaient et laissaient faire. Ils trouvaient un malin triomphe à voir leurs filles, et parfois leurs femmes, courtisées par les gentilshommes d'alentour. Sous l'empire, ils se croient gentilshommes eux-mêmes. Ils n'en sont plus à lutter contre les vaincus. Ils les relèvent, les embrassent et fraternisent. Quoique parvenu, l'empereur fait publier les généalogies qui font remonter jusqu'au Cid d'Andalousie la noblesse de la jeune comtesse de Teba. Il n'a pas suffi à Mlle Montijo d'être belle et charmante, il faut qu'elle ait des ancêtres pour ce monarque qui se vante de n'en point avoir et qui se déjuge comme la bourgeoisie.

— Et cette jeune impératrice ? parlons-en, car elle joue déjà une grande partie. Elle arrive avec des *chics* espagnols *bien portés*, le goût des émotions fortes, le regret des combats de taureaux, nous ne voulons pas dire celui des *auto-da-fé*, la dévotion bien en vue, le jeu de l'éventail, la passion du costume, les cheveux poudrés d'or, la taille cambrée, toutes les séductions, même celle de la bonté, car elle est bonne et charitable avec grâce, enfin tout ce qui frappe l'imagination, les sens, le cœur au besoin. Voilà tous les hommes amoureux d'elle, et ceux qui ne peuvent aspirer à la faveur du moindre regard, s'essayant à faire de leurs femmes des impératrices de comptoir. Ces bonnes bourgeoises s'évertuent à copier la belle Eugénie; elles sablent d'or et de cuivre leurs chevelures vraies ou postiches, elles se fardent, elles deviennent rousses. Elles aussi ont à présent de jolies tailles et des pieds petits. Le temps n'est plus où l'on reconnaissait la race aux extrémités. On s'est mêlé à la noblesse par tant d'alliances, légitimes ou non, que la nature n'a plus procédé par familles et par genres. Elle a procédé par simples variétés de la même espèce. D'ailleurs la vie de civilisation raffinée établit un milieu nouveau qui modifie les organisations; et puis la loi de sélection de Darwin ! Il suffit d'un individu plus distingué que les autres pour faire souche, et la grand'mère qui portait sabots a eu une fille qui portait des souliers ; la petite-fille porte à présent des mules à talons. Si la mode chinoise qui supprime le pied vient à régner en France, on s'y fera : on est en route pour ne pas s'arrêter.

Les voilà donc ivres, toutes ces belles et bonnes créatures, qui eussent pu rester si charmantes et si vraiment femmes en élevant leurs enfants dans le respect de l'aïeul, artisan ou laboureur. Elles aiment mieux passer à l'état de pécores et s'enfler en regardant leur brillante souveraine, qui se moque d'elles, se dégoûte de ses parures quand elles s'en sont emparées et en invente d'autres que les maris payeront, il le faudra bien !

On dit que cela fait marcher le commerce. Pas du tout, cette marche est trop anormale pour ne pas engendrer la ruine. La mode changeant tous les mois par décret de cour, les produits non écoulés encombrent les fabriques ou tombent tout à coup à bas prix.

Les détaillants s'en ressentent. Il n'y a pas un magasin où vous ne puissiez acheter le luxe de l'année précédente à moitié prix. On avait compté sur l'écoulement en province. Allez donc voir à présent si l'on peut tromper sur ce point, même les grisettes des petites villes, même les paysannes qui marient leurs *jeunesses* et choisissent le trousseau ! On va si vite à Paris se renseigner ! Les chemins de fer ont effacé toutes les nuances locales, comme la soif des jouissances a nivelé tous les éléments de l'aristocratie. Quiconque a gagné de l'argent est affranchi, décrassé, châtelain à tourelles et à écusson si bon lui semble.

Il n'y a donc plus de bourgeoisie. Cette morte a été rejoindre sa sœur aînée, la noblesse, sur le registre des mortalités historiques. Il n'y a plus que deux classes, celle qui consomme et celle qui produit ; classe riche ou aisée, classe pauvre ou misérable. Où vont-elles ?

La classe riche va joyeusement au-devant de catastrophes dont je ne me charge pas de prévoir la nature et la forme, mais qui sont des fatalités historiques inévitables. Sera-t-elle renversée par un nouvel ordre du *tiers* portant un autre nom ? La meilleure prévision à concevoir c'est qu'elle s'éclairera à temps et verra sur quels volcans elle mène la danse. Si elle s'avise de la fragilité du hochet qui lui sert de sceptre, si, avertie par les grondements de l'abîme, elle renonce à ses vanités, à ses vices, à ses airs régence, à ses grands *chics aristos* (comme elle dit encore tout bas dans l'intimité), à ses burlesques allures de décadence consentie et poseuse, elle trouvera peut-être le moyen de se fondre avec le peuple ou de le fondre en elle, avant qu'une lutte suprême la mette aux prises avec lui. Sinon... Ah! que sera-ce? Byzantinisme ou moyen âge?

Voyons où en est le peuple. Ceci est plus compliqué et même assez mystérieux. Les fantaisies populaires, souvent irréalisables et rarement réalisées, ne s'étalent pas au soleil dans les temps de compression.

Je crois à un immense avenir pour le peuple français; mais je n'assigne pas d'époque à son développement. C'est le meilleur et le plus aimable peuple de la terre, mais ce corps sain et robuste a ses maladies terribles et on peut fort bien lui inoculer la lèpre ou la peste. Avant d'être ce que je rêve pour lui, il lui faudra peut-être traverser des crises auxquelles je n'ose pas penser.

Il traverse aujourd'hui cette phase de développement où, sortant de l'ingénuité de l'enfance, on est encore loin de la sagesse virile. Il y a là, dans la vie individuelle, une période de douloureuses expériences à subir. Il semblait que le prolétariat, à la veille de février, avait compris qu'on n'impose pas les réformes sociales par la colère, et que, les prédications violentes conduisant à des actes de violence, il devait rentrer en lui-même, mieux s'instruire de ses droits, mieux s'informer de l'état de l'opinion, se faire une idée juste de ses devoirs envers sa propre majorité, car le prolétariat dont je parle, le prolétariat militant, n'est encore qu'une faible minorité en France; mais c'est une minorité embrigadée par les sociétés secrètes et, qu'elle ait déjà, ou qu'elle cherche encore son mot de ralliement, un moment viendra tôt ou tard où elle constituera une classe, sinon plus puissante que la bourgeoisie, du moins plus nombreuse et plus hardie. On ne craint pas les risques quand on n'a rien à perdre.

Ce prolétariat des grandes villes a eu, sous Louis-Philippe, des annales mémorables dont la société aristocratique n'a rien su, et dont les classes riches n'ont fait que rire. Elle a eu des poëtes, des économistes, des apôtres, élite naïve, ignorante, mais parfois inspirée, et qui travaillait véritablement à s'instruire. Dans ce temps-là, l'ouvrier était encore modeste; non pas humble, mais sincère et touchant quand il disait : « Je ne sais rien, je parle mal, j'écris sans correction, mais j'ai du souffle, du cœur, de l'espérance ; qu'on nous aide et nous grandirons. Nous sommes des âmes d'enfants dans des corps d'homme : qu'on nous aime, nous sommes prêts à aimer. En tout cas, ce que nous cherchons, c'est la possibilité d'être heureux à notre tour, sans porter atteinte au bonheur de ceux qui sont déjà heureux. »

Il y avait de ces hommes, il y en avait plus qu'on ne pense. S'il n'y en avait pas beaucoup sur un point donné, il y en avait partout, et quelques-uns étaient vraiment de belles et bonnes natures. Il eût fallu les connaître, les encourager, aider à leur légitime influence sur leurs frères ouvriers. On a pu, j'en ai la certitude, entamer par le bon côté l'éducation du prolétaire. On ne l'a pas voulu; on l'a raillé, humilié, redouté avant qu'il fût redoutable. Il l'est devenu. Les révolutions sont des crises exceptionnelles où les volontés s'exaltent et où les idées ressemblent à des fruits qui veulent mûrir avant que l'arbre soit poussé. Les besoins deviennent exigeants, impérieux. Quand une classe est réduite au désespoir, c'est toujours la faute des classes qui l'y ont laissé tomber, faute toujours punie et qui toujours recommence.

Je vous le disais, mes amis, et vous ne m'écoutiez pas. Vous me traitiez de rêveur et de poëte. Pourtant les hommes de bien avaient eu leur moment d'action sur le peuple. Le bonhomme *Patience* et *Pierre Huguenin* étaient des portraits flattés, disiez-vous. L'art me semblait le vouloir ainsi, et pourtant ces portraits n'étaient pas de pures chimères, vous le reconnaissiez.

Ah! si un peu d'idéal mêlé à beaucoup de sagesse eût éclairé la puissance bourgeoise en temps utile, que de désastres, que d'égarements elle eût pu détourner! Mais les aveugles destins se sont accomplis. Des crises affreuses ont exaspéré les intérêts. La classe riche s'est laissé surprendre par une nouveauté, l'empire bourgeois qui promettait de n'être pas militaire, et qui pouvait, en se faisant démocratique sérieusement, jeter un pont sur l'abîme. Il semblait d'abord que ce fût son programme; mais il n'a pas su le maintenir, il est tombé dans l'erreur des Bourbons de Naples : gouverner, non *pour* le peuple, mais *par* le peuple. Et il a fait le peuple que nous voyons, ou plutôt que nous ne voyons pas, mais qui cherche, en cachette de nous, des solutions dont il faudra tenir compte un jour. S'il les cherchait bien, s'il était à même de les étudier avec patience, il les trouverait peut-être bonnes. Mais le voilà lancé comme la bourgeoisie dans la vie effrénée. Beaucoup de travail à faire, c'est-à-dire beaucoup d'argent à gagner, point de direction, chacun pour soi et sauve-qui-peut. Beaucoup d'occasions de plaisir, moyens de développement pour quelques-uns qui cherchent l'art dans le luxe, la science dans le métier, l'instruction dans la curiosité satisfaite; mais moyens de corruption pour la plupart. On a émancipé l'enfant avant qu'il ne connût la limite de ses droits.

L'empire, en se fondant sur un plébiscite, a inauguré le règne de l'ignorance, sauf à la gouverner par la force quand elle le gênerait. Le peuple s'est cru roi, mais si son illusion dure encore, elle cessera bientôt, et gare au désenchantement !

Il sera terrible. La majorité est en ce moment pour l'empire, elle opprime, elle persécute, elle insulte ceux qui protestent, et, ce qu'il y a de triste, c'est que ceux qui protestent procèdent mal, avec rage ou folie. Le paysan est satisfait, il perd de plus en plus l'esprit de solidarité avec l'ouvrier des villes. L'ouvrier, en revanche, s'isole du laboureur, le méprise et ne cherche plus à l'initier à des notions plus étendues. Le fils de l'ouvrier aspire à devenir un bourgeois, c'est son droit, mais pour parvenir, il faut de l'intelligence ou de l'instruction. Il n'a pas, comme les fils de la bourgeoisie, la chance de devenir fonctionnaire de l'État, les carrières libérales lui sont fermées aussi. Il lui faudrait un effort surhumain pour acquérir à ses moments de loisir les connaissances élémentaires, ne fût-ce que l'orthographe, sans laquelle on reste dans un état d'infériorité bien tranchée. L'artisan qui, après sa tâche, rentre chez lui pour étudier, n'est déjà plus le premier venu. Il a un *chez lui*, d'abord, ce qui n'est pas donné à tous, il a quelques livres, et si son état n'est pas trop pénible, il peut prendre sur son sommeil. Mais supposons que l'instruction soit à la portée de tous, qu'il y ait partout des cours gratuits et que ces cours soient bien faits, ce qui n'a pas toujours lieu ; il faut que l'ouvrier soit doué d'une raison et d'un courage exceptionnels pour se passer de récréation bruyante et de liberté absolue après le travail de la journée. Le cabaret l'invite, et le cabaret qui, autrefois, dans les provinces, était la conversation, le contact avec ses égaux, l'exutoire aux idées sombres, quelquefois même l'expansion de l'amitié, est devenu le désordre et le vice. Et vous n'avez pas le droit de le fermer, vous dont les fils se livrent à tous les excès qu'ils reprochent aux classes pauvres. Ils les scandalisent, et la contagion se fait d'autant plus. Vraiment quand j'entends dire : Il faut que l'ouvrier soit sage, rangé, laborieux, économe, je me demande pourquoi on ne place pas l'exemple avant le précepte. N'est-ce pas une insigne folie que d'exiger, d'une certaine classe d'hommes, des vertus dont on se croit dispensé, surtout quand ces vertus lui sont mille fois plus difficiles, et presque impossibles sans un allégement à sa situation morale et physique ?

Le peuple est donc, lui aussi, dans le courant funeste. L'artisan aurait tort de se comparer au fellah. Il est très-libre, quoi qu'il en dise, et ses salaires ont augmenté en raison de la cherté de l'existence ; mais il peut dire qu'il est tombé dans la bohème et qu'il n'est presque plus un citoyen. On est forcé de l'excuser, mais les choses en viendront à un point où on ne pourra plus l'innocenter; il a pris le goût du vice. Sa famille est devenue un enfer. La nécessité de camper autour des grands centres du travail, lui a donné des habitudes d'insanité physique et morale. Là où il est en contact avec notre civilisation corrompue, dans les villes, à Paris surtout, son intelligence s'est beaucoup développée en surface, nullement en profondeur, il comprend tout et ne sait rien. Solidaire, quoi qu'il fasse, des vices et des ridicules de la bourgeoisie, il les parodie en les blâmant avec aigreur. Il ne peut pas encore se poser en gandin talon rouge, il se pose en homme capable, sérieux, en beau parleur, en penseur éclairé. Rien de triste à voir et à entendre comme ces discoureurs boursouflés, sans goût, sans inspiration, sans philosophie. Hélas! l'ouvrier est devenu poseur et prétentieux, sans cesser d'être un barbare. Il avait la naïveté, la bonne humeur, l'esprit naturel, la répartie charmante, quelquefois profonde. Il se livrait; à présent il s'écoute. Il a des phrases toutes faites qu'il ne comprend pas, des mots techniques qu'il estropie. Il est charlatan et ridicule. Il ne se contente plus d'être votre égal. Il veut vous faire sentir qu'il est votre supérieur. Il croit qu'il n'a qu'à vouloir pour l'être.

Ceci est le portrait de la plupart de ceux qu'on peut appeler les plus sages et les meilleurs. Que dire de ceux qui n'ont plus l'ambition de s'élever, et qui, prenant l'époque comme elle est, s'abrutissent avec l'alcool et la débauche? Leur ivresse est sombre et furieuse. L'œil est injecté de sang, la voix rauque et cassée, la parole cynique, le silence sinistre. Ah! pauvre peuple! Autrefois tu te plaignais d'être rivé au travail et d'avoir à peine le repos du dimanche; à présent, tu es payé plus cher, tu fais ce que tu appelles le lundi, c'est-à-dire que, du samedi soir au mardi matin, tu es ivre; que ce jour-là, tu travailles mal et que tu ne travailles en réalité que deux ou trois jours par semaine. Tu t'abrutis, voilà le bienfait de la vie de luxe, et voilà mon grand chagrin, à moi. J'avais rêvé dans un avenir non prochain, mais point trop éloigné, une crise sociale toute pacifique, où les deux classes, puisqu'il n'y en a plus que deux, s'éclairant sur leurs droits et leurs devoirs réciproques, en dehors de toute politique et de tout esprit de parti, pourraient faire un pacte d'étroite solidarité. Certes, cette grande chose arrivera; mais l'empire qui eût dû la préparer, l'empereur qui disait la vouloir, ont fait fausse route. Le Paris de Voltaire et de Jean-Jacques Rousseau est devenu la cité de Sardanapale. Au lieu d'écoles gratuites dans nos villages, on nous a donné des satrapies dans nos préfectures. Les filles de nos campagnes ont été chercher le rêve de la fortune dans les maisons riches de Paris, et se sont réveillées sur le pavé entre la faim et la prostitution. Nos jeunes gens riches *s'amusent*, nos jeunes gens pauvres se *pochardent*. Nos jeunes femmes riches *s'étourdissent*, nos jeunes femmes pauvres... se vendent!

Et nous ne sommes pas au bout, car chaque jour qui s'écoule signale un nouvel effort vers cette décomposition. Le vertige cherche un point plus élevé pour mieux se précipiter. Les masses ignorantes regardent ces somnambules dont la danse se déroule sur les toits. Le paysan qui mange de la viande et ne va plus au marché à pied, lève les épaules et dit : « C'est un bon temps ! les riches se ruinent, les ouvriers se disputent et n'amassent rien. Nous, nous vivons bien et ne dépensons pas trop. Les grosses terres deviennent petits lots et nous achetons en détail! »

En effet, le paysan s'arrondit à mesure que la bourgeoisie se morcelle. Dans un siècle, toute la terre lui appartiendra. Mais ce ne sera point une classe nouvelle qui prendra rang dans la société. Ce sera une couche, se posant sur une couche plus ancienne. Il n'y a point là de solution au problème social! La classe qui travaille pour jouir et non pour acquérir menacera le riche de demain comme elle menace le riche d'aujourd'hui.

Tout cela est mortellement noir, noir et douloureux, et après un pareil résumé on se sent comme dégoûté de la vie de relations. — Voyons quels efforts l'esprit peut faire pour entrevoir une solution plus logique que celle de l'empire. Nous ne savons vraiment pas où il nous mène; tâchons de voir où nous pourrions nous conduire nous-mêmes, si nous voulions cesser d'être conduits comme des enfants.

République ou monarchie, peu importe. Le mieux serait de trouver un nom nouveau pour relier les deux antinomies qui sont là, comme dans tout; il faudrait voir arriver le moment où le producteur et l'exploitateur voudront tous deux, de bonne foi, et sous la pression d'une nécessité sociale bien démontrée, signer un acte d'association rigoureusement stipulé, après avoir été débattu à fond par les représentants élus de leurs intérêts respectifs. Ces débats porteraient sur la part plus ou moins grande de labeur, d'assiduité et d'intelligence que l'ouvrier aurait apportée à la création de la richesse du patron. Ces associations d'intérêts, qui se font dès aujourd'hui de gré à gré dans des cas particuliers, se feraient légalement et uniformément dans toute la France, par la promulgation d'une loi constituante, mais à de certaines conditions de valeur morale de part et d'autre, qui seraient la garantie des deux parties contractantes.

Il n'est pas de mon ressort de développer cette idée très-simple et déjà très-répandue, mais d'une application délicate qui demande des connaissances spéciales. Beaucoup de petits essais partiels en ont ébauché les bases. Il faut croire que les moyens d'application n'ont pas été suffisants, mais il est impossible de croire qu'il n'en existe pas. Tout ce que l'esprit humain conçoit à l'état d'idée généreuse et sage peut et doit être réalisé. Il est imbécile de dire : « Votre idée est très-belle, mais elle est impossible. » Si elle est belle, il est impossible qu'elle ne soit pas possible. L'humanité est ainsi faite, malgré toutes ses erreurs et ses déviations, qu'elle va toujours cherchant la lumière et la ligne droite. On a pu établir la distinction des intérêts, triomphe de la civilisation sur la barbarie, œuvre bien plus difficile que celle de l'association des intérêts en pleine civilisation.

Ce jour viendra, voilà pourquoi je ne désespère pas ; mais, pour le moment, nous dévions du chemin et j'en souffre.

III

« *Fontainebleau,* août 1837. — Me voilà encore une fois dans la forêt, seule avec mon fils qui devient un grand garçon et dont pourtant je suis encore le cavalier plus qu'il n'est le mien. Nous nous risquons sur toutes sortes de bêtes, ânes et chevaux plus ou moins civilisés qui nous portent un peu où ils veulent, de sept heures du matin à cinq ou six heures du soir. Nous ne prenons pas de guides et nous n'avons pas même un plan dans la poche. Il nous est indifférent de nous éloigner beaucoup, puisqu'il est difficile de se perdre dans une forêt semée d'écriteaux. Nous nous arrangeons pour ne rencontrer personne, en suivant les chemins les moins battus. Ce ne sont pas les moins beaux. Tout est beau ici. D'abord les futaies sont toujours belles dans tous les pays du monde, et, ici, elles sont jetées sur des accidents de terrain toujours décoratifs et toujours praticables. Ce n'est pas un mince agrément que de pouvoir grimper partout, même à cheval, et d'aller chercher les fleurs et les papillons là où ils vous tentent. Ces longues promenades, ces jours entiers au grand air sont toujours de mon goût, et cette solitude, ce silence solennel à quelques heures de Paris sont inappréciables. Nous vivons d'un pain, d'un poulet froid et de quelques fruits que nous emportons avec les livres, les albums et les boîtes à insectes. Quelles noctuelles intéressantes, quels frais bombyx endormis et comme collés sur l'écorce des chênes! Quelles récoltes pour Maurice, et quel plaisir de les étaler le soir sur la table de travail! Nous ne connaissons personne dans la ville. Nous avons un petit appartement très-commode dans un hôtel qui est à la lisière de la forêt et où personne ne s'occupe de nous, deux petites chambres à coucher séparées par un petit salon où je travaille la nuit, quand mon enfant ronfle; ce bon gros sommeil me réjouit l'oreille. Je ne sais pas trop, moi, quand je dors, mais je n'y pense pas. Pour le reste je vis de la vie rationnelle. Je vis dans les arbres, dans les bruyères, dans les sables, dans le mouvement et le repos de la nature, dans l'instinct et dans le sentiment, dans mon fils surtout qui était malade et qui guérit à vue d'œil. Il se plaît à cette vie là autant que moi et il m'en fait jouir doublement. Quelle merveille que cette forêt bénie! M. de Sénancour l'a admirablement sentie dans certaines pages. Sa peinture large et simple est encore ce qui résume le mieux certains aspects. Dans d'autres pages, je ne sais pourquoi il la rapetisse, comme s'il avait peur de l'admirer trop. On dirait qu'il la voit à travers son spleen. Il veut qu'on sache bien que ce n'est pas vaste et accidenté comme la Suisse. Pourquoi toujours comparer? C'est un tort qu'on se fait, c'est une guerre puérile à sa propre jouissance. Ce qui est beau d'une certaine manière n'est ni plus ni moins beau que ce qui est beau d'une manière différente. Pour moi, je passerais ma vie ici sans songer à la Suisse et réciproquement. Là où l'on se trouve bien, je ne comprends pas le besoin du mieux. Je ne sais si le proverbe « Le mieux est l'ennemi du bien » est absolument vrai, mais en fait de locomotion, de curiosité, de contemplation ou d'étude des choses, je croirais volontiers que le regret ou le désir du mieux est un leurre de l'imagination malade. C'était bien le fait de Sénancour. Oberman est un génie malade. Je l'ai bien aimé, je l'aime encore, ce livre étrange, si admirablement mal fait! mais j'aime encore mieux un bel arbre qui se porte bien.

Il faut de tout cela : des arbres bien portants et des livres malades, des choses luxuriantes et des esprits désolés. Il faut que ce qui ne pense pas demeure éternellement beau et jeune pour prouver que la prospérité a des lois absolues, en dehors de nos lois relatives et factices qui nous font vieux et laids avant l'heure. Il faut que ce qui pense souffre pour prouver que nous vivons dans des conditions fausses, en désaccord avec nos vrais besoins et nos vrais instincts. Aussi toutes ces choses magnifiques qui ne pensent pas donnent beaucoup à penser ! »

1863, Nohant.

— Ainsi donc, poursuit obstinément A*** qui me lit cette lettre datée d'il y a vingt-six ans et tombée je ne sais comment entre ses mains, vous pensez tout en rêvant, bien que vous ayez la prétention de pouvoir vous débarrasser de la pensée à certaines heures?

— Mon ami, je n'ai la prétention de rien et je te jure qu'il y a des moments où je ne pense pas. Si tu es étonné de cela, je ne le suis pas moins de t'entendre affirmer souvent que tu penses toujours à quelqu'un ou à quelque chose. Mais penses-tu réellement toujours à ce à quoi tu veux penser ?

— Il me semble que oui.

— Eh bien, constatons qu'il y a des différences essentielles, énormes, dans le procédé intellectuel des individus d'une même espèce. Tu gouvernes toujours ta pensée, et la mienne ne m'appartient pas toujours. Tu penses à chaque chose en son temps et en son lieu.

Moi je pense après coup, quand j'écris par exemple, ou quand j'essaye de résumer. Tu as l'esprit pratique et je n'ai que l'esprit chercheur. Mais sais-tu que la constatation d'un fait si tranché devient grave?

— Pourquoi?

— C'est que cela m'a bien l'air de renverser tout ce que les métaphysiciens nous ont enseigné sur le mécanisme de la pensée humaine.

— Il y a longtemps que je m'en doutais.

— Moi, j'ai osé le penser quelquefois, mais j'en ai toujours été effrayé, car cela porterait atteinte à toute philosophie et à toute religion basée sur le libre arbitre. Tous les individus d'une même espèce ne l'auraient pas à un égal degré et nous arriverions aux idées de sélection qui sont grosses de problèmes à examiner.

— Et la morale de ceci, est?...

— Que les gens comme moi ont besoin de beaucoup de philosophie, c'est-à-dire de réflexion, pour fixer leurs esprits trop flottants, trop dilatés, trop emportés dans le *non-moi*, et que les esprits faits comme le tien ont besoin d'un peu d'idéal pour reposer l'activité incessante que leur procure l'intensité de leur *moi*. C'est probablement ce qui fait que nous nous plaisons à causer ensemble.

— Est-ce que vous allez rêver un peu moins, en m'amenant à rêver un peu plus?

— Hélas! non, quant à moi! la rêverie est mon vice : qui a bu boira!

— Est-ce que vous écrirez, ce soir, tout ce que nous disons là?

— Je tâcherai.

— Pourquoi faire?

— Pour voir ce que je penserai à cette heure-là.

Il se trouve que, ce soir, je n'en pense pas plus que ce matin. Est-ce moi qui résoudrai ce redoutable problème du libre arbitre? Je suis bien content de n'être pas forcé de le résoudre. Je n'ai pas de mission philosophique, bien qu'on m'ait beaucoup reproché d'avoir trop philosophé dans mes romans. C'est encore là un résultat de mes fréquents accès de passivité. Si je suis sous le coup d'un vif sentiment, d'une conviction émue, il faut que mes réflexions, mes rêveries, mes fictions mêmes s'en ressentent. Elles s'en imprègnent, comme nos vêtements et nos cheveux se remplissent du parfum des jardins ou des bois. Ce n'est pas ma faute si parfois mon esprit s'élève au-dessus de mon métier ; c'est qu'il a traversé une plus belle région et qu'il ne dépend pas de moi de m'en arracher brusquement pour m'occuper du *succès*, c'est-à-dire du moyen de ne déplaire à personne.

Le libre arbitre! — tout à fait libre!... Il y a cinquante ans que je m'efforce de ne penser qu'à ce qui

doit être fait utilement et à propos par l'esclave que
je suis. Pour venir à bout de l'indiscipline de mon
cerveau, je me suis imposé une vie régulière, un travail quotidien, et vingt fois sur trente, je m'oublie à
rêver, ou à lire, ou à écrire toute autre chose que ce
qui devrait m'absorber. Sans cette fréquente flânerie
intellectuelle j'aurais acquis de l'instruction, car je
comprends assez vite et je vais même trop vite au
fond ; j'aurais forcé ma mémoire à classer ses notions.
Comprendre et savoir a été mon aspiration perpétuelle,
et je n'ai rien réalisé de ce que je voulais. Ma volonté
n'a donc pas gouverné absolument ma pensée et je
n'en puis avoir aucun remords, puisque je n'ai caressé
aucune paresse, ouvert la porte à aucune distraction.
Le monde extérieur a toujours agi sur moi plus que
je n'ai pu agir sur lui. Je suis devenu un miroir d'où
mon propre reflet s'est effacé, tant il s'est rempli du
reflet des figures et des objets qui s'y confondent.
Quand j'essaye de me regarder dans ce miroir, j'y vois
passer des plantes, des insectes, des paysages, de
l'eau, des profils de montagnes, des nuages, et surtout cela des lumières inouïes ; et, dans tout cela, des
êtres excellents ou splendides. Mais rien ne s'occupe
de moi dans ce monde qui n'a pas besoin de mon admiration pour être beau et qui se rirait de mes descriptions si j'avais l'outrecuidance de les lui dédier.

Quand nous dormons et que le rêve vient nous bercer ou nous agiter, nous sommes la proie, enchantée ou terrifiée, des spectres qui nous visitent. Qui sont-ils? D'où viennent-ils? Où est notre volonté pour les retenir ou les chasser? Elle est nulle. Un fou est un malheureux qui rêve sans dormir : ne sommes-nous pas fous toutes les fois que nous rêvons?

On prétend que le rêve est produit en nous par nous-mêmes, qu'il est le résultat des impressions reçues, résultat pénible ou agréable selon la disposition de notre corps : soit. Mais ce résultat se produit malgré nous, et ces impressions reçues, qu'est-ce que c'est, sinon l'action du monde extérieur qui s'exerce sur nous avec une puissance invincible et qui redouble d'intensité quand notre volonté est désarmée par le sommeil? Cette puissance devient même féroce envers notre pauvre *moi*, dans les rêves de certaines fièvres. Il est donc certain que, poëtes ou philosophes, rois ou bergers, indolents ou actifs, faibles ou forts, nous sommes dominés durant le tiers ou le quart de notre vie — le temps que nous donnons au sommeil — par une vision des choses qui ne sont pas nous et dont nous subissons la douce ou terrible omnipotence. Qui osera affirmer que, dans l'état de veille, nous soyons tous constamment lucides et maîtres de repousser ces obsessions du *non-moi*? S'il en était ainsi, si nous

commandions à nos pensées, nous commanderions à
nos sentiments. La douleur de perdre des êtres chéris
serait bientôt effacée par la volonté de ne pas les re
gretter. L'oubli se ferait dans nos âmes. Nous devien-
drions de parfaits égoïstes... J'oublie que j'écris ce
soir pour A*** et qu'il va se récrier, lui, le dévouement
en personne. Eh bien ! c'est qu'il se vante, c'est-à-dire
qu'il ne se rend pas compte de lui-même quand il
s'imagine fixer son idée où il lui plaît. Ce n'est pas
possible. Nous différons du plus au moins. Au fond,
nous sommes tous les mêmes dans une certaine mesure et je ne crois pas qu'aucun de nous puisse s'abstraire, par la volonté, du monde extérieur. La sagesse
consiste peut-être à classer avec ordre la nature des
impressions que l'on en reçoit, à ne pas trop les laisser
empiéter les unes sur les autres, à isoler au besoin
celle qu'on veut recevoir. De là les grands travaux de
l'esprit et même les œuvres ingénieuses du métier.
De là aussi les grandes concentrations d'études, les
spécialités. Mais croire que tous les hommes sont doués
de cette force, non, je ne le crois pas, et je regarde
même comme fort heureux que nous ne soyons pas si
maîtres de nous-mêmes qu'on le prétend. Notre liberté
est en raison de notre connaissance, c'est-à-dire de
notre développement intellectuel. Libre arbitre signifie libre choix entre le bien et le mal. Mais, pour choi-

sir, il faut très-bien savoir ce qui est mal et ce qui
est bien. Les individus privés de saines notions morales par une mauvaise éducation ne savent guère ce
que c'est que la conscience. D'autres le savent, mais
vaguement, et laissent facilement fausser leurs notions
par des influences fâcheuses. Il faut donc que notre
jugement soit développé par l'éducation, afin que nous
échappions à cette sorte de fatalité qui pèse sur la vie
de l'ignorant; mais il ne faudrait pas que cette éducation trop stoïque ou trop idéaliste nous conduisît à vouloir rompre absolument avec l'influence de ce qui
n'est pas nous-mêmes. Ce serait un essai insensé qui
nous conduirait à la folie, au fanatisme ou à l'athéisme,
à la haine de Dieu ou de nos semblables, à l'orgueil
démesuré qui n'est autre chose qu'une privation de
nos rapports avec la vie universelle, par conséquent
une étroitesse de conceptions. Il n'y a rien de ce qui
paraît être en dehors de nous, qui ne soit nous. Le
non-moi n'existe pas d'une manière absolue, par conséquent le *moi* absolu est une notion fausse. Toute la
terre et tout le ciel agissent sur nous à toute heure,
et, à toute heure, nous réagissons sur toute la terre
et sur tout le ciel sans nous en apercevoir. Tout ce qui
est, est réceptacle ou effusion, élément ou aliment de
vie. Il faut la respiration de tous les êtres pour que
chacun de nous ait sa dose d'air respirable. Les nuages

sont la sueur de la terre, il faut que tout y transpire pour que nous ne soyons pas desséchés. Il faut que le plus petit astre de la voie lactée fonctionne dans le mode d'existence qui lui est départi pour que l'univers subsiste. Comme la goutte d'eau que le soleil irise, nous avons des reflets, des projections immenses dans l'espace. Et, moi, pauvre atome, quand je me sens arc-en-ciel et voie lactée, je ne fais pas un vain rêve. Il y a de moi en tout, il y a de tout en moi.

Et je n'ai pas la liberté de me séparer de ce qui constitue ma vie. La mort ne m'en séparera pas. Ma volonté ne peut pas m'anéantir. Il ne dépendra jamais de moi de dire : « Je veux cesser d'être. Je ne veux rien sentir, je ne veux pas rire et je ne veux pas pleurer. Je ne souffrirai pas, je ne me réjouirai de rien. Je verrai passer le crime, la honte, la démence, et je dirai : Ces gens sont fous, c'est comme cela, peu m'importe ! Je perdrai ceux que j'aime, je me dirai que cela devait arriver, que mes regrets ne les feront pas revivre. Je serai sage, je serai saint ou je serai fort à moi tout seul, dans mon coin, dans ma coquille, dans ma satisfaction intérieure. J'aurai, en récompense, une grande sagesse, ou une grande domination, la fortune ou le paradis. J'ai rompu avec les affections, avec les faiblesses, avec toute curiosité, avec toute solidarité, avec toute la nature. Je méprise tous les êtres, ayant fait de moi l'homme libre par excellence, le plus isolé, le moins influencé, le moins asservi, le plus fort de tous les êtres. »

N'est-ce pas ce que tout homme se dit à lui-même quand il se proclame le *roi de la création ?* Eh bien, c'est le plus grand non-sens qui se puisse dire. Nous ne sommes ni rois, ni esclaves : nous sommes les membres d'une grande association qui s'appelle le monde, rien de plus, rien de moins.

Si nous avons dompté quelques animaux en les mutilant, si nous nous arrogeons sur tous le droit de vie et de mort, nous n'en sommes pas moins en lutte avec la plupart d'entre eux, et c'est en foules innombrables qu'ils échappent à notre domination. Il suffit d'un microscopique pour condamner notre majesté à se gratter, comme il suffit d'une mouche pour user la fureur d'un lion. Hélas! bêtes et gens, nous sommes égaux devant les lois de la nature, il faut bien que notre orgueil le reconnaisse. Elle nous laisse enfreindre ces lois, impassible qu'elle est ; mais nous ne pouvons les détruire, pas plus en dehors de nous qu'en nous-mêmes.

Tous les Français sont égaux devant la loi, telle est la devise de notre société. Cruelle sentence quand il s'agit de porter la même peine contre celui qui sait et celui qui ne sait pas! Rois de la création, nous n'avons pu rien trouver de mieux que la loi brutale de la nature inconsciente. Ce n'était pas la peine d'usurper un si beau titre.

Ce grand roi, monsieur l'homme, a essayé de tous les empires et s'est cru en possession de l'empire de lui-même, le jour où il a inventé le stoïcisme. Comme toutes ses inventions ont un côté extrême et un côté insuffisant, avec la raison au milieu, cette philosophie a sa niaiserie, sa sublimité, sa folie. Elle repose sur cette foi entière au libre arbitre qui fait l'objet de ma méditation. Elle pose en principe que l'homme peut tout ce qu'il veut, et c'est une question mal posée. Les hommes, — l'humanité — peuvent à la longue tout ce qu'ils veulent; l'homme, l'individu dans sa courte vie, ne peut presque rien, ou voit son pouvoir d'un jour s'évanouir avec lui, souvent avant lui. Vouloir trop est un écueil, comme ne pas vouloir assez est une borne. Le stoïcisme est beau, tant qu'il développe le courage de supporter les maux inévitables; il devient affreux quand il tue la sensibilité, la compassion, la tendresse. Certaines dévotions ascétiques tombent sans le savoir dans le mauvais excès du stoïcisme, et n'ont pas même le mérite de sacrifier tout à la vertu, puisqu'elles travaillent pour un intérêt personnel, le paradis. J'en ai connu qui comptaient avec le bon Dieu comme des juifs avec le client, tenant registre de leurs sacrifices et de leurs privations en disant : cela me sera compté dans le ciel.

Où est la charité, où est le vrai dévouement, où est le véritable sacrifice dans ce *doit et avoir* de la conscience dévote? Le stoïque disait : je veux vaincre la souffrance pour apprendre aux autres hommes à combattre la mollesse et la lâcheté. L'ascète se soucie fort peu de ses semblables. Ils ne font que le gêner dans l'œuvre de son salut. Il s'isole de leur contact. Il ne regarde la vie que comme une occasion de gagner l'éternité heureuse.

Ce n'est donc rien, cette étape de l'éternité? Les douleurs dont elle est remplie ne sont donc pas des devoirs à accepter, des épreuves à subir, des hommages rendus à notre mission en ce monde? Détruire les douleurs, fouler aux pieds les regrets, renverser les lois de la nature, se débarrasser du sens humain, ce serait vraiment bien commode; mais si cela est possible à certains esprits faussés, je n'y vois rien d'édifiant, rien d'utile, rien de fécond.

Dans toutes les philosophies qui ont guidé l'homme, je vois toujours dominer ce principe : s'abstenir. Les épicuriens eux-mêmes ne prêchaient pas comme on le croit le sensualisme et l'abandon de l'âme à toutes ses fantaisies. Ils avaient aussi leurs restrictions, leurs principes de modération et même d'abstention.

Toutes les sagesses qu'on nous a enseignées ont eu pour but de nous apprendre à souffrir le moins possible, par conséquent à nous éloigner de ce qui fait souffrir. Le christianisme qui n'est pas une sagesse, mais un idéal, nous a enseigné le contraire : « Cherchez la souffrance afin de vous purifier, » et cela était beau et grand, tant que l'espoir de la récompense personnelle dans l'autre vie n'est pas venu effacer le mérite du martyre. — Aujourd'hui que nous comprenons l'abus que le fanatisme a fait de l'idéal, il nous faudrait bien une philosophie qui nous apprendrait, non à chercher, mais à accepter la souffrance comme une loi universelle d'où sort le renouvellement universel.

Voilà pourquoi la nature, qui veut que nous soyons sensibles à la douleur me paraît plus sage dans sa rigueur salutaire que la prétention de notre prétendue sagesse à supprimer la douleur par les forces de la volonté. La nature ne nous permet pas de devenir insensibles, et devant les coups dont elle nous frappe, c'est presque une impiété que de se refuser à les sentir. Pour vouloir être trop libres, nous sortons de la nature et de la vérité, nous entrons dans quelque chose d'anormal et de monstrueux, parce que la liberté absolue ne peut être acquise qu'en sortant de l'humanité.

Voilà pourquoi aussi je ne me reproche pas trop de

ne pas gouverner absolument ma pensée. Je sens bien que ses fugues ou ses langueurs sont dans la nature des impressions qu'elle reçoit et auxquelles elle n'a pas toujours le droit de se soustraire. La question du bien et du mal n'a rien à voir là-dedans. Si, dans les âmes perverses, l'imagination souillée est une pourvoyeuse d'aliments empoisonnés, c'est en vain que vous prêcherez le libre arbitre. L'âme perverse choisira la liberté du mal. Dans les âmes saines, l'imagination est une amie délicate qu'il ne faut pas traiter inconsidérément de folle du logis, et qui, triste ou riante, nous parle des choses divines et nous dédommage ainsi du temps qu'elle enlève aux études positives.

IV

RÉPONSE A UN AMI (Flaubert)

1871, août. Nohant.

Eh quoi, tu veux que je cesse d'aimer? Tu veux que je dise que je me suis trompé toute ma vie, que l'humanité est méprisable, haïssable, qu'elle a toujours été, qu'elle sera toujours ainsi? Et tu me reproches ma douleur comme une faiblesse, comme le puéril regret d'une illusion perdue? Tu affirmes que le peuple a toujours été féroce, le prêtre toujours hypocrite, le bourgeois toujours lâche, le soldat toujours brigand, le paysan toujours stupide? Tu dis que tu savais tout cela dès ta jeunesse et tu te réjouis de n'en avoir jamais douté, parce que l'âge mûr ne t'a apporté aucune déception : tu n'as donc pas été jeune. Ah! nous différons bien, car je n'ai pas cessé de l'être, si c'est être jeune que d'aimer toujours!

Comment veux-tu donc que je fasse pour m'isoler

de mes semblables, de mes compatriotes, de ma race, de la grande famille au sein de laquelle ma famille privée n'est qu'un épi dans le champ terrestre? Et si cet épi pouvait mûrir en lieu sûr, si on pouvait, comme tu dis, vivre pour quelques êtres privilégiés et s'abstraire de tous les autres! — Mais c'est impossible, et ta ferme raison s'accommode de la plus irréalisable des utopies. Dans quel Eden, dans quel fantastique Eldorado cacheras-tu ta famille, ton petit groupe d'amis, ton bonheur intime, pour que les déchirements de l'état social et les désastres de la patrie ne les atteignent pas? Si tu veux être heureux par quelques-uns, il faut que ces quelques-uns, les favoris de ton cœur soient heureux par eux-mêmes. Peuvent-ils l'être? Peux-tu leur assurer la moindre sécurité?

Me trouveras-tu un refuge dans la vieillesse qui rapproche de la mort? Et que m'importe à présent la mort ou la vie pour moi-même? Je suppose qu'on meure tout entier, ou que l'amour ne nous suive pas dans l'autre vie, est-ce que, jusqu'au dernier souffle, on n'est pas tourmenté du désir, du besoin impérieux d'assurer à ceux qu'on laisse toute la somme de bonheur possible? Est-ce qu'on peut s'endormir paisiblement quand on sent la terre ébranlée prête à engloutir tous ceux pour qui on a vécu?

Vivre encore heureux en famille, en dépit de tout,

est sans doute un grand bien relatif, la seule consolation qu'on puisse et qu'on veuille goûter. Mais même, en supposant que le mal extérieur ne pénètre pas dans nos maisons, ce qui n'est point possible, tu le sais bien, je ne saurais admettre qu'on puisse prendre son parti de ce qui fait le malheur public.

Tout cela était prévu... Oui, certes, je l'avais prévu aussi bien que qui que ce soit! Je voyais monter l'orage, j'assistais, comme tous ceux qui ne vivent pas sans réflexions aux approches sensibles du cataclysme. Est-ce une consolation de voir se tordre dans la souffrance le malade dont on connaît à fond la maladie? Quand le tonnerre nous foudroie, sommes-nous calmes pour l'avoir entendu longtemps gronder auparavant?

Non, non, on ne s'isole pas, on ne rompt pas les liens du sang, on ne maudit pas, on ne méprise pas son espèce. L'humanité n'est pas un vain mot. Notre vie est faite d'amour, et ne plus aimer c'est ne plus vivre.

Le peuple, dis-tu! — Le peuple, c'est toi et moi, nous nous en défendrions en vain. Il n'y a pas deux races, la distinction des classes n'établit plus que des inégalités relatives et la plupart du temps illusoires. Je ne sais si tu as des aïeux très-avant dans la bourgeoisie; moi, j'ai mes racines maternelles directes dans le peuple et je les sens toujours vivantes au fond de mon être. Nous les y avons tous, que l'origine soit plus ou moins effacée; les premiers hommes ont été chasseurs et pasteurs, puis laboureurs et soldats. Le brigandage couronné de succès a donné naissance aux premières distinctions sociales. Il n'y a peut-être pas un titre qui n'ait été ramassé dans le sang des hommes. Il nous faut bien subir nos ancêtres quand nous en avons; mais ces premiers trophées de haine et de violence sont-ils une gloire dont un esprit tant soit peu philosophique trouve matière à se prévaloir? Le *peuple toujours féroce*, dis-tu; moi je dis: La noblesse toujours sauvage!

Et il est certain qu'avec le paysan, elle est la classe la plus rétive au progrès, la moins civilisée par conséquent. Les penseurs devraient s'applaudir de ne point en être; mais si nous sommes bourgeois, si nous sommes issus du serf et du corvéable à merci, pouvons-nous nous courber avec amour et respect devant les fils des oppresseurs de nos pères? Non! Quiconque renie le peuple s'avilit et donne au monde le honteux spectacle de l'apostasie. Bourgeoisie, si nous voulons nous relever et redevenir une classe, nous n'avons qu'une chose à faire, nous proclamer peuple et lutter jusqu'à la mort contre ceux qui se prétendent nos supérieurs de droit divin. Pour avoir manqué à la dignité de notre mandat révolutionnaire, pour avoir singé la noblesse, pour avoir usurpé ses insignes, pour nous être emparés de ses joujoux, pour avoir été honteusement ridicules et lâches, nous ne comptons plus, nous ne sommes plus rien : le peuple, qui ne devrait faire qu'un avec nous, nous renie, nous abandonne, et cherche à nous opprimer.

Le peuple féroce? Non! il n'est pas bête non plus, sa maladie actuelle est d'être ignorant et sot. Ce n'est pas le peuple de Paris qui a massacré les prisonniers, détruit les monuments et cherché à incendier la ville. Le peuple de Paris, c'est tout ce qui est resté dans Paris après le siége, puisque quiconque avait la moindre aisance s'est empressé d'aller respirer l'air de la province et embrasser la famille absente après les souffrances physiques et morales du blocus. Ce qui est resté à Paris, c'est le marchand et l'ouvrier, ces deux agents du travail et de l'échange sans lesquels Paris n'existerait plus. Voilà ce qui constitue positivement le peuple de Paris; c'est une seule et même famille dont les malentendus de la politique ne peuvent rompre la parenté et la solidarité. Il est reconnu maintenant que les oppresseurs de cette tourmente étaient en minorité. Donc le peuple de Paris n'était pas disposé à la fureur, puisque la majorité n'a donné que des signes de faiblesse et de crainte. Le mouvement a été organisé par des hommes déjà inscrits dans les rangs de la bourgeoisie et n'appartenant plus aux habitudes et aux nécessités du prolétariat. Ces hommes ont été mus par la haine, l'ambition déçue, le patriotisme mal entendu, le fanatisme sans idéal, la niaiserie du sentiment ou la méchanceté naturelle, — il y a eu de tout cela chez eux, et même certains points d'honneur de doctrine qui n'ont pas voulu reculer devant le danger. Ils ne s'appuyaient certainement pas sur la classe moyenne qui tremblait, fuyait ou se cachait. Ils ont été forcés de mettre en mouvement le vrai prolétaire, celui qui n'a rien à perdre. Eh bien, ce prolétaire même leur a échappé en grande partie, divisé qu'il était en nuances très-diverses, les uns voulant le désordre pour en profiter, les autres redoutant les conséquences de leur entraînement, la plupart ne raisonnant plus, parce que le mal était devenu extrême et que l'absence de travail les a forcés de marcher au combat pour trente sous par jour.

Pourquoi voudrais-tu que ce prolétariat enfermé dans Paris, et qui a compté au plus quatre vingt-mille soldats de la faim et du désespoir, représentât le peuple de France ? Il ne représente même pas le peuple de Paris, à moins que tu ne veuilles maintenir la distinction que je repousse, entre le producteur et le trafiquant.

Mais je veux te suivre et te demander sur quoi repose cette distinction. Est-ce sur le plus ou moins d'éducation? La limite est insaisissable. Si tu vois au plus haut de la bourgeoisie des lettrés et des savants; si tu vois au plus bas du prolétariat des sauvages et des brutes, tu n'en as pas moins la foule des intermédiaires qui te présentera, ici des prolétaires intelligents et sages, là des bourgeois qui ne sont ni sages ni intelligents. Le grand nombre des citoyens civilisés date d'hier et beaucoup de ceux qui savent lire et écrire ont encore père et mère qui peuvent à peine signer leur nom.

Ce serait donc uniquement le plus ou moins de ressources acquises qui classerait les hommes en deux camps distincts? On se demande alors où commence le peuple et où il finit, car chaque jour l'aisance se déplace, la ruine abaisse l'un, la fortune élève l'autre; les rôles changent; celui qui était bourgeois ce matin va redevenir prolétaire ce soir, et le prolétaire de tantôt pourra passer bourgeois dans la journée s'il trouve une bourse ou s'il hérite d'un oncle.

Tu vois bien que ces dénominations sont devenues oiseuses et que le travail de classement, quelque méthode qu'on voulût y porter, serait inextricable.

Les hommes ne sont au-dessus ou au-dessous les uns des autres que par le plus ou moins de raison et de moralité. L'instruction qui ne développe que l'égoïste sensualité ne vaut pas l'ignorance du prolétaire honnête par instinct et par habitude. Cette instruction obligatoire que nous voulons tous par respect pour le droit humain, n'est cependant pas une panacée dont il faille s'exagérer les miracles. Les mauvaises natures n'y trouveront que des moyens plus ingénieux et mieux dissimulés pour faire le mal. Elle sera, comme toutes les choses dont l'homme use et abuse, le venin et l'antidote. Trouver un remède infaillible à nos maux est illusoire. Il faut que nous cherchions tous au jour le jour tous les moyens immédiatement possibles. Il ne faut plus songer à autre chose dans la pratique de la vie qu'à l'amélioration des mœurs et à la réconciliation des intérêts. La France agonise, cela est certain, nous sommes tous malades, tous corrompus, tous ignorants, tous découragés : dire que cela était *écrit*, qu'il en doit être ainsi, que cela a toujours été et sera toujours, c'est recommencer la fable du pédagogue et de l'enfant qui se noie. Autant dire tout de suite : Cela m'est égal; mais si tu ajoutes : Cela ne me regarde pas, tu te trompes. Le déluge vient et la mort nous gagne. Tu auras beau être prudent et reculer, ton asile sera envahi à son tour, et en périssant avec la civilisation humaine, tu ne seras pas plus philosophe pour n'avoir pas aimé, que ceux qui se sont jetés à la nage pour sauver quelques débris de l'humanité. Ils n'en valent pas la peine, ces débris; soit! Ils n'en périront pas moins, c'est possible; nous périrons avec eux, cela est certain; mais nous mourrons tout vivants et tout chauds. Je préfère cela à un hivernage dans les glaces, à une mort anticipée. — Et d'ailleurs, moi, je ne pourrais pas faire autrement. L'amour ne se raisonne pas. Si je te demandais pourquoi tu as la passion de l'étude, tu ne me l'expliquerais pas mieux que ceux qui ont la passion de l'oisiveté n'expliquent leur paresse.

Tu me crois donc ébranlé, que tu me prêches le détachement? Tu me dis que tu as lu dans les journaux des fragments de moi qui indiquent un revirement d'idées, et ces journaux qui me citent avec bienveillance s'efforcent de me croire éclairé d'une lueur nouvelle, tandis que d'autres qui ne me citent pas croient peut-être que je déserte la cause de l'avenir. Que les politiques pensent et disent ce qu'ils veulent. Laissons-les à leurs appréciations critiques. Je n'ai pas à réclamer, je n'ai pas à répondre, le public a d'autres intérêts à discuter que ceux de ma personnalité. Je tiens une plume, j'ai une place honorable de libre discussion dans un grand journal; c'est à moi, si j'ai été mal interprété, de m'expliquer mieux quand l'occasion se présente. Je la saisis le moins possible, cette occasion de parler de m... qu'individu isolé; mais si toi, tu me juges con... de fausses notions, je dois dire à toi et aux autres qui s'intéressent à moi : Lisez-moi en entier et ne me jugez pas sur des fragments détachés; l'esprit indépendant des exigences de parti voit nécessairement le pour et le contre, et l'écrivain sincère dit l'un et l'autre sans se préoccuper du blâme ou de l'approbation des lecteurs intéressés. Mais tout être qui n'est pas fou se rattache à une synthèse et je ne crois pas avoir rompu avec la mienne. La raison et le sentiment sont toujours d'accord en moi pour me faire repousser tout ce qui veut nous ramener à l'enfance, en politique, en religion, en philosophie, en art. Mon sentiment et ma raison combattent plus que jamais l'idée des distinctions fictives, l'inégalité des conditions, imposée comme un droit acquis aux uns, comme une déchéance méritée aux autres. Plus que jamais je sens le besoin d'élever ce qui est bas et de relever ce qui est tombé. Jusqu'à ce que mon cœur s'épuise, il sera ouvert à la pitié, il prendra le parti du faible, il réhabilitera le calomnié. Si c'est aujourd'hui le peuple qui est sous les pieds, je lui tendrai la main ; si c'est lui qui est l'oppresseur et le bourreau, je lu dirai qu'il est lâche et odieux. Que m'importent tels ou tels groupes d'hommes, tels noms propres devenus drapeaux, telles personnalités devenues réclames? Je ne connais que des sages ou des fous, des innocents ou des coupables. Je n'ai pas à me demander où sont

mes amis et mes ennemis. Ils sont où la tourmente les
a jetés. Ceux qui ont mérité que je les aime et qui ne
voient pas par mes yeux ne me sont pas moins chers.
Le blâme irréfléchi de ceux qui me quittent ne me les
fait pas considérer comme ennemis. Toute amitié injustement retirée reste intacte dans le cœur qui n'a
pas mérité l'outrage. Ce cœur-là est au-dessus de l'a-
mour-propre, il sait attendre le réveil de la justice et
de l'affection.

Tel est le rôle droit et facile d'une conscience qui
n'est engagée par aucun intérêt personnel dans des
intérêts de parti. Ceux qui ne peuvent en dire autant
d'eux-mêmes auront certes du succès dans leur milieu
s'ils ont le talent d'éviter tout ce qui peut lui déplaire,
et, plus ils auront ce talent, plus ils trouveront les
moyens de satisfaire leurs passions. Mais ne les appe-
lez point dans l'histoire en témoignage de la vérité absolue. Du moment qu'ils font métier de leur opinion,
leur opinion est sans valeur.

Je sais des âmes douces, généreuses et timorées qui,
en ce moment terrible de notre histoire, se reprochent
d'avoir aimé et servi la cause du faible. Elles ne voient
qu'un point dans l'espace, elles croient que le peuple
qu'elles ont aimé et servi n'existe plus, parce qu'à sa
place une horde de bandits, suivie d'une petite armée
d'hommes égarés, s'est emparée momentanément du

théâtre de la lutte. Ces bonnes âmes ont un effort à faire pour se dire que ce qu'il y avait de bon dans le pauvre et d'intéressant dans le déshérité existe toujours; seulement il n'est plus là et le bouleversement politique l'a écarté de la scène. Quand de pareils drames se jouent, ceux qui s'y jettent de gaieté de cœur sont les vaniteux ou les cupides de la famille, ceux qui s'y laissent traîner sont les idiots. Qu'il y ait des cupides, des idiots et des vaniteux par milliers en France, nul n'en doute ; mais il y en a tout autant et peut-être beaucoup plus dans les autres États. Qu'une occasion se présente semblable aux occasions trop fréquentes qui mettent nos mauvaises passions en jeu, et vous verrez si les autres nations valent mieux que nous. Attendez à l'œuvre la race germanique dont nous admirons les aptitudes disciplinaires, cette race dont les armées viennent de nous montrer les appétits brutaux dans toute leur naïveté barbare, et vous verrez ce que sera son déchaînement! Le peuple insurgé de Paris vous paraîtra sobre et vertueux en comparaison.

Cela ne doit pas être ce qu'on appelle une fiche de consolation ; nous aurons à plaindre la nation allemande de ses victoires autant que nous de nos défaites, car c'est pour elle le premier acte de sa dissolution morale. Le drame de son abaissement est commencé et, comme

elle y travaille de ses propres mains, il ira très-vite.
Toutes ces grandes organisations matérielles où le
droit, la justice et le respect de l'humanité sont méconnus, sont des colosses d'argile; nous sommes payés
pour le savoir. Eh bien, l'abaissement moral de l'Allemagne n'est pas le salut futur de la France et si nous
sommes appelés à lui rendre le mal qu'elle nous a fait,
son écrasement ne nous rendra pas la vie ! Ce n'est
pas dans le sang que les races se retrempent et se rajeunissent. Des effluves de vie peuvent sortir encore
du cadavre de la France ; celui de l'Allemagne sera le
foyer de pestilence de l'Europe. Une nation qui a perdu
l'idéal ne se survit pas à elle-même. Sa mort ne féconde
rien et ceux qui respirent ses fétides émanations sont
frappés du mal qui l'a tuée. Pauvre Allemagne! la coupe
de la colère de l'Éternel est versée sur toi tout autant
que sur nous, et pendant que tu te réjouis et t'enivres,
l'esprit philosophique pleure sur toi et prépare ton
épitaphe. Ce blessé pâle et sanglant qui s'appelle la
France tient toujours dans ses mains crispées un pan
du manteau étoilé de l'avenir, et toi, tu te drapes dans
un drapeau souillé qui sera ton suaire. Les grandeurs
passées n'ont plus de place à prendre dans l'histoire
des hommes. C'en est fait des rois qui exploitent les
peuples, c'en est fait des peuples exploités qui ont consenti à leur propre abaissement.

4.

Voilà pourquoi nous sommes si malades et pourquoi mon âme est brisée.

Mais ce n'est pas en méprisant notre misère que j'en contemple l'étendue. Je ne veux pas croire que cette sainte patrie, que cette race chérie dont je sens vibrer en moi toutes les cordes harmonieuses et discordantes, dont j'aime les qualités et les défauts quand même, dont je consens à accepter toutes les responsabilités bonnes ou mauvaises plutôt que de m'en dégager par le dédain, non, je ne veux pas croire que mon pays et ma race soient frappés à mort. Je le sens à ma souffrance, à mon deuil, à mes heures même de pire abattement ; j'aime, donc je vis ; aimons et vivons !

Français, aimons-nous, mon Dieu, mon Dieu ! Aimons-nous ou nous sommes perdus. Tuons, renions, anéantissons la politique, puisqu'elle nous divise et nous arme les uns contre les autres ; ne demandons à personne ce qu'il était et ce qu'il voulait hier. Hier tout le monde s'est trompé, sachons ce que nous voulons aujourd'hui. Si ce n'est pas la liberté pour tous et la fraternité envers tous, ne cherchons pas à résoudre le problème de l'égalité, nous ne sommes pas dignes de le définir, nous ne sommes pas capables de le comprendre. L'égalité est une chose qui ne s'impose pas, c'est une libre plante qui ne croît que sur les terrains fertiles dans l'air salubre. Elle ne pousse pas de racines sur les barricades, nous le savons maintenant! Elle y est immédiatement foulée aux pieds du vainqueur, quel qu'il soit. Ayons le désir de l'établir dans nos mœurs, la volonté de la consacrer dans nos idées. Donnons-lui pour point de départ la charité patriotique, l'amour! C'est être fou de croire qu'on sort d'un combat avec le respect du droit humain. Toute guerre civile a enfanté et enfantera le forfait... Malheureuse *Internationale*, est-il vrai que tu croies à ce mensonge de la force primant le droit? Si tu es aussi nombreuse, aussi puissante qu'on se l'imagine, est-il possible que tu professes la destruction et la haine comme un devoir? Non, ta puissance est un fantôme de la peur. Un grand nombre d'hommes de toutes les nations ne saurait délibérer et agir en vertu d'un principe d'iniquité. Si tu es la partie féroce du peuple européen, quelque chose comme les anabaptistes de Munster, comme eux tu te détruiras de tes propres mains. Si, au contraire, tu es une grande et légitime association fraternelle, ton devoir est d'éclairer les adeptes et de renier ceux qui avilissent et compromettent ton principe. Je veux croire encore que tu comptes dans ton sein des hommes laborieux et humains en grand nombre, et que ceux-là souffrent et rougissent de voir les bandits se parer de ton nom. En ce cas, ton silence est inepte et lâche. N'as-tu pas un seul membre capable de protester contre les ignobles attentats, contre les principes idiots, contre la démence furieuse? Tes élus, tes administrateurs, tes inspirateurs sont-ils tous des brigands et des crétins? Non! c'est impossible; il n'y a pas de groupes, il n'y a pas de clubs, il n'y pas de carrefours où une voix de vérité ne puisse se faire entendre. Parle donc, justifie-toi; proclame ton évangile. Dissous-toi pour te reconstituer si la discorde est dans ton sein. Jette un appel à l'avenir si tu n'es pas une antique invasion de Barbares. Dis à ceux qui aiment toujours le peuple ce qu'ils doivent faire pour lui, et si tu n'as rien à dire, si tu ne peux faire entendre une parole de vie, si l'iniquité de tes mystères est scellée par la peur, renonce aux nobles sympathies, nourris-toi du mépris des âmes honnêtes et débats-toi entre l'argousin et le gendarme.

La France entière l'a attendu, ce mot de ta destinée qui eût pu être le mot de la sienne. Elle l'a attendu en vain. Moi aussi, naïf, j'attendais. Tout en blâmant les moyens, je ne voulais pas préjuger le but. Il y en a toujours eu un dans les révolutions et celles qui échouent ne sont pas toujours les moins fondées. Un fanatisme patriotique a semblé être le premier sentiment de cette lutte. Ces enfants perdus de l'armée démocratique allaient peut-être refuser de souscrire à une paix inévitable qu'ils jugeaient honteuse: Paris avait juré de s'ensevelir sous ses ruines. Le peuple démocrate allait forcer le peuple bourgeois à tenir parole. Il s'emparait des canons, il allait les tourner contre les Prussiens, c'était insensé, mais c'était grand... Point. Le premier acte de la Commune est d'adhérer à la paix, et, dans tout le cours de sa gestion, elle n'a pas une injure, pas une menace pour l'ennemi ; elle conçoit et commet l'insigne lâcheté de renverser sous ses yeux la colonne qui rappelle ses défaites et nos victoires. C'est au pouvoir émanant du suffrage universel qu'elle en veut, et cependant elle invoque ce suffrage à Paris pour se constituer. Il est vrai qu'il lui fait défaut ; elle passe par-dessus l'apparence de légalité qu'elle a voulu se donner et fonctionne de par la force brutale sans invoquer d'autre droit que celui de la haine et du mépris de tout ce qui n'est pas elle. Elle proclame *la science sociale positive* dont elle se dit dépositaire unique, mais dont elle ne laisse pas échapper un mot dans ses délibérations et dans ses décrets. Elle déclare qu'elle vient délivrer l'homme de ses entraves et de ses préjugés, et, tout aussitôt, elle exerce un pouvoir sans contrôle et menace de mort quiconque n'est pas convaincu de son infaillibilité. En même temps qu'elle prétend reprendre la tradition des jacobins, elle usurpe la papauté sociale et s'arroge la dictature. Quelle république est-ce là ? Je n'y vois rien de vital, rien de rationnel, rien de constitué, rien de constituable. C'est une orgie de prétendus rénovateurs qui n'ont pas une idée, pas un principe, pas la moindre organisation sérieuse, pas la moindre solidarité avec la nation, pas la moindre ouverture vers l'avenir. Ignorance, cynisme et brutalité, voilà tout ce qui émane de cette prétendue révolution sociale. Déchaînement des instincts les plus bas, impuissance des ambitions sans pudeur, scandale des usurpations sans vergogne, voilà le spectacle auquel nous venons d'assister. Aussi, cette Commune a inspiré le plus mortel dégoût aux hommes politiques les plus ardents, les plus dévoués à la démocratie. Après d'inutiles essais, ils ont compris qu'il n'y avait pas de conciliation possible là où il n'y avait pas de principes; ils se sont retirés d'elle avec consternation, avec douleur, et, le lendemain, la Commune les déclarait traîtres et décrétait leur arrestation. Elle les eût fusillés s'ils fussent restés entre ses mains.

Et toi, ami, tu veux que je voie ces choses avec une stoïque indifférence! Tu veux que je dise : L'homme est ainsi fait; le crime est son expression, l'infamie est sa nature?

Non, cent fois non. L'humanité est indignée en moi et avec moi. Cette indignation qui est une des formes es plus passionnées de l'amour, il ne faut ni la dissimuler ni essayer de l'oublier. Nous avons à faire les immenses efforts de la fraternité pour réparer les ravages de la haine. Il faut conjurer le fléau, écraser l'infamie sous le mépris et inaugurer par la foi la résurrection de la patrie.

V

1841, janvier. Paris.

J'ai passé la moitié de la journée avec Eugène Delacroix ; je voudrais me rappeler tout ce qu'il m'a dit. Je ne pourrai pas bien le transcrire ; il parle mieux que je n'écris. Quand je l'ai abordé, j'étais tout bouleversé. Je venais de rencontrer ce maniaque de *** qui m'avait développé les plus étranges théories sur le dessin et la couleur, études *exclusives*, selon lui, *l'une de l'autre*.

Je raconte à Delacroix la querelle dont je sors tout ahuri : — Vrai, dites-moi, mon ami, si cet homme est dans son bon sens.

Delacroix. — Mais... oui ! Il se trompe ; mais il ne croit pas se tromper ; il raisonne son erreur et il s'y cramponne, croyant tenir une vérité. Que voulez-vous ? Ce n'est pas lui qui a imaginé cette hérésie ; elle est professée en plus haut lieu. C'est toute l'école de M. Ingres qui a décrété que la couleur était une superfluité et qu'il était fort dangereux de s'énamourer d'un détait nuisible à la pureté de la ligne. Ils ont systématisé la chose au point de n'estimer que la première manière de Raphaël et d'admirer entièrement les maîtres primitifs.

Moi. — Je le sais, ils tiennent en profond mépris l'école vénitienne, le Titien en tête.

Delacroix. — Et l'école hollandaise, donc ! Ce barbouilleur de Rembrandt, ce polisson de Téniers ! Et tous les Espagnols, Velasquez y compris ! Et l'immense Rubens qui leur donne des nausées ! Cela vous indigne ? Ah bah ! je me suis indigné aussi, tant que j'ai cru avoir affaire à une erreur de bonne foi ; mais cette doctrine-là n'est qu'une *blague d'eunuques*, et depuis que je m'en suis assuré, je ne me fâche plus, je ris.

Moi. — Libre à vous de devenir philosophe ; mais, en attendant, le public qui n'est pas artiste et qui ne comprend rien aux définitions, se paye de sentences stupides et de phrases toutes faites. « Rubens a un beau *coloris* ; mais il ne dessine pas. Rembrandt a d'heureux effets ; mais il gâche; il ignore *la ligne*. Raphaël seul sait dessiner. Michel-Ange est un fou qui ne sait évoquer que des monstres. L'art pur, c'est la teinte plate, la silhouette. L'école ingriste démontre cela — et le bourgeois ajoute : « Il paraît que c'est la vérité. »

Delacroix. — Eh bien ! qu'est-ce que ça nous fait que le bourgeois déraisonne ?

Moi. — Ça me fait beaucoup. Le bourgeois est la bête que nous serions si on n'eût travaillé à former notre goût et à élever notre sentiment. Pourquoi la critique dont la mission est d'éclairer...

Delacroix. — Oh ! la critique est faite, en général, par des bourgeois ou par des garçons de lettres qui se font bourgeois pour avoir de nombreux lecteurs. Voyez les écrivains qui ont du goût, de l'originalité, de l'indépendance ! on ne les comprend pas ; ils prêchent dans le désert.

Moi. — Je ne suis pas si pessimiste que cela. Je suis persuadé que beaucoup d'hommes de lettres n'ont pas de parti pris et que si on leur démontrait l'art...

Delacroix. — Chimère ! La peinture est une chose que tout le monde ne peut pas juger. Il faut un don particulier ou une éducation spéciale. Les jeunes gens de lettres qui ont besoin de faire un feuilleton pour vivre tâchent de s'aboucher avec un peintre et écrivent sous sa dictée. Tant pis si le peintre déraisonne ! Mais ne me faites pas parler davantage. J'ai mon mal de gorge.

— Je vous laisse, d'autant plus que j'étouffe chez vous. Mais je vous avertis que je remporte ma colère, augmentée encore par votre indifférence d'aujourd'hui.

— Encore un instant ! Vous me croyez plus calme que je ne le suis ; mais j'ai revu la *Stratonice* d'Ingres, et ma foi, je suis naïf comme un autre, je trouve cela charmant.

— Tant mieux pour vous. Moi, je trouve cela puéril et maniéré.

— Je ne dis pas non. C'est enfantin avec prétention ; mais que de jolis petits détails, quel fini dans la découpure !

— Découpure est le mot. C'est fait dans la manière des éventails chinois, des petites figures d'ivoire collées les unes contre les autres. Allons, bonjour et au revoir.

— Oui, au revoir ; mais... pourquoi ne me parlez-vous pas sans me faire parler ? Je voudrais savoir pourquoi vous n'aimez pas M. Ingres.

— Je ne vous ai jamais dit cela. J'aime M. Ingres *quoique*, *et non parce que* systématique. C'est la moitié d'un homme de génie, c'est un immense talent, un esprit élevé surtout ; ce qui lui manque, c'est-à-dire la moitié de la peinture, la moitié de la vue, la moitié de la vie, constitue une grave infirmité qu'on lui pardonnerait s'il n'érigeait pas son impuissance en système.

— Ah ! attendez ! quand on regarde un objet d'art, il ne faut pas se demander ce que pense et ce que dit l'auteur. Il faut juger l'œuvre et oublier l'homme. Je sais fort bien que M. Ingres me traite de faquin et de paltoquet dans son intimité et qu'il chasse ses élèves quand il croit apercevoir en eux une tendance à la couleur. Mais je ne veux plus rien savoir de lui quand je juge son tableau.

— C'est fort bien à vous, mais quand ce tableau accuse de plus en plus un parti pris déplorable, un aveuglement hautain, une paralysie mentale érigée en décret, je ne peux pas m'empêcher de déplorer l'erreur du maître et d'être indigné contre l'école adulatrice qui le confirme dans sa folie.

— Alors, vous croyez que la *Stratonice* indique une décadence...

— Ne parlez plus et laissez-moi partir. C'est l'heure du dîner.

— Déjà ? Où dînez-vous donc ?

— Chez moi. Venez-vous ?

— Dîner chez vous, en famille! Ça me tente bien ! Vous ne me laisserez pas bavarder ?

— On vous fera taire. Habillez-vous, je vous attends.

Il passe dans sa chambre ; mais il laisse la porte ouverte pour me parler à pleine voix et me forcer à lui expliquer ce qui me choque dans la *Stratonice*. Seulement, il ne me le laisse pas dire. L'action d'ôter ses pantoufles et sa robe de chambre lui rend son animation naturelle et ce n'est plus moi, c'est lui qui parle et critique.

— Tenez ! il a bien fait ce qu'il a pu, le père Ingres, pour être coloriste, et la manière dont il entend la chose est tout à fait comique. Vous n'aviez pas raison tout à l'heure. Son parti n'est pas si pris que ça ! Il fait ce qu'il peut, allez ! Seulement, il confond la coloration avec la couleur. C'est un vieux dieu, bourgeois en diable, et, sur ce chapitre-là, il n'en sait pas plus long que son portier. Avez-vous remarqué que, dans la *Stratonice*, il y a un luxe de coloration très-ingénieux, très-cherché, très-chatoyant qui ne produit pas le moindre effet de couleur ? Il y a un pavé de mosaïque d'une exactitude à désespérer un professeur de perspective. Du premier plan au dernier, il y a peut-être mille petits losanges d'une exactitude rigoureuse quant à la fuite des lignes. Ça n'empêche pas ce pavé-là de se tenir tout droit comme un mur. Ça reluit comme un miroir. On s'y regarderait pour faire sa barbe ; mais on n'oserait jamais marcher dessus, à moins d'être une mouche. Avec tant soit peu de vraie couleur, son pavé fuirait et il n'aurait pas eu besoin de ce millier de petites lignes. Pourtant, il a essayé d'y jeter des lumières ; mais ce sont encore des lumières découpées à la règle et au compas. On sent qu'elles sont fixées là pour l'éternité et que le soleil de M. Ingres ne changera jamais de place par rapport à la terre. N'importe! il a mis du soleil là où il en faut rigoureusement, et je suis sûr qu'il est content. Il croit que la lumière est faite pour embellir; il ne sait pas qu'avant tout elle est faite pour animer. Il a étudié avec une précision très-délicate les plus petits effets de jour sur les marbres, les dorures, les étoffes; il n'a oublié qu'une chose, les reflets. Ah bien oui, les reflets! Il n'a jamais entendu parler de ça. Il ne se doute pas que tout est reflet dans la nature et que toute la couleur est un échange de reflets. Il a semé sur tous les objets qu'il a fait poser devant lui des petits compartiments de soleil qu'on dirait saisis au daguerréotype, et il n'y a ni soleil, ni lumière, ni air dans tout cela. Le lit d'Antiochus rentre dans le mur; le malade y est incrusté. Il se débat en vain par un mouvement très-joli pour cacher sa rougeur. Ce n'est pas Stratonice qui le force à se tortiller, c'est la souffrance de se trouver cloué à la ruelle de son lit. Les personnages du second plan éprouvent la même torture et font des efforts inouïs pour s'arracher de ces parois collantes. Rien ne se détache, par conséquent rien n'existe dans ce tableau charmant, d'une niaiserie bizarre. Oh! je sais bien, moi, ce qu'il s'est dit! Il s'est dit: Je veux faire une œuvre irréprochable; je ne veux pas seulement qu'elle enseigne et démontre ; je veux qu'elle plaise. Je vas y fourrer de la couleur, oh! mais de la couleur, en veux-tu, en voilà! Je vas épater mes adversaires ; il n'auront plus rien à dire maintenant ; ils seront aplatis de toutes les façons. Arrivez, mes élèves, et regardez bien ; je vas vous montrer ce que c'est que la couleur ! Et le voilà qui s'est mis à flanquer des tons sur son sujet, après coup, comme on met de la nonpareille sur un gâteau bien cuit. Il a mis du rouge sur un manteau, du lilas sur un coussin, du vert par ici, du bleu par là : un rouge éclatant, un vert printanier, un bleu céleste. Il a le goût de l'ajustement et la science du costume. Il a mêlé à ses cheveux, à ses étoffes, des bandelettes, un lilas d'une exquise fraîcheur, des bordures, mille coquetteries d'ornementation très-amusantes, mais qui n'amènent rien du tout dans la production de la couleur. Les tons livides et ternes d'un vieux mur de Rembrandt sont bien autrement riches que cette prodigalité de tons éclatants plaqués sur des objets qu'il ne viendra jamais à bout de relier les uns aux autres par leurs reflets nécessaires, et qui restent crus, isolés, froids, criards. Remarquez que le criard est toujours froid !

— A propos de froid, couvrez-vous bien ; il ne fait pas chaud.

— Me voilà prêt. Je ne veux plus parler.

Nous arrivons chez moi et, malgré sa résolution, il n'a pas cessé de railler la prétendue couleur des ingristes. Il les appelle des imagiers, des enlumineurs de manuscrits, des pasticheurs. Ma colère s'est apaisée, elle a passé en lui. Chopin nous rejoint à la porte, et les voilà qui montent l'escalier en discutant sur la *Stratonice*. Chopin ne l'aime pas, parce que les personnages sont maniérés et sans émotion vraie ; mais le fini de la peinture lui plaît, et, quant à la couleur, il dit par politesse qu'il n'y entend rien du tout — et il ne croit pas dire la vérité !

Chopin et Delacroix s'aiment, on peut dire tendrement. Ils ont de grands rapports de caractère et les mêmes grandes qualités de cœur et d'esprit. Mais, en fait d'art, Delacroix comprend Chopin et l'adore. Chopin ne comprend pas Delacroix. Il estime, chérit et respecte l'homme ; il déteste le peintre. Delacroix plus varié dans ses facultés apprécie la musique ; il la sait et il la comprend ; il a le goût sûr et exquis. Il ne se lasse pas d'écouter Chopin ; il le savoure ; il le sait par cœur. Cette adoration, Chopin l'accepte et il en est touché ; mais quand il regarde un tableau de son ami, il souffre et ne peut trouver un mot à lui dire. Il est musicien, rien que musicien. Sa pensée ne peut se traduire qu'en musique. Il a infiniment d'esprit, de finesse et de malice ; mais il ne peut rien comprendre à la peinture et à la statuaire. Michel-Ange lui fait peur. Rubens l'horripile. Tout ce qui lui paraît excentrique le scandalise. Il s'enferme dans tout ce qu'il y a de plus étroit dans le convenu. Étrange anomalie ! Son génie est le plus original et le plus individuel qui existe. Mais il ne veut pas qu'on le lui dise. Il est vrai qu'en littérature, Delacroix a le goût de ce qu'il y a de plus classique et de plus formaliste.

Il n'y a pas à les discuter, je les écoute ; mais voilà Maurice qui casse les vitres au dessert. Il veut que Delacroix lui explique le mystère des reflets, et Chopin écoute, les yeux arrondis par la surprise. Le maître établit une comparaison entre les tons de la peinture et les sons de la musique. L'harmonie en musique, dit-il, ne consiste pas seulement dans la constitution des accords, mais encore dans leurs relations, dans leur succession logique, dans leur enchaînement, dans ce que j'appellerais, au besoin, leurs reflets auditifs. Eh bien, la peinture ne peut pas procéder autrement! Tiens ! donne-moi ce coussin bleu et ce tapis rouge. Plaçons-les côte à côte. Tu vois que là où les deux tons se touchent, ils se volent l'un l'autre. Le rouge devient teinté de bleu; le bleu devient lavé de rouge et, au milieu, le violet se produit. Tu peux fourrer dans un tableau les tons les plus violents ; donne-leur le reflet qui les relie, tu ne seras jamais criard. Est-ce que la nature est sobre de tons ? Est-ce qu'elle ne déborde pas d'oppositions féroces qui ne détruisent en rien son harmonie ? C'est que tout s'enchaîne par le reflet. On prétend supprimer cela en peinture, on le peut, mais alors il y a un petit inconvénient, c'est que la peinture est supprimée du coup.

Maurice observe que la science des reflets est la plus difficile qu'il y ait au monde.

— Non ! dit le maître, c'est simple comme bonjour. Je peux te démontrer cela comme deux et deux font quatre. Le reflet de telle couleur sur telle autre donne invariablement telle autre couleur que je t'ai vingt fois expliquée et prouvée.

— Fort bien, dit l'élève ; mais le reflet du reflet ?

— Diable ! Comme tu y vas, toi ! tu en demandes trop pour un jour !

Maurice a raison ; le reflet du reflet nous lance dans l'infini, et Delacroix le sait bien ; mais il ne pourra jamais le démontrer, car il le cherche sans cesse et il m'a bien avoué qu'il le devait plus souvent à l'inspiration qu'à la science. Il peut enseigner la grammaire de son art ; mais le génie ne s'enseigne pas. Il y a dans la couleur des mystères insondables, des tons produits par relation, qui n'ont pas de nom et qui n'existent sur aucune palette. A ces reflets qui se pénètrent mutuellement, il n'y a pas de limites absolues, et de leurs mystérieux hyménées naissent sans cesse des combinaisons qui peuvent s'accumuler sans s'épaissir. Il n'y a pas de noir dans la nature ; il n'y a pas de parties mortes dans la peinture. Tout corps en contact avec un autre corps donne et reçoit l'éclair de la couleur. Le plus éclairé domine l'autre, mais jamais jusqu'à paralyser son effet. C'est le secret de la transparence des ombres, c'est aussi le secret du relief des objets, que les ingristes ignorent absolument.

— Je me permets de communiquer comme je peux mon appréciation.

Chopin s'agite sur son siége. Permettez-moi de respirer, dit-il, avant de passer au relief. Le reflet, c'est bien assez pour le moment. C'est ingénieux, c'est nouveau pour moi ; mais c'est un peu de l'alchimie.

— Non, dit Delacroix, c'est de la chimie toute pure. Les tons se décomposent et se recomposent à toute heure et le reflet ne se sépare pas du relief, comme la ligne ne se sépare pas du modelé. Ils croient qu'ils ont inventé, ou tout au moins découvert la ligne ! C'est-à-dire qu'ils croient tenir le contour. Eh bien, ils ne le tiennent pas du tout ! Le contour se moque d'eux et leur tourne le dos. Attendez ! Chopin, je sais ce que vous allez dire : le contour est ce qui empêche les objets de se confondre les uns avec les autres ; mais la nature est sobre de contours arrêtés. La lumière qui est sa vie, son mode d'existence, brise à chaque instant les silhouettes et, au lieu de dessiner à plat, elle enlève tout en ronde bosse. Quand vous aurez dessiné au trait ma forme sur une ardoise, quelque joli que soit ce trait, vous n'aurez pas fait une peinture de ma personne. Pourtant, si vous êtes coloriste, vous viendrez à bout, avec ce simple trait, de faire comprendre que j'ai une épaisseur, un relief, un corps. Comment en viendrez-vous à bout? En n'arrêtant pas également partout ce contour, en le faisant très-délié, presque interrompu en certains endroits, en l'accusant en d'autres endroits au moyen d'un second trait et, s'il le faut, d'un troisième, ou encore au moyen d'un trait élargi, engraissé, qui se gardera bien d'être un fil de fer, car partout où j'ai vu un relief, — et je ne sache pas que le corps humain ait un seul endroit absolument plat, fût-il de l'étendue d'un pain à cacheter — il n'y a pas d'opacité au contour qui l'indique. Ni la lumière qui frappe ce contour, ni l'ombre qui glisse dessus n'ont de point d'arrêt saisissable. Si vous dessinez un corps nu, une figure, une main, c'est bien autre chose. La chair est une buveuse insatiable de lumière et une échangeuse de reflets inépuisable. Elle reflète tout et elle se reflète sur elle-même à l'infini. Voyez un enfant nu de Rubens. C'est de l'arc-en-ciel fondu sur la chair, l'éclairant et la pénétrant, lui donnant l'éclat, le relief, la circulation, la palpitation, la vie sortant à pleins bords de la toile. C'est que la peinture, voyez-vous, ce n'est pas seulement ceci : Et il dessina en l'air un arc horizontal allant de son épaule gauche à son épaule droite : « C'est encore cela ! » Et il dessina l'arc dans le sens convexe en partant de son front, pour revenir sur sa poitrine. — Eh bien, les ingristes ont voulu changer la nature ! Ils ont fait de l'homme une ardoise bien découpée sur les bords, et, pour qu'on ne doute pas de leur intention, il y en a qui ne font plus que des ombres chinoises, à teintes plates, collées sur des fonds d'or. J'avoue que c'est une manière de simplifier l'art ; mais il y en aurait une plus sûre encore, qui serait de n'en plus faire du tout. Tiens, Maurice, tu aimes à faire des bonshommes en quantité, tu voudrais en faire tenir cinquante mille sur une feuille de papier. Je vas t'enseigner un bon moyen. Dessine-moi un mur, et tu écriras dessus : En ce moment cinq cent mille hommes passent derrière ce mur ! — Tu te seras épargné la peine d'apprendre à les faire, et, par le temps qui court, tu auras peut-être plus de succès que moi qui ai eu la bêtise de vouloir apprendre.

Chopin n'écoute plus. Il est au piano et il ne s'aperçoit pas qu'on l'écoute. Il improvise comme au hasard. Il s'arrête. Eh bien, eh bien, s'écrie Delacroix, ce n'est pas fini !

— Ce n'est pas commencé. Rien ne me vient... rien que des reflets, des ombres, des reliefs qui ne veulent pas se fixer. Je cherche la couleur, je ne trouve même pas le dessin.

— Vous ne trouverez pas l'un sans l'autre, reprend Delacroix, et vous allez les trouver tous deux.

— Mais si je ne trouve que le clair de lune ?

Vous aurez trouvé le reflet d'un reflet, répond Maurice.

L'idée plaît au divin artiste. Il reprend, sans avoir l'air de recommencer, tant son dessin est vague et comme incertain. Nos yeux se remplissent peu à peu des teintes douces qui correspondent aux suaves modulations saisies par le sens auditif. Et puis la note bleue résonne et nous voilà dans l'azur de la nuit transparente. Des nuages légers prennent toutes les formes de la fantaisie ; ils remplissent le ciel ; ils viennent se presser autour de la lune qui leur jette de grands disques d'opale et réveille la couleur endormie. Nous rêvons d'une nuit d'été ; nous attendons le rossignol.

Un chant sublime s'élève. Le maître sait bien ce qu'il fait. Il rit de ceux qui ont la prétention de faire parler les êtres et les choses au moyen de l'harmonie imitative. Il ne connaît pas cette puérilité. Il sait que la musique est une impression humaine et une manifestation humaine. C'est une âme humaine qui pense, c'est une voix humaine qui s'exprime. C'est l'homme en présence des émotions qu'il éprouve, les traduisant par le sentiment qu'il en a, sans chercher à en reproduire les causes par la sonorité. Ces causes, la musique ne saurait les préciser ; elle ne doit pas y prétendre. Là est sa grandeur, elle ne saurait parler en prose.

Quand le rossignol chante à la nuit voilée, le maître ne vous fera ni deviner ni pressentir par une ridicule notation le ramage de l'oiseau. Il fera chanter la voix humaine dans un sentiment particulier qui sera celui qu'on éprouve en écoutant le rossignol, et si vous ne songez pas au rossignol en écoutant l'homme, ce qui importe fort peu, vous n'en aurez pas moins une impression de ravissement qui mettra votre âme dans la disposition où elle serait, si vous tombiez dans une douce extase par une belle nuit d'été, bercé par toutes les harmonies de la nature heureuse et recueillie.

Il en sera ainsi de toutes les pensées musicales dont le dessin se détache sur les effets d'harmonie. Il faut la parole chantée pour en préciser l'intention. Là où les instruments seuls se chargent de la traduire, le drame musical vole de ses propres ailes et ne prétend pas être traduit par l'auditeur. Il s'exprime par un état de l'âme où il vous amène par la force ou la douceur. Quand Beethoven déchaîne la tempête, il ne tend pas à peindre la lueur livide de l'éclair et à faire entendre le fracas de la foudre. Il rend le frisson, l'éblouissement, l'épouvante de la nature dont l'homme a conscience et que l'homme fait partager en l'éprouvant. Les symphonies de Mozart sont des chefs-d'œuvre de sentiment que toute âme émue interprète à sa guise sans risquer de s'égarer dans une opposition formelle avec la nature du sujet. La beauté du langage musical consiste à s'emparer du cœur ou de l'imagination, sans être condamné au terre à terre du raisonnement. Il se tient dans une sphère idéale où l'auditeur illettré en musique se complaît encore dans le vague, tandis que le musicien savoure cette grande logique qui préside chez les maîtres à l'émission magnifique de la pensée.

Chopin parle peu et rarement de son art; mais, quand il en parle, c'est avec une netteté admirable et une sûreté de jugement et d'intentions qui réduiraient à néant bien des hérésies s'il voulait professer à cœur ouvert.

Mais, jusque dans l'intimité, il se réserve et n'a de véritable épanchement qu'avec son piano. Il nous promet pourtant d'écrire une méthode où il traitera non-seulement du métier, mais de la doctrine. Tiendra-t-il parole?

Delacroix aussi promet, dans ses moments d'expansion, d'écrire un traité du dessin et de la couleur. Mais il ne le fera pas, quoiqu'il sache magnifiquement écrire. Ces artistes inspirés sont condamnés à chercher toujours en avant et à ne pas s'arrêter un jour pour regarder en arrière.

On sonne, Chopin tressaille et s'interrompt. Je crie au domestique que je n'y suis pour personne. — Si fait, dit Chopin, vous y êtes pour *lui*. — Qui donc est-ce?

— Mickiewicz. — Oh oui, par exemple ! Mais comment savez-vous que c'est lui ? — Je ne le sais pas, mais j'en suis sûr ; je pensais à lui.

C'est lui, en effet. Il serre affectueusement les mains et s'assied vite dans un coin, priant Chopin de continuer. Chopin continue ; il est inspiré ; il est sublime. Mais le petit domestique accourt tout effaré ; la maison brûle ! — Nous allons voir. Le feu a pris, en effet, dans ma chambre à coucher ; mais il est temps encore. Nous l'éteignons lestement. Pourtant cela nous tient occupés une grande heure ; après quoi, nous disons : Et Mickiewicz, où peut-il être ? On l'appelle, il ne répond pas ; on rentre au salon, il n'y est pas. — Ah ! si fait, le voilà dans le petit coin où nous l'avons laissé. La lampe s'est éteinte, il ne s'en est pas aperçu ; nous avons fait beaucoup de bruit et de mouvement à deux pas de lui, il n'a rien entendu ; il ne s'est pas demandé pourquoi nous le laissions seul ; il n'a pas su qu'il était seul. Il écoutait Chopin ; il a continué à l'entendre.

De la part d'un autre, cela ressemblerait à de l'affectation ; mais le doux et humble grand poëte est naïf comme un enfant, et, me voyant rire, il me demande ce que j'ai. — Je n'ai rien ; mais la première fois que le feu prendra dans une maison où je serai avec vous, je commencerai par vous mettre en sûreté, car vous brûleriez sans vous en douter, comme un simple copeau.

— Vraiment? dit-il, je ne savais pas! Et il s'en va sans avoir dit un mot. Chopin reconduit Delacroix qui, retombant dans le monde réel, lui parle de son tailleur anglais et ne semble plus connaître d'autre préoccupation dans l'univers que celle d'avoir des habits très-chauds qui ne soient pas lourds.

VI

A CHARLES EDMOND.

1871. Nohant, août.

Vous vous demandez, mon ami, pourquoi je tiens à ce qu'on ne me rectifie pas ma ponctuation à l'imprimerie. J'essayerai de vous dire mes raisons.

La ponctuation a sa philosophie comme le style; je ne dis pas comme la langue; le style est la langue bien comprise, la ponctuation est le style bien compris.

Il y a des règles absolues pour la langue et des règles absolues pour la ponctuation. Le style doit se plier aux exigences de la langue, mais la ponctuation doit se plier aux exigences du style. Je nie qu'elle relève immédiatement des règles grammaticales, je prétends qu'elle doit être plus élastique et n'avoir point de règle absolue.

Il y a une foule de bons traités de la ponctuation. Il

faut les avoir lus, il faut s'en aider au besoin, il ne faut pas s'y soumettre avec servilité.

On a dit « le style, c'est l'homme. » La ponctuation est encore plus l'homme que le style. La ponctuation, c'est l'intonation de la parole, traduite par des signes de la plus haute importance. Une belle page mal ponctuée est incompréhensible à la vue ; un bon discours est incompréhensible à l'oreille s'il est débité sans ponctuation, et désagréable si la ponctuation est mauvaise. L'instinct de l'orateur intelligent le guide avec certitude et, sans qu'il ait besoin de se reporter à aucune règle écrite, il sait couper sa phrase à point, en suspendre le sens tout en faisant comprendre qu'elle n'est pas finie, marquer les différentes stations d'une période de longue haleine, et même la prolonger au-delà des lois de la sobriété en l'accentuant de manière à soutenir l'attention qu'elle réclame. Un discours bien débité, un rôle bien dit au théâtre devraient être les règles les plus sûres et les plus logiques pour la ponctuation exprimée en signes écrits.

L'acteur péche souvent par le défaut de cette logique. Il lui faut une grande habileté, dans le vers classique surtout, pour varier son intonation dont la monotonie fatiguerait l'oreille et l'esprit, et pour se tenir en même temps dans la vérité du sens littéraire et philosophique. Quelques-uns sont si accablés par cette difficulté qu'ils laissent échapper des exclamations qui détruisent la mesure du vers. Même au Théâtre-Français on entend souvent des vers faux.

Au début de sa carrière Rachel ne disait pas juste et ponctuait mal. Elle s'en corrigea et atteignit l'apogée de son talent ; puis, à force d'étudier, elle dépassa le but et, voulant produire trop d'effet, elle ponctua trop ses intonations.

Si vous voulez vous rendre compte de l'excès de ponctuation, examinez le caractère d'un homme d'après sa manière de parler. S'il pèse chacune de ses paroles, s'il donne une égale valeur à toutes ses phrases, s'il en détaille minutieusement chaque membre, vous êtes aussitôt saisi de l'impression que cet homme s'aime trop lui-même, qu'il attribue une importance exagérée à ses assertions, qu'il est tranchant, vaniteux et despotique. Un homme si épris de sa parole ne souffrira aucune contradiction et n'admettra aucune résistance. S'il écrit, sa ponctuation le révélera autant que son débit ; il fera abus des points et des virgules, il surchargera son style de phrases incidentes, par conséquent de parenthèses ou de tirets.

Celui qui abuse des points d'exclamation est un déclamateur impuissant, cela saute aux yeux ; celui qui les supprime entièrement et tourne toujours sa phrase de manière à s'en passer est affecté d'une autre manière. Il craint qu'on ne le soupçonne d'être ému, ou il craint de l'être. Il se fait mordant et sec. Dans la conversation, il a la critique dure, le raisonnement froid, la plaisanterie acerbe.

Le défaut que Rachel avait subi vers la fin de sa glorieuse carrière est le défaut général des acteurs du Théâtre-Français et peut-être le résultat inévitable des études du Conservatoire, études excellentes, nécessaires, mais par-dessus lesquelles il faut savoir passer quand on est arrivé à une certaine élévation de talent. La diction et ce que j'appellerai sa ponctuation parlée sont si intimement liées à la mimique de l'acteur, de l'orateur en général, qu'il est impossible d'y porter la moindre exagération sans que l'aspect entier du personnage ne s'en ressente. La moindre virgule entraîne une vibration du corps ou un état de la physionomie ; le point d'exclamation et le point d'interrogation ont leur expression correspondante dans celle du visage ou dans celle du geste. De là un détail fatigant pour le spectateur et une étrange monotonie résultant de l'excès de variété. Cette science du détail qui, au Théâtre-Français, est arrivée à la perfection doit satisfaire absolument le vulgaire et passionner l'étranger, tous deux ayant besoin de ce relief minutieux pour comprendre une langue dont ils ne saisissent pas toujours bien les nuances ; mais, pour qui a le sens du vrai et l'intelligence du texte, ce relief de toutes les parties d'une période est une gêne, parfois une souffrance. On a besoin de respirer à pleins poumons dans le beau, la grande éloquence est abondante et facile, le grand lyrisme ne se détaille pas, il n'est point essoufflé ; l'une coule comme un fleuve, l'autre se précipite comme un torrent. Si la phrase incidente se glisse dans le lyrisme, elle doit y prendre beaucoup de valeur ; c'est comme le rocher que le flot rencontre, qui le brise un instant, mais qui lui donne plus d'énergie pour repartir. Dans ce cas, l'élan refoulé et suspendu est chose excellente ; mais si, même avec beaucoup d'habileté, vous insistez à égale valeur sur tout ce qui peut former une sorte d'angle d'incidence, vous détruisez l'effet principal au profit d'effets secondaires qu'il eût été plus habile de sacrifier. Vous arrivez au miroitement qui détruit l'harmonie de la forme et la logique de la pensée.

Il faut donc, pour en revenir à la ponctuation écrite, n'en point surcharger le texte en certains endroits, et dans d'autres cas n'en rien omettre. Ceci devient une affaire de tact et c'est pour cela que je n'y voudrais rien d'absolu. Dans un dialogue, par exemple, entre personnes d'un caractère différent, je varierais la ponctuation en même temps que l'expression. Dans un récit rapide, je donnerais peu à la respiration, et même, dans un simple exposé, je ne couperais pas comme phrases ce qui n'est qu'un ensemble de phrases concourant à préciser une même chose. S'il y a tant soit peu de recherche ou d'obscurité dans une explication, vous l'éclaircirez par une ponctuation très-grammaticale. Si, au contraire, vous parlez de choses que tout le monde entend à demi-mot, ne leur donnez pas l'importance qu'elles ne doivent point avoir ; allez vite au fait comme vous y allez par la parole écrite ou parlée.

Ces nuances ne sont pas du ressort des protes. Un bon prote est un parfait grammairien et il sait souvent beaucoup mieux son affaire que nous ne savons la nôtre ; mais aussi quand nous la savons et que nous y faisons intervenir le raisonnement, le prote nous gêne ou nous trahit. Il ne doit pas se laisser gouverner par le sentiment; il aurait trop à faire pour entrer dans le sentiment de chacun de nous ; mais quand il a à corriger nos épreuves après nous, il doit laisser à chacun de nous la responsabilité de sa ponctuation comme il lui laisse celle de son style. Il se tromperait même si, voulant trop se conformer à notre intention, il se reportait à ce qui semble établi par nous dans une certaine page, pour en ponctuer une certaine autre. Le même écrivain peut avoir différents procédés instinctifs ou raisonnés pour détailler différemment des formes analogues dont le fond diffère. Là où vous auriez été très-grammatical dans une chose posée, vous ne vous sentez plus forcé de l'être dans une chose émue. Si votre forme est claire, elle peut se passer de cette seconde explication de la ponctuation rigoureuse.

La ponctuation doit s'attacher à faciliter la première lecture, beaucoup plus qu'à satisfaire la règle à la seconde lecture. Il y aurait quelques innovations à introduire dans la nôtre. Par exemple, il est parfois difficile de savoir, au commencement d'une phrase, si elle est interrogative ou affirmative ; il faut alors que l'œil la relise ou que le lecteur la recommence. Il serait plus net de suivre le procédé espagnol qui place le point d'interrogation en tête et non en queue de la phrase [1].

Dans le vers, la ponctuation est insensée si l'on continue à commencer chaque vers par une majuscule. Pourquoi cette routine qui offusque l'œil et l'esprit ?

La ponctuation est une chose si difficile à fixer d'une façon arbitraire que chacun a la sienne et que les protes eux-mêmes ne sont pas d'accord entre eux sur l'emploi de certains signes. Les uns font suivre le *tréma* d'une majuscule, contrairement à l'usage ancien ; les autres ne se permettent pas cette innovation. Je crois qu'il

[1]. La Grammaire des grammaires l'est d'accord avec moi sur cette innovation.

serait logique de suivre le premier système quand le *tréma* est placé en guise de guillemet pour annoncer un discours, une parole importante, le commencement d'une citation. Exemples :

« La réplique de l'accusé à toutes leurs questions fut constamment : Non.

» Le texte de la loi dit positivement : Nul n'est censé ignorer la loi.

» Alors, il leur parla en ces termes : Mes amis, ne croyez pas que je rêve, etc. »

Le second procédé resterait applicable aux membres de phrases complémentaires, comme par le passé.

Je citerai encore un exemple pris au hasard, pour montrer la différence de mouvement qu'une ponctuation trop riche, et une ponctuation très-sobre peuvent donner à l'expression d'un sentiment animé.

1.	2.
Comment osez-vous m'accuser, vous, dont la conduite fut lâche? vous, qui n'avez pas même vu le péril où nous étions? qui donc nous a livrés à l'ennemi, si ce n'est vous? qui donc, en poussant les autres au sacrifice de la vie, s'est abstenu de tout sacrifice, et s'est préservé aux dépens de tous ?	Comment osez vous m'accuser, vous dont la conduite fut lâche, vous qui n'avez pas même vu le péril où nous étions? qui donc nous a livrés à l'ennemi si ce n'est vous? qui donc, en poussant les autres au sacrifice de la vie, s'est abstenu de tout sacrifice et s'est préservé aux dépens de tous?

Je donnerais la préférence au second exemple. Il peut paraître trop sobre de ponctuation. Le premier paraît plus correct, plus facile à bien débiter ; mais, débité ainsi, il est froid. Le second, s'il est lu avec toute l'haleine qu'il comporte, fera plus d'impression et persuadera plus vite. Dans le premier je vois un avocat qui plaide et qui accentue son raisonnement ; dans le second je vois un accusé que l'indignation emporte et qui exhale sa douleur. — Application de mon système d'indépendance devant les règles absolues : ponctuez exactement le rôle de l'avocat ; ponctuez le moins possible le rôle de l'accusé, c'est-à-dire soyez soumis à la règle quand elle est d'accord avec le sens des choses : n'en soyez point esclave quand elle l'altère.

La ponctuation est un perfectionnement du langage d'origine assez nouvelle. Nos anciens maîtres ponctuaient à peine ou ne ponctuaient pas du tout leurs manuscrits, et les éditeurs qui ont corrigé les anciennes éditions des classiques ont agi à leur guise. Nous ne pouvons donc invoquer, pour établir une ponctuation plus ou moins libre et personnelle, que des auteurs modernes, et plusieurs d'entre eux, n'attachant peut-être aucune importance à ce détail, n'ont pas voulu faire autorité. Nous le regrettons ; nous aurions appris d'eux une chose que personne ne sait bien et que, pour mon compte, je voudrais très-bien savoir. J'ignore si M. Michelet corrige ses épreuves avec soin ou si les protes se dérobent à ses indications, mais il est étrange et prodigue de ponctuation. Je l'ouvre au hasard et je trouve cette phrase : « Une émotion de plaisir, sauvage, homicide, est attachée, chez beaucoup d'hommes, à la destruction. » Cinq virgules pour un court axiome, cela me paraît beaucoup. J'en retrancherais bien trois sans scrupule. — Il me semble qu'il n'en faudrait pas du tout dans la phrase suivante : « Le seul décret qui semble garder l'empreinte de Saint-Just, est celui-ci : etc. » — Non plus que dans celles-ci : « Carrier reprochait » aux corps administratifs de vouloir le faire périr, en » rejetant sur lui l'embarras des subsistances. »

« Elle avait deviné son projet, et le surveillait. » Etc.

Le style de Michelet est très-haché : c'est sa force et son élan. Raison de plus pour ne pas le hacher inutilement. Une personne qui le lirait tout haut servilement et comme il est ponctué aurait l'air d'être asthmatique.

La ponctuation de Louis Blanc est très correcte, mais trop uniformément correcte et procédant toujours en vertu de la même loi de composition.

M. Thiers est plus libre d'allures et résout, sans

le savoir probablement, un grand problème, celui de ponctuer richement sans qu'on s'en aperçoive. Théophile Gautier emploie plus de virgules qu'il n'est nécessaire à un style parfaitement construit. Il suit le procédé de Victor Hugo dont la lumineuse clarté n'a pas besoin d'être accusée par tant de signes.

J'ignore si Alexandre Dumas père ponctuait ses manuscrits et corrigeait ses épreuves. En tous cas, il devait ponctuer après coup. Ses lettres n'avaient ni points ni virgules. Il ne barrait pas le *t*, il ne mettait pas de point sur l'*i*. Il méprisait profondément l'apostrophe ; *à* préposition était écrit comme *a* verbe. Ce qu'il écrivait au courant de la plume était hiéroglyphique, malgré une des plus belles calligraphies qu'il fût possible d'avoir. Au contraire les moindres lettres de M. de Lamennais eussent pu passer à l'imprimerie comme épreuves corrigées.

Je reçois certaines lettres sans orthographe qui sont bien rédigées et ponctuées comme si la ponctuation était un instinct particulier. J'en reçois d'autres, irréprochables d'ailleurs, qu'une ponctuation fantasque rend très-obscures. Simplifier autant que possible la ponctuation la rendrait plus facile à retenir. Je crois donc qu'il faut la simplifier. En certains cas on pourrait bien établir la règle de simplification. La virgule qui précède *et* est la plupart du temps inutile,

Elle s'habilla, et elle sortit. Pourquoi pas : *Elle s'habilla et elle sortit ?* Je n'ai pas besoin qu'on m'indique que s'habiller et sortir sont deux actions différentes. J'ai plutôt besoin de sentir que ce sont deux actions qui se tiennent et concourent au même but. Beaucoup de virgules que l'on place avant *qui* sont superflues et ralentissent le mouvement. — « Il s'approcha de la lampe, qui finissait de brûler. » — « Je confiai le message à cet homme, qui me parut honnête. » — « Cet ami, qui me trompe et me flatte, est le vôtre aussi. » — Toutes ces virgules que l'on voit prodiguées dans les éditions bien ou mal corrigées sont inutiles et fatigantes.

Vous trouverez peut-être que j'attache trop d'importance à un détail dont peu de personnes se soucient. Ai-je tort de trouver qu'il faudrait prendre de bonne heure l'habitude de se rendre compte de tout ce que l'on fait et de tout ce que l'on écrit ? Il y a bien assez d'imprévu dans la vie, sans que nous nous y abandonnions nous-mêmes de parti pris. Il y aura à toute heure des préoccupations ou des fatigues qui nous feront manquer à nos résolutions ou à nos habitudes. Il n'y a pas de danger, si nous sentons vivement, que notre existence devienne méthodique et froide. Nous serons bien plutôt emportés par la force des choses dans l'excès contraire. Notre seul refuge alors sera de trouver en nous de quoi combattre un peu l'émotion ou le trouble et de ressaisir le plus tôt possible dans les petits naufrages de toutes les joies l'épave du raisonnement.

Puisque nous consacrons cette causerie à la pédagogie, permettez-moi de vous demander, à vous, étranger, qui savez le français mieux que la plupart d'entre nous, si vous regardez notre langue comme la plus claire de toutes. Moi je ne le crois pas. Elle tient trop du latin, langue morte, costume qui ne sied pas à nos formes et à nos allures. Elle a trop de facilités de constructions. Je lui préfère l'anglais, odieux à l'oreille, grimaçant dans la bouche, faisant saillir les dents à force de sifflements, de blaisements, de ravalements, je dirais presque de crachements. C'est un langage sorti naturellement de bouches mal construites et de gosiers défectueux, caractères de la race. Mais c'est une langue claire, énergique, régulière, allant au fait et tout aussi propre à rendre les nuances que la nôtre.

Nous pourrions par quelques innovations donner au français écrit un peu plus de logique et de clarté. Je sais que la règle est l'arche sainte; mais je n'ai pas fait de grammaire, j'ai le droit de critique. Par exemple, que pensez-vous de ce subjonctif qui oblige un amoureux à dire en scène : Ah! si j'étais sûr que vous m'aimassiez, que mes paroles vous touchassent, que mes pleurs vous persuadassent, que vous daignassiez m'épouser, que vous vous le proposassiez, que vous vous déclarassiez à vos parents, etc. Si cette grammaire était débitée sérieusement sur un théâtre, il y aurait dans la salle un rire inextinguible. Qu'est-ce donc qu'un temps de verbe dont on ne peut se servir, ne fût-ce qu'une fois dans une tirade, sans blesser l'oreille et chasser l'émotion ? Ne serait-ce pas assez de le conserver dans les verbes auxiliaires, ne faudrait-il pas le proscrire de l'enseignement pour les autres verbes, comme les gens qui se respectent le bannissent de leur langage et de leur style ? Tout le monde entend « *je veux qu'ils s'y habituent.* » Entendrait-on moins bien « je voudrais qu'ils s'y *habituent* » que *habituassent* ? Les verbes à conjugaisons compliquées sont une enfance de l'art de la parole. Nos vieux paysans du Berry, ceux qui parlaient dans ma jeunesse le vrai langage du centre ont une richesse singulière de conjugaison. Permettez-moi, pour égayer un peu cet entretien pédagogique, de vous en donner une idée.

Un métayer à qui j'offrais de la liqueur me dit après l'avoir goûtée : C'est trop bon, il ne faudrait pas que je m'y *accoutumige!* Sa femme le reprit : Il ne faudrait pas que tu t'y *accoutumigisses* ! et, sur ma demande,

elle conjugua ainsi : Il ne faudrait pas qu'il s'y *accoutumigît*, que nous nous y *accoutumigionge*, que vous vous y *accoutumigiège*, qu'ils s'y *accoutumigiingent*.
— C'était une puriste ; je consultai ailleurs, elle était dans la règle et parlait comme il faut. Le mari n'avait pas été assez grammatical en disant : « Il ne faudrait pas que je m'y *accoutumige*. » Il aurait dû dire *que je m'y accoutumigis*. *Accoutumige* répondant à *accoutumasse*, c'était un subjonctif de plus, peut-être un conditionnel de l'imparfait du subjonctif auquel il avait manqué.

Je n'ai pas le droit de simplifier la langue, mais je crois qu'elle se simplifiera d'elle-même par l'admission inévitable des classes dites illettrées au mouvement direct de la société bourgeoise, laquelle n'est déjà pas trop ferrée sur le français au sortir des collèges. Ce qui constitue la beauté et la solidité de la langue pourra lutter avec succès contre une invasion de barbarismes, mais le superflu, ouvrage du pédantisme, disparaîtra, je l'espère. Déjà nos jeunes paysans parlent plus simplement et ne sauraient plus conjuguer le verbe *s'accoutumer*, comme leurs bons aïeux.

Il y a dans une autre règle un double emploi dont il m'est impossible de ne pas me dispenser quelquefois. Exemple : j'ai ôté le couteau à l'enfant, je crains qu'il *ne se coupe.* Littéralement : je crains qu'il ne se coupe pas. — Que craignez-vous ? — Qu'il lui arrive de se couper. — S'il *ne* se coupe, vous en serez donc contrarié ! Mais pour être grammatical il faut dire absolument le contraire de sa pensée. — « Je crains pour lui un malheur » très-bien, je comprends. — Empêchons qu'il ne lui arrive malheur, je ne comprends plus. C'est absolument comme si vous disiez : Empêchons que le malheur ne lui arrive pas.

J'en ai bien d'autres sur la conscience de ces contresens, de ces pléonasmes, de ces attentats à l'euphonie auxquels la règle nous condamne. Les grands écrivains ne donneront-ils pas aux bonnes gens le droit de s'en débarrasser ? Hélas ! non, tant qu'il y aura des académies gardiennes de la lettre morte, et qu'ils voudront tous en être !

VII

RÉPONSE A UNE AMIE.

1871. Nohant, octobre.

Oui, je sais que c'est la grande préoccupation du moment, et que, comme vous, les personnes cultivées, les lettrés, les savants et les artistes s'effrayent des conséquences sociales du suffrage universel. Je résume dans le reproche que vous m'adressez, toutes les objections qui me sont faites à ce sujet, et j'y réponds en prenant le public pour juge, parce que de telles questions intéressent tout le monde et doivent sortir du domaine de l'intimité.

Toutes les objections contre le suffrage universel tel qu'il est appliqué aujourd'hui portent sur le temps présent, et aucune ne tient compte de l'avenir. Il y a plus, aucune ne tient compte de ce fait, que, pour le modifier, il faudrait certainement une révolution et que, pour le rétablir à l'époque où ce rétablissement sera nécessaire, il faudra encore une révolution. Il me semble bien que ce n'est pas là ce que vous voulez. Il faut pourtant donner quelque attention à deux éventualités si graves, car les révolutions atteignent rarement leur but. Un essai de révision du droit de suffrage universel nous a donné le plébiscite après le coup d'État. Croyez-vous qu'une nouvelle atteinte à ce droit trouverait une situation vide de prétendants tout prêts à en profiter?

Le droit de suffrage étant une arme toute prête pour les usurpations de pouvoir, je ne comprends pas qu'on puisse songer sérieusement à la leur donner, quand on veut, comme vous le voulez, le maintien de la république.

La légèreté avec laquelle on parle dans votre monde, je devrais dire dans la classe sociale à laquelle vous appartenez, de provoquer cette grande modification du suffrage à plusieurs degrés prouve que l'on y compte *le nombre* comme un vaste troupeau de moutons sans volonté d'action et sans conscience de son droit, ce qui est une erreur capitale, l'erreur de gens qui vivent dans un jardin fleuri, sans s'être jamais demandé ce qu'il y a sous la mince couche de terreau qui nourrit leurs plantes d'agrément.

Oui, ma comparaison est juste. Les gens de loisir éclairé ou de travail intelligent vivent comme dans un jardin où un sol à la fois riche et léger, dès longtemps préparé à l'usage des riches d'esprit, leur procure toutes les douceurs de la vie supérieure. Généreux et patriotes, ils voudraient sans doute que toute la terre fût ce jardin d'Éden, où l'on se promènerait en escarpins et d'où seraient bannis les gros sabots qui écrasent les fraîches couleurs et les suaves parfums.

Sous cette écorce paradisiaque, il y a pourtant la terre brute avec ses carrières puissantes, ses mines précieuses et, plus au fond, ses volcans redoutables. Il faut bien que ces richesses et ces périls aient une issue, et je l'ai dit ailleurs, je le dis encore, le suffrage universel, c'est-à-dire l'expression de la volonté de tous, bonne ou mauvaise, est la soupape de sûreté sans laquelle vous n'aurez plus qu'explosions de guerre civile.

Comment? ce merveilleux gage de sécurité vous est donné, ce grand contre-poids social a été trouvé, et vous voulez le restreindre et le paralyser? Vous représentez l'intelligence et vous en rejetez la base qui est le bon sens.

Non, vous croyez sincèrement qu'un échelonnage de votes partant de l'ignorance arriverait à nous donner la prépondérance du savoir. Vous en avez fait l'expérience sous le règne bourgeois de Louis-Philippe. L'éligible privilégié vous a donné une suite d'assemblées contre lesquelles je vous ai vue aussi irritée que vous l'êtes contre celle d'aujourd'hui.

Je sais qu'on propose certains moyens pour forcer l'ignorance à élire la capacité. Un des plus pratiques au premier abord est d'attribuer à une certaine classe de citoyens le droit d'élire autant de députés que si elle était en nombre égal à une autre classe évidemment plus nombreuse. J'ai lu des projets prétendus *radicaux*, où l'on demandait avec ardeur que les villes eussent droit à des représentants particuliers, pouvant se passer du vote des campagnes. La cause de l'intelligence couvrant l'ambition de la cause personnelle ne manquait pas d'arguments pour créer cette aristocratie urbaine destinée à fouler aux pieds le droit de la plèbe rurale : étrange impertinence de la passion politique, autrement dit de l'art de parvenir au pouvoir, au mépris des principes que l'on prétend faire triompher !

Il serait bien temps d'en finir avec ces coupables paradoxes qui ne tendent à rien moins qu'à rétablir le régime des castes, à rejeter le paysan dans la dernière de toutes et à l'y maintenir indéfiniment. Quel mensonge est-ce donc que la république, si elle fait bon marché de pareilles idées !

Arrière ces républicains-là ! Mettons-les avec les légitimistes. Ils sont faits pour s'entendre, car ces derniers, en commençant par reconnaître l'autorité du vote universel dont ils espèrent tirer parti, sont bien résolus à l'étouffer le jour où il leur sera contraire. Ces deux extrêmes de partis sont fatalement entraînés par leurs principes à détruire la liberté. Nos principes à nous ne sont entre leurs mains que des armes de guerre civile. Ils appellent leurs compromis et leurs fluctuations *moyens politiques*. Je l'ai dit tout à l'heure, je maintiens le mot brutal : la politique pure n'est plus de nos jours que l'art de parvenir. J'ai pour elle le plus profond mépris qui soit jamais entré dans une âme humaine.

Un ami à moi, un très-grand esprit, je le dis d'avance et je le pense encore après, me reproche de ne pas sentir assez vivement le principe de la *justice*. La justice est son idéal, et il est beau; je me flatte que c'est aussi le mien, mais nous ne pouvons tomber d'accord sur l'application. Il me dit que la justice veut le pouvoir entre les mains des plus capables : qui peut le nier? mais il croit aux moyens légaux pour assurer le règne de l'intelligence, et je nie que la loi ait mission d'imposer ces moyens. Si l'État doit prononcer sur la valeur des individus, nous voici en pleine théocratie. L'État punissant le crime et récompensant la vertu, ce n'est plus le règne des lois, c'est la dictature, c'est la terreur, c'est un homme ou un groupe d'hommes décidant de ce qui est mal et de ce qui est bien à son point de vue, imposant ses croyances, décrétant un culte de sa façon ou s'opposant avec violence à toute espèce de culte ; c'est la Commune de 91 ou celle de 1871. C'est aussi la royauté de droit divin mettant à mort les hérétiques. C'est enfin la suppression absolue de l'État, c'est-à-dire de la base des sociétés et de ce qui constitue le droit de tous et le droit de chacun.

Poussons les gouvernements à encourager le mérite ; ils seront toujours assez portés à ne pas le discerner. Nommons des gouvernements capables de connaître, d'apprécier, d'employer et d'encourager les capables ; mais ne créons pas de droits politiques exceptionnels à la capacité, car elle en abusera à coup sûr, vu qu'elle n'est pas toujours la moralité et que s'il y a *justice* à la reconnaître, il y aurait *injustice* à lui tout permettre.

Une école plus austère attribuerait aux capacités des *devoirs* plus étendus qu'au vulgaire. Dans des pages admirables, Louis Blanc a montré le mérite idéal obligé de servir la société et non récompensé pour l'avoir servie. Utopie de jeunesse que j'ai partagée et je ne m'en repens certes pas, mais qui ne tient pas contre la maturité de la réflexion. L'État ne peut obliger personne à faire le bien. L'État n'est pas une personne meilleure et plus sage qu'une autre : c'est un contrat qui doit prévoir tous les cas d'empiétement des droits réciproques, et il ne faut pas que, sous le titre honorable de *devoir*, le *droit* de chacun dépasse le droit de tout autre quel qu'il soit.

Laissons faire le droit naturel ; c'est bien assez, car l'inégalité de fait est monstrueuse et repose principalement sur l'inégalité de l'éducation. L'État doit décréter l'éducation gratuite, je ne dirai pas tout à fait obligatoire, mais *inévitable*. L'État qui consacre la liberté absolue pour le travail matériel, ne peut refuser à l'homme les moyens d'acquérir l'emploi de ses facultés intellectuelles, ce serait lui enlever l'exercice d'un droit naturel. L'État a pleinement mission de nous rendre tous propres à devenir égaux en fait; mais il ne peut faire que nous le devenions, et s'il crée des inégalités sociales, celles de la nature aidant, il consacre le plus effroyable despotisme et recommence le passé. Je ne veux pas plus laisser dire à l'Académie des sciences qu'à Louis XIV : « L'État c'est moi. » La tyrannie de l'intelligence n'autorise certes pas celle de la bêtise, mais elle la rend inévitable, elle l'appelle irrésistiblement, car tout abus engendre un abus contraire. L'histoire nous le démontre à chacune de ses pages et c'est le cas de dire avec les bonnes gens : *Nous sortons d'en prendre.*

Hélas! c'est toujours l'esprit français, paresseux parce qu'il est spontané, vite lassé parce qu'il est trop prompt à l'énergie. C'est toujours le besoin de se plonger dans le repos du corps ou dans les jouissances de l'âme qui proteste ainsi contre la froide et patiente impartialité de la loi. Nous n'aimons pas à lutter toujours. Nous voulons des gendarmes pour nous préserver des voleurs, nous voudrions des huissiers de service pour garder nos portes et nous garantir du contact des imbéciles. Nous trouvons que raisonner avec l'ignorant c'est perdre un temps précieux, que travailler à éclairer le premier venu, c'est se rendre ridicule. Nous causons pour les érudits, nous écrivons pour les lettrés, nous sommes aristocrates des pieds à la tête; nous disons à la société : Délivrez-nous de ces goujats qui ne sauraient nous comprendre, faites-nous une représentation comme celle d'avant 89, où l'on délibérait par ordre et non par tête. Vous voyez bien que cela est très-équitable et très-républicain : des radicaux eux-mêmes l'ont demandé.

Eh bien, cette loi est tout simplement impossible. Ces moutons de paysans ont une volonté, et pour la briser il faut bouleverser encore une fois la France de fond en comble. Il y aurait une chose bien plus simple, ce serait de confier au progrès des mœurs et au dégagement de l'opinion le soin de décider des choses dont seuls ils sont les maîtres et les juges. Ce que vous voulez, ce droit de l'intelligence à la direction sociale, personne n'a le droit de l'imposer; mais tous ont le pouvoir de l'appliquer, et ceci vous regarde, rois de l'esprit, prêtres de la science, artistes et lettrés favoris du public, élite de la France ! imposez-vous ! Soyez plus forts que l'ignorance et prouvez que vous l'êtes. Artistes, faites des chefs-d'œuvre; savants, faites des découvertes sérieuses, évidentes; économistes et législateurs, portez la lumière dans notre chaos politique et financier : qui donc se refuse aux bienfaits que vous tenez dans vos mains ?

Ces bienfaits, direz-vous, sont très-difficiles à répandre. Tout leur fait obstacle et le principal empêchement, c'est l'indifférence d'une nation plongée dans les préjugés et les routines de l'ignorance. — Donc il faut lui donner le plus d'instruction possible. Aidons-la, c'est nous aider nous-mêmes. Dégageons-nous de nos propres erreurs et de nos préventions personnelles qui sont nombreuses et obstinées, car nous ne sommes pas si forts qu'il nous plaît de le croire quand nous réclamons la prépondérance politique; nous avons à commencer par nous-mêmes l'éducation du peuple. Nous manquons pour la plupart des principes de la vraie justice, des méthodes de la vraie science, des conditions morales de la saine inspiration. Nous sommes tous plus ou moins malades, sceptiques par trop d'expérience ou brisés par trop de travail. L'époque n'est point à l'essor du génie. Il n'y a pas de race à part qui conserve le feu sacré dans un temple quand il est éteint dans tous les foyers de la cité dolente. Il faut en prendre notre parti et attendre le réveil général. Tâchons d'être levés les premiers, mais que l'aube nous surprenne travaillant pour tous et non pas conspirant pour quelques-uns.

La liberté de tous, c'est-à-dire l'appréciation de chacun, a seule le droit et le pouvoir d'appeler les capacités au gouvernement intellectuel des masses. Aucune constitution ne doit et ne peut restreindre la prétention d'un idiot à être un grand homme. C'est à l'opinion de faire justice de lui, c'est au bon sens public de le remettre à sa place. Si l'opinion est idiote aussi, c'est notre faute à tous et le seul remède c'est de nous consacrer tous à la redresser.

Ah! qu'un peu de modestie et un bon examen de conscience nous feraient de bien, ne fût-ce que de nous réconcilier avec ces pauvres d'esprit que nous dédaignons tant et qui ne sont infirmes que parce que nous sommes incomplets! N'avons-nous pas, dans le monde éclairé, des appréciations souverainement injustes, des partis-pris cruels, un orgueil froidement implacable? On trouve de ces mauvais instincts en soi-même. Étonnez-vous que ceux à qui l'on n'a pas appris à réfléchir soient des barbares, quand ceux qui réfléchissent ont encore tant d'efforts à faire pour être vraiment civilisés !

Mon amie, je me souviens d'un pauvre fou, jeune, pâle, à longue barbe noire, que, dans mon enfance, je voyais errer dans la campagne, d'un air préoccupé. Il fouillait les buissons, il retournait les pierres, il entrait dans les habitations et se penchait sur les puits, et quand on lui demandait ce qu'il cherchait, il répondait invariablement : *Je cherche la tendresse.*

Si nous la cherchions un peu ? Si, au lieu de mesurer toujours la distance qui sépare un homme instruit d'un imbécile, un sage d'un fou, un patricien de lettres d'un esclave de la misère, nous cherchions la vérité dans les parfums des champs ou dans la transparence des sources ? Peut-être l'entendrions-nous murmurer le mot : *aimer !*

Oui, aimer quand même, je crois que c'est le mot de l'énigme de l'univers. Toujours repousser, toujours surgir, toujours renaître, toujours chercher et vouloir la vie, toujours embrasser son contraire pour se l'assimiler, faire à toute heure le prodige des mélange et des combinaisons d'où sort le prodige des productions nouvelles, c'est bien la loi de la nature. D'où vient donc que dans le monde de la pensée d'invincibles antipathies se produisent? D'où vient que l'esprit rejette avec dégoût la médiocrité et la nullité comme s'il craignait de s'amoindrir ou de s'empoisonner à leur contact? Le danger est-il réel? Je ne le crois pas. L'esprit n'a-t-il pas toujours prise sur la matière, à plus forte raison un esprit solide sur un esprit débile? Pourquoi tout homme qui sait quelque chose n'essayerait-il pas de l'apprendre à un autre homme qui ne sait rien? Ce serait très-facile, à la condition d'aimer cet ignorant parce qu'il est homme, et non de le mépriser parce qu'il est ignorant.

En instruire plusieurs, en instruire beaucoup est difficile. C'est la plus belle des professions et, quand même on peut s'y consacrer tout entier, les effets sont lents, la tâche pénible. Mais quelle est la chose utile qui ne soit pas longue et difficile à réaliser? Nous voici en face du problème de l'éducation des masses et nous reculons d'effroi, parce qu'il faudra beaucoup de temps, parce qu'il y aura beaucoup de mécomptes et de déviations avant qu'un bon résultat soit sensible. Nous aimons mieux dire : « Débarrassez-nous de ces barbares si difficiles à éclairer. Supprimez leur initiative qui nous blesse ou leur concours qui nous retarde; ôtez-leur les droits politiques. » Eh bien alors, vous n'aurez plus besoin de les instruire. Ramenés à l'état d'ilotes ils n'auront que faire d'apprendre leurs droits et leurs devoirs. La société sera délivrée de leurs bévues politiques. Elle fonctionnera sans eux. Ils n'en feront partie qu'à la condition de travailler pour elle et de lui obéir. — Est-ce là une solution ? De ce que votre enfant ne sait pas encore lire, résulte-t-il que vous ayez le droit de le chasser de votre maison et de lui retirer son nom de famille ?

Vous ne le devez ni ne le pouvez; vous lui devez un gîte, un emploi, un nom. Vous l'avez mis au monde, ce n'est pas pour l'y abandonner au hasard. Vous devez aussi à la société de n'y pas introduire un bandit. Ces devoirs dont l'enfant peut réclamer l'exécution, vous les avez contractés envers le peuple, le jour où vous l'avez affranchi du servage. Il végétait dans le néant, vous lui avez donné l'essor et la vie, et à présent, il ne dépend plus de vous de le replonger dans les ténèbres. Vous avez cru devoir l'émanciper complétement avant de lui donner l'éducation et, si vous y songez bien, cette imprudence a été nécessaire, fatale. Il est trop tard pour vous en repentir. On ne reprend pas ce que l'on a donné. La plus haute des justices, la justice divine s'y oppose.

Je dis que l'émancipation absolue du vote a été un fait inévitable, et ce fait confirme l'impossibilité d'action de l'État en matière de distinction des capacités. L'État ne peut jamais baser la constatation des inégalités que sur des chiffres, il ne peut être juge du mérite de l'individu politique. Si la volonté générale le force à se constituer dans la forme aristocratique, il ne pourra augmenter la prépondérance des individus que dans le sens aristocratique. Il sera contraint de demander au chiffre de l'impôt la valeur de l'homme. Quoi de plus monstrueux, de plus injuste, de plus grossier, de plus contraire au sentiment qui vous porte à réclamer contre la prépondérance du nombre? Vous avez fait la révolution de Février pour vous débarrasser de la prépondérance de l'argent qui était bien autrement inique, injurieuse et stupide. Quand cette révolution fut faite, il fallut bien se demander où serait désormais la prépondérance. On avait tant demandé *l'adjonction des capacités!* Il s'agissait de la définir et d'entrer dans la pratique. On reconnut alors qu'elle était impossible à définir politiquement, que l'État n'avait ni le droit ni le pouvoir de faire des choix, de favoriser des classes, des corps, des professions. Il n'y avait qu'une solution possible, équitable et large : le droit de tous, et il fut consacré avec tous ses inconvénients, tous ses périls, toutes ses menaces.

La situation n'a pas changé et elle ne peut pas changer, parce qu'il n'y a pas de moyen légitime de se soustraire aux conséquences d'une vérité absolue.

Tout ce qui tient à la politique passe ou change. Ce fut une faute politique que cette proclamation du vote universel, et c'est là précisément ce qui donne à cette loi un caractère indélébile. Le gouvernement républicain vit ou ne vit pas qu'il se suicidait. Il agit sous l'irréductible pression d'une vérité supérieure à lui-même; il signa son arrêt de mort et c'est la grande chose qu'il a faite. Endossons-la, tous, cette noble faute! Si nous sommes de vrais républicains, des âmes sincères, croyant au progrès, à l'égalité nécessaire des droits, à l'avenir de l'humanité, n'admettons pas qu'on puisse retirer cette base sans faire crouler l'édifice entier. Séparons-nous de l'idée *politique* qui pousse beaucoup d'hommes sans principes à maudire le suffrage universel quand il les menace, sauf à le flatter quand il les satisfait. Croyons quand même au droit éternel, à la vérité immuable. Disons-nous bien que la forme républicaine est la seule qui convienne à une nation qui se respecte, et trouvons les moyens d'être cette nation-là. Nous nous y sommes engagés par des siècles de lutte, par l'effort intellectuel de nos savants et de nos philosophes, par la persécution de nos martyrs, par nos guerres tantôt grandioses, tantôt désastreuses contre les coalitions monarchiques. Nos gloires et nos malheurs, voilà notre noblesse, et noblesse oblige. Aurons-nous tant combattu et tant souffert pour retomber sous l'empire ou sous la monarchie? Remettrons-nous encore une fois nos destinées, et ce qui est plus grave, notre honneur aux mains d'un seul? Ferons-nous dire à l'Europe qui nous regarde sans nous comprendre, que nous sommes incapables de nous gouverner sagement, que toutes nos aspirations et nos protestations n'étaient que forfanterie, que toutes les grandes idées émises par nous n'étaient que l'essor d'une imagination déréglée, que notre idéal ne tenait pas compte du réel et que notre caractère a faibli honteusement quand la difficulté s'est présentée? Après tant de sacrifices, et quand l'heure est venue d'en recueillir le fruit, allons-nous donner notre démission d'hommes et de Français?

Vous me criez, non, non! Ce n'est pas là ce que nous voulons. Nous avons justement peur de perdre ces choses saintes, l'honneur et la liberté, par l'aveuglement de la foule qui use du droit de voter pour rappeler les hommes et les choses du passé.

Eh bien, détrompez-vous : l'opinion républicaine fait de rapides progrès en France. Ayons la sagesse d'attendre, le courage de croire, la patience de subir au besoin quelques déviations, sans trébucher à chaque pas sur la ligne que nous nous sommes tracée. Nous sommes dans la situation la plus périlleuse et la plus tourmentée qui fût peut-être jamais; et cependant cette situation est très-favorable à une renaissance sociale si nous voulons la comprendre. Nous sommes gouvernés par une assemblée souveraine, ce qui est l'état normal d'une république. Au sein de cette assemblée librement élue, — c'est son unique mérite, — toutes les nuances de l'opinion s'agitent sans qu'aucun parti puisse déployer son drapeau. La quantité des prétendants ou de ceux qui pourraient se poser comme tels est une cause heureuse d'antagonisme entre eux. Aucun d'eux ne représente une majorité dominante, et si tous ont des partisans dans certaines provinces, aucun d'eux n'aura les vingt-deux départements de M. Thiers. Un grand prestige environne le chef du pouvoir exécutif, non pas à cause de son intelligence ou de ses talents, les masses n'apprécient pas ces choses, elles ne les savent pas : ce qui a frappé les esprits, c'est cette force de caractère qui lui a fait admettre la forme républicaine comme nécessaire et respectable, contrairement à ses sentiments personnels. C'est la première fois qu'on a vu au pouvoir un homme faisant abnégation de ses opinions et de ses sympathies, non pour plaire à un parti, mais pour se dévouer au salut d'une nation.

Voilà donc une chose toute nouvelle en France, et ce résultat anormal d'un péril extrême est un grand enseignement pour le patriotisme. C'est un bon exemple à suivre et il a déjà ramené beaucoup d'esprits à l'intelligence de la situation, qui n'est autre en ce moment que le sentiment du devoir.

Au lendemain des malheurs de la guerre et des rigueurs de la paix, nous avons vu l'essai inepte et odieux d'une tyrannie inqualifiable qui n'a pu dépasser les murs de Paris. La France ouvrière n'a pas répondu à cet appel insensé. Elle a bien compris que le triomphe de cette secte, c'était le Prussien maître de la France, et là encore, le péril nous a protégés contre le péril.

Nous sommes encore sous le coup de cette menace, sous l'affront de l'occupation étrangère. Eh bien, ce mal nous contraint à être sages, à ne pas vouloir de révolutions, à ne plus les permettre, à considérer comme de mauvais Français les mauvais citoyens qui les provoquent. De notre désastre, de notre humiliation, de notre douleur peut sortir une de ces grandes leçons dont l'histoire abonde, mais que les peuples ne comprennent que longtemps après les avoir subies. Comprenons celle-ci tout de suite. Acquérons un sens nouveau. Traitons l'expérience comme un fruit qui se perd quand on le cueille trop tard. Mangeons-le vite, ce fruit amer, et qu'il nous profite, non pas dans cent ans, mais aujourd'hui même. Imposons silence à nos passions, à nos ambitions, à nos répugnances : n'abandonnons aucun principe et cédons aux faits passagers sans colère comme sans découragement.

Que les erreurs de l'ignorant lui soient pardonnées! On n'a pas le droit de punir l'ignorance, mais il faut l'éclairer, car si l'on ne se hâte, elle nous perdra avec elle et ce sera notre faute encore plus que la sienne.

VIII

1871, 28 octobre. Nohant.

J'allume le fagot dans la petite cheminée à revêtement de cuivre brillant comme un miroir. La flamme reflétée en haut et sur les côtés remplit la chambre d'une clarté vive. Le rideau est resté ouvert. Il est une heure du matin. La lune presque à son plein, brille dans le ciel pur où les étoiles sont comme effacées par son éclat. Elle jette sur la chambre bleue un reflet bleu, tandis que le feu blanc du sapin enflammé rayonne dans l'âtre. Tout semble danser dans la petite chambre, les portraits d'enfants, les figurines des tentures, les arabesques du tapis. Qu'il est gai, pétillant, sémillant, le premier feu d'automne! Mais qu'elle est austère et solennelle, la première nuit de gelée! Voici un bouquet de fleurs admirables cueillies ce matin, au hasard, à poignées, dans la plate-bande; des roses invraisemblables de grandeur et de santé, les dernières roses, les plus belles de l'année. Ce seront bien les dernières ; les tapis de réséda m'ont donné leur dernier parfum ; les pervenches, les soucis, les zinias, les mufliers ont, dans ce vase, leurs derniers représentants. Une vapeur alarmante s'étend sur les vitres, voici un petit coin diamanté ; hélas ! ce n'est plus l'inoffensive gelée blanche, c'est la vraie, c'est l'implacable, c'est celle qui, dans une nuit, passe comme le feu, noircit les feuilles, tord les tiges, brûle la couleur, jonche la terre de rameaux flasques et de débris lamentables. C'est la première morsure de l'hiver, baiser funèbre qui tue la beauté confiante des végétations attardées. Pendant qu'armé pour lutter contre le premier froid, je me chauffe, plongé dans ce bien-être physique que le feu procure à mon espèce, toute la riante famille des fleurs expire et la terre prend le deuil.

Qui le croirait? A voir la lune si belle, le ciel si bleu, les grands pins immobiles, les ombres de leurs découpures si nettes sur le sable brillant, on se dirait invité à la fête du silence, aux joies muettes et profondes du recueillement dans l'arche de la sécurité. Point ! c'est une trahison amère. La mort se promène sans bruit sous les bosquets semés de diamants. Elle fauche, elle passe invisible et revient; elle a oublié ici quelques anémones roses, là-bas, de fraîches marguerites qui se hâtaient d'être belles, ne fût-ce qu'un jour. Elles ne l'auront pas, ce jour de triomphe, la faux cruelle n'oublie rien. C'est fait. Tout est mort !

L'année dernière, à pareil jour, je ne pensais pas aux fleurs. Ce n'était pas sur des roses que je m'apitoyais. Ce qui gelait, ce qui mourait sur la terre, c'était des hommes par milliers. La guerre est finie. On ne dort pas précisément sur les deux oreilles ; mais la misère exceptionnelle est suspendue, le mal atroce est éloigné. On se permet de se chauffer, de regarder la lune, de penser aux enfants qui dorment et qui n'achèveront pas leur nuit dans les champs, surpris par l'invasion. Le moment que l'on tient est à soi. La maison où l'on vit est encore debout. De quoi aurait-on le droit de se plaindre lorsque tant d'autres toits gisent à terre, lorsque tant d'existences ont été brisées et ne peuvent plus refleurir ?

Puisque ce premier froid et ce premier feu m'autorisent à une nuit de paresse, j'en profite pour refaire connaissance avec une personne longtemps oubliée de moi dans ces derniers temps et qui n'est autre que moi. Cette personne qui vit loin du mouvement et du bruit a des occupations qui l'absorbent souvent, et ses récréations appartiennent à une chère famille où elle n'a aucun besoin de se sentir vivre, pour exister pleinement. C'est par hasard qu'elle se recueille et s'interroge après avoir souvent évité l'occasion de le faire, en se disant : A quoi bon ?

A quoi bon, en effet ? Mais qui sait ? Peut-être doit-on, de temps à autre, regarder en soi. On oublierait peut-être ce qui doit y demeurer intact. Il ne faut pas trop se fier à la santé apparente de l'âme.

Voyons si cette chambre et si ce feu m'aideront à retrouver dans le passé la personne que je cherche dans le présent. Cette chambre, c'est celle que la personne occupait dans sa jeunesse, alors qu'elle était avide de lecture et complétement confiée à elle-même. Elle montait à dix heures et lisait souvent jusqu'à trois heures, et quand elle avait lu, elle se chauffait un peu dans les nuits d'hiver, ce qui n'était pas toujours facile, car la cheminée fumait au moindre changement de temps : et, tout en se chauffant, elle résumait ses lectures et en faisait la critique en elle-même avec le tâtonnement de l'inexpérience. Les contradictions qui règnent entre les grands esprits la tourmentaient et elle cherchait à mettre d'accord ces lumières de diverses couleurs qui voltigeaient autour d'elle, comme voltigeaient, comme voltigent encore dans cette chambre la flamme de l'âtre et les reflets de la lune.

Élevée au couvent et enivrée de dévotion poétique, elle lisait tranquillement les philosophes, croyant d'abord qu'elle les réfuterait facilement dans sa conscience ; mais elle se prenait à aimer les philosophes et à voir Dieu plus grand qu'il ne lui était encore apparu. Les petites guirlandes catholiques de la Restauration gelaient durant ces nuits d'hiver, et une plante mystérieuse croissait sur un autel idéal dans un monde extra-humain qu'elle remplissait de fleurs sans nombre et de rejets sans fin. C'était une forêt vierge avec ses lianes multiples qui arrivaient à ne plus faire qu'un infini d'entrelacements dans un infini de vitalité. Cela s'appelait le ciel, et l'âme de la personne qui rêvait ainsi, s'en allait dans cet infini, portée par cette végétation qui était faite, fleurs et fruits, de toutes les âmes de l'univers, entraînées, fécondées, renouvelées, immortalisées par l'esprit de Dieu qui en était la sève.

C'était très-vague, mais très-grand, et, chaque fois que revenait la vision, elle se présentait agrandie, comme si la sève eût augmenté dans l'ensemble et dans le détail.

Mais il manqua longtemps quelque chose à cet éblouissement de la pensée, c'était le sentiment personnel. Le catholicisme apprend à aimer Dieu comme une personne. La philosophie délaye l'amour en y faisant intervenir la raison. L'âme rêveuse voulait aimer, et la toute-puissance, objet de son admiration, ne suffisait pas à contenter son cœur. Il fallait l'infini de l'amour dans cette création exubérante où la force des renaissances est inépuisable, et le monde qui nous sert de milieu ne manifeste que la lutte des existences empiétant les unes sur les autres. Dans ma forêt vierge, le vivant s'engraissait fatalement du mort, et l'auteur de la mort et de la vie restait indifférent à ces alternatives de sommeil et d'activité. Dès lors, aucune existence n'est précieuse et le sage traverse impassible le sauve-qui-peut universel. Dès lors aussi, la vie universelle perd toute joie, tout sentiment de sa force. Où l'amour n'est plus, rien n'est plus.

Alors l'âme pensive dont je cherche à ressaisir la trace et qui, déjà en ce temps, cherchait à se ressaisir dans le passé religieux, voulut se relever par la prière. Elle dépouilla la forme arrêtée du catholicisme, elle se fit protestante sans le savoir ; et puis, elle alla plus loin et improvisa son mode d'entretien avec la divinité. Elle se fit une religion à sa taille, à la mesure de son entendement. Ce n'était probablement pas une grande conception. C'était sincère et indépendant, voilà tout le mérite.

Ce qui surnagea sur cette houle, ce qui plus tard et à tous les âges de la vie a surnagé et nagé vraiment sans lassitude, c'est le besoin de croire à l'amour divin qui fleurit splendide dans le grand univers, en dépit des apparences qui proclament l'absence de toute bonté supérieure, de toute pitié, de toute justice par conséquent ; car, la nature humaine étant donnée, l'abandon méprisant de cette faiblesse est inique, antipaternel. J'aime mieux croire que Dieu n'existe pas que de le croire indifférent.

Quand cette personne tourmentée se laissait persuader par ses lectures qu'il en peut être ainsi, elle devenait athée, quelquefois, pendant vingt-quatre heures.

Si elle eût trouvé la réponse à son problème, elle n'aurait pas été de son temps et de son âge. Elle ne trouva rien que de fugitifs accords qui traversaient son idéal et y laissaient comme une traînée de suave harmonie. En ces rares moments où, dans le calme de sa conscience et l'apaisement de ses doutes, elle crut sentir le vol de la divinité maternelle passer sur sa tête, elle goûta le seul bonheur qui puisse être cueilli dans la solitude, le sentiment, je dirais presque la sensation de la présence divine.

La vie extérieure emporta longtemps cette préoccupation ou en allégea les oppressions dominantes, et ce que cette vie déroula de spectacles et de réflexions se perd dans un ensemble où la personnalité philosophique semble s'effacer et se perdre aussi durant de longues périodes. Il s'agit aujourd'hui de se retrouver et de renouer le lien qui rattache la vieillesse de l'individu à sa jeunesse. Rien de plus facile. Ce lien est resté longtemps flottant, il s'est enlacé à beaucoup des idées qui passaient, mais il n'a jamais été rompu ; il est là, je le tiens, et le dialogue avec l'inconnu recommence, mais sans que je puisse dire où il en était resté, ni quelle fut la dernière parole échangée. C'est comme un livre sans commencement ni fin, sans ordre de chapitres et où chaque page me rappelle qu'elle a déjà été lue.

Il gèle, l'atmosphère est mortelle à la végétation et, sève ou sang, contraire à la circulation dans les veines. La terre est triste, l'homme souffre. La certitude qu'en d'autres climats cette nuit est le jour et cette gelée une douce chaleur solaire n'empêche pas la plante de mourir et l'homme sans abri d'avoir froid. Les compensations générales dont nous ne profitons pas immédiatement ne comptent pas pour le sentiment, et la raison satisfaite ne console pas ceux qui ne se contentent pas uniquement de la raison. De même pour la foi : le mal qui doit amener un mieux ne justifie pas l'univers de se laisser gouverner par la force brutale, et si Dieu a pu empêcher le mal et la souffrance, il ne l'a pas voulu. Le Dieu de Job n'est qu'un rhéteur éloquent et Job est un lâche de se soumettre à lui.

Il faut donc ne rien croire de Dieu, ou changer

toutes les notions qui nous en ont été données jusqu'à ce jour. Il faut renoncer à l'interpréter avec nos appréciations, avouer que notre bonté n'est pas sa bonté, que notre justice n'est pas sa justice et qu'il nous a remis le soin de veiller sur nous-mêmes, sans jamais alléger, en dehors des lois naturelles, les difficultés et les périls de notre existence. Elle est en son lieu, elle fait elle-même sa place et sa destinée. Nulle compassion, nulle assistance visibles. C'est à nous d'arracher à la nature ses secrets, c'est à la science et à l'industrie humaines de trouver ce qu'il leur faut dans l'inépuisable réservoir où s'élaborent les conditions de la vie universelle.

Le premier qui imagina de dompter le feu et de le soumettre aux besoins de l'homme en construisant une cheminée où la fumée s'engouffre, fut plus humain pour l'homme que Jupiter tonnant qui brise les cèdres avec son foudre et vit tout nu dans la région du soleil sans se demander si les habitants de la terre sauront se confectionner des vêtements. L'homme remercie pourtant Jupiter qui a créé le feu, il ne songe point à le remercier de lui avoir départi l'intelligence de s'en servir. Il bénit Flore qui a donné le lin et le chanvre, la terre qui nourrit les animaux porteurs de laine et de fourrure. Toutes les choses qu'il utilise, il en remercie les créateurs bénévoles qui n'ont fait autre chose que de le laisser apparaître sur la terre à son heure, c'est-à-dire au moment voulu par la grande loi, pour qu'il y trouvât les conditions de son éclosion. Ces dieux de l'antiquité, ce Jehovah lui-même qui les résume tous et qui donne une plus grande idée de la puissance de la nature concentrée dans ses mains, ce sont les forces et les vertus de la matière. Il faut une religion matérielle pour se les rendre favorables, pour les empêcher de se mettre en colère et de déchaîner les fléaux qu'elles tiennent en réserve pour le châtiment des impies.

Cette notion enfantine et barbare entre dans le cerveau humain; elle s'y incruste en passant du père au fils, elle y est encore et toujours la même, avec le ciel et l'enfer pour couvrir les manifestations illogiques des intentions apparentes de la divinité à notre égard.

Ainsi, toujours un Dieu fait à notre image, bête ou méchant, vain ou puéril, irritable ou tendre à notre manière; fantasque si son caprice agit sur notre monde, sophistique et casuiste s'il nous attend après la mort pour nous indemniser du tort qu'il nous a fait durant la vie.

Le dialogue avec ce Dieu-là m'est impossible, je l'avoue. Il est effacé de ma mémoire, je ne saurais le retrouver dans aucun coin de ma chambre. Il n'est pas dans le jardin non plus. Il n'est ni dans les champs ni sur les eaux, ni dans l'azur plein d'étoiles, ni dans les églises où les hommes se prosternent; c'est un verbe éteint, une lettre morte, une pensée finie. Rien de cette croyance, rien de ce Dieu ne subsiste plus en moi.

Et pourtant tout est divin! Ce beau ciel, ce feu qui m'éclaire, cette industrie humaine qui me permet de vivre humainement, c'est-à-dire de rêver paisiblement sans être gelé comme une plante, cette pensée qui s'élabore en moi, ce cœur qui aime, ce repos de la volonté qui m'invite à aimer toujours davantage : tout cela, esprit et matière, est animé de quelque chose qui est plus que l'un et plus que l'autre, le principe inconnu de ce qui est tangible, la vertu cachée qui fait que tout a été et sera toujours.

Si tout est divin, même la matière, si tout est surhumain, même l'homme, Dieu est dans tout, je le vois et je le touche, je le sens puisque je l'aime, puisque je l'ai toujours connu et senti, puisqu'il est en moi à un degré proportionné au peu que je suis. Je ne suis pas Dieu pour cela, mais je viens de lui et je dois retourner à lui. Et encore est-ce là une manière de parler, car il ne m'a ni quitté ni repris, et ma vie d'à présent ne me sépare de lui que dans la limite où je dois être tenu par l'état d'enfance de la race humaine. Des siècles et encore des siècles passeront sur notre esprit, et des lumières, nous viendront comme déjà plusieurs nous sont venues. C'est déjà une lumière acquise que ce détachement de la notion religieuse idolâtrique. Ce n'est pas une perte du sens religieux comme l'affirment les idolâtres persistants. C'est tout le contraire, c'est une restitution de la foi à la vraie divinité. C'est un pas vers elle, c'est une abjuration des dogmes qui lui faisaient outrage.

Ils voulaient, jadis, qu'elle eût une demeure spéciale dans une région céleste; les sculpteurs l'asseyaient sur un trône, les peintres l'entouraient de nuages ou de rayons. Sa figure était le type d'idéale beauté que pouvaient concevoir les maîtres de l'art, heureuse naïveté qui forçait la conception de l'humanité à s'élever au-dessus d'elle-même. La pensée moderne n'a plus besoin de ces temples et de ces statues, elle renonce à enfermer dans une forme l'incommensurable et l'impondérable. Les images ne sont plus que des symboles. Elle voit Dieu dans toutes les choses où il se manifeste à nos faibles yeux, et l'imagination qui a droit au conseil du sentiment et de la raison veut le voir surtout dans les choses belles, dans les grandes productions de la nature et de l'esprit. Mais ce que nous voyons et touchons ainsi n'est que le rayonnement de notre âme; aucun de nos sens n'est approprié à la vision de Dieu et nous ne lui rendrons jamais un culte extérieur qui réponde à notre idéal. L'extase n'est qu'un état maladif où les apparitions sont à la mesure du cerveau qui les produit.

Pourquoi celui qui remplit tout aurait-il une demeure particulière? Pourquoi l'esprit qui anime tout aurait-il un foyer déterminé d'émanation? Il n'a pas besoin de descendre des sphères de l'empyrée pour être auprès de moi. Il est à toute heure avec moi; mon erreur serait de vouloir qu'il y fût tout entier et occupé de moi seul. Je dois me contenter du sens intellectuel qui m'est donné pour le pressentir et posséder de lui ce qui est appréciable à ce sens incomplet. Je dois aussi me contenter des mots que mon vocabulaire insuffisant peut me fournir pour le désigner, car il n'a pas plus de nom vrai dans la langue des hommes qu'il n'a de formes déterminées pour les yeux humains. Enfant, j'ai voulu me le représenter; homme je ne dois plus tenter ce mirage : mon progrès naturel a été de comprendre que l'infini est une notion placée non en deçà, mais au delà de ma raison.

Nous voulions jadis qu'il se révélât par des prodiges ou qu'il rentrât dans la région des fantômes. L'irrévélable nous épouvantait. L'irrévélable plane aujourd'hui sur nous sans nous écraser et l'ardente effusion qui nous élance vers lui à nos heures lucides n'est divine que parce qu'elle ne trouve pas d'objet qui l'arrête et la satisfait. C'est la partie la plus subtile et la plus exquise de notre être qui tressaille à l'idée de Dieu. L'usage trop répété de cette faculté nous rendrait fous, les pratiques journalières dans des formules consacrées nous abrutissent et nous rendent incapables de saisir la moindre parcelle de l'idéal divin.

Et, à cette heure où j'en raisonne avec moi-même en me rappelant les formes étroites et vulgaires sous lesquelles on l'a révélé à mon enfance, je ne le sens pas. Je pourrais sans crime dire que je n'y crois pas, car nul n'est tenu de croire à ce qui ne saisit pas impérieusement sa conscience. J'ai eu, j'ai encore de ces vibrations avec l'infini, mais ce n'est point et ne doit point être l'état normal de la personne humaine. Elle doit obéir surtout à la vibration de la nature tangible et ne pas s'isoler de l'humanité, sous peine de rompre ses liens avec elle, de lui devenir étrangère, inutile par conséquent.

Un temps viendra où nous ne parlerons plus de Dieu inutilement, où nous en parlerons même le moins possible; nous ne l'enseignerons plus dogmatiquement; nous ne disputerons plus sur sa nature, nous n'imposerons à personne l'obligation de le prier, nous laisserons le culte dans le sanctuaire de la conscience de chacun, et cela arrivera quand nous serons vraiment religieux. Dans ce temps-là, nous le serons tous, et la prétention d'affirmer une religion formulée sera considérée comme un blasphème. L'amour que nous lui porterons aura sa pudeur, la prière sera mystérieuse, la crainte d'être indigne de le révéler scellera les livres du théologien et du prédicateur. Cette grande idée qui ne peut être abordée avec une conscience troublée ne traînera plus sur les chemins en cortéges ridicules, en cérémonies empruntées au paganisme. Le souvenir de ces profanations n'aura qu'un intérêt archéologique, comme les obscénités symboliques qui décorent les cathédrales du moyen âge. La région où l'âme purifiée rencontre l'idée de Dieu ne sera plus un tabernacle dont la clef est dans la poche du prêtre et que la main d'un bandit peut forcer. Il ne sera plus besoin de tolérance pour des croyances arriérées ; elles tomberont avec les menaces et les foudres de l'Église écroulée ou déserte. Quand on parlera des anciens dieux, on n'y verra plus que des allégories. Leur histoire sera celle des peuples qui les auront inventés, l'ère de la foi commencera quand toutes nos chimères seront ensevelies.

Et dès aujourd'hui, le penseur isolé, inoffensif en présence des cultes vieillis, tolérant envers tous par respect de la liberté humaine, mais libre dans la sphère de sa méditation et ne relevant dans l'essor de sa pensée que de l'esprit qui parle en lui, se sent affranchi, paisible, attendri par la conquête patiente de sa foi personnelle. C'est son trésor intérieur, c'est sa confiance modeste, son humble et inviolable sérénité. C'est sa joie secrète, la récompense qu'il s'accorde à lui-même quand il ne s'est laissé ni égarer, ni amoindrir par les passions sottes ou mauvaises. C'est son refuge aux heures de grande détresse, quand il peut se dire : Je n'ai pas mérité cela et l'atome de sens divin qui m'est départi ne peut m'être enlevé. Je suis toujours digne de le garder au plus profond de moi, de lui offrir, pour flamme de sacrifice, tout ce qu'il y a en moi de lumière et d'amour, car tout le châtiment de nos égarements est de perdre la notion de la Divinité et c'est l'homme qui se l'inflige à lui-même, comme tous les maux dont il souffre parce que sa volonté ne sait pas les conjurer, faute de science, faute de dévouement, faute de sincérité.

Le feu brûle encore, la lune s'éteint derrière les grands arbres, la chouette jette son cri dolent comme un sanglot d'adieu. Le jour est loin encore, et je me reporte au temps où cette veillée amenait souvent, pour la personne à demi développée que j'étais alors, des solutions navrantes ou joyeuses selon le degré de connaissance qu'elle avait acquis, ou selon la ligne plus ou moins droite qu'elle avait suivie.

Ce que je cherchais alors, c'était le lien entre la foi et la raison. C'est ce que je cherche encore. Mais, dans ce temps-là, je cherchais l'impossible parce que ma foi s'appuyait sur une religion dont la formule était vaine, et aujourd'hui je sens le possible, dirai-je l'évidence de ma synthèse, parce que je suis dégagé de toute formule imposée. Je sais que nul être humain n'a le droit de se dire Dieu, pape, prophète, roi des âmes à tel titre que ce soit. La notion de Dieu ne peut nous venir que de Dieu et il ne suffit pas de vouloir sentir sa présence pour qu'elle se fasse sentir. Il faut une âme bien préparée ou absolument pure. Il faut s'élever au-dessus de soi-même, au-dessus du spectacle des choses qui passent, au-dessus des idées acceptées sans examen par les foules, au-dessus des intérêts immédiats qui se rattachent à la politique et dont les religions d'État ne sont qu'une forme transitoire. Il faut enfin sentir profondément et ardemment la nécessité de croire à un soleil idéal dont les astres du ciel ne sont pas l'image et qui rayonne de partout sur toutes choses abstraites et réelles. Il faut sentir en soi ce surplus d'enthousiasme et d'adoration que les êtres tangibles n'exigent pas, qu'ils n'acceptent pas ou dont ils abusent, et qui serait un superflu dans l'âme privée de Dieu. L'esprit qui a mis ce rayon d'infini en nous existe par cela seul que nous aspirons à l'infini : aucun être n'a de faculté sans but, d'aspiration sans emploi.

Et à présent que ma veillée s'achève et que mon *moi* délaissé se retrouve et me parle, je sens Dieu, j'aime, je crois. Ce *moi*, dont l'habitude et les devoirs de chaque jour m'engagent à me détacher, retrouve sa valeur réelle. Égaré dans la solitude, il n'eût enfanté que des chimères; tête à tête avec le principe supérieur qui l'anime, il n'est point seul, et son monologue est un hymne intérieur dont l'écho affaibli d'une lointaine et mystérieuse réponse prouve qu'il ne s'est point perdu dans le vide.

Toi que profane et méconnaît la prière égoïste de l'idolâtre, toi qui entends le cri du cœur auquel les hommes sont sourds, toi qui ne réponds pas comme eux à qui t'invoque le *non* impie de la raison pure, toi la source inépuisable qui seule répond à la soif inextinguible du beau et du bien, à qui se rapportent toutes les meilleures pensées et les meilleures actions de la vie, la peine endurée, le devoir accompli, tout ce qui purifie l'existence, tout ce qui réchauffe l'amour, je ne te prierai pas. Je n'ai rien à te demander dans la vie que la loi de la vie ne m'ait offert, et si je ne l'ai point saisi, c'est ma faute ou celle de l'humanité dont je suis un membre responsable et dépendant. Mon élan vers toi ne saurait être le marmottage du mendiant qui demande de quoi vivre sans travailler. Ce qui m'est tracé, c'est à moi de le voir, ce qui m'est commandé, c'est à moi de l'accomplir. Le miracle n'interviendra pas pour me dispenser de l'effort. Point de supplication, point de patenôtres à l'esprit qui nous a donné l'étincelle de sa propre flamme pour tout utiliser. Le dialogue avec toi ne s'exprime pas en paroles que l'on puisse prononcer ou écrire; la parole a été trouvée pour échanger la pensée d'homme à homme. Avec toi il n'y a point de langage, tout se passe dans la région de l'âme où il n'y a plus ni raisonnements, ni déductions, ni pensées formulées. C'est la région où tout est flamme et transport, sagesse et fermeté. C'est sur ces hauteurs sacrées que s'accomplit l'hyménée, impossible sur la terre, du calme délicieux et de l'ineffable ivresse.

IX

EN 1861. — LETTRE A ROLLINAT.

Oui, je pars la semaine prochaine. Ton ami des anciens jours, celui qui voyageait, veut voyager encore. Déjà si vieux quand il t'écrivait des lettres si tristes, le voilà plus que centenaire. Le chiffre des années n'y fait rien: il y a des gens qui vivent beaucoup à la fois et dont les ans comptent double. Prends-le tel qu'il est, toi qui as beaucoup de patience. Il ne marche plus si vite qu'autrefois, mais il marche plus longtemps. Ses os refroidis bravent mieux le soleil et, après avoir fait mine, l'automne dernier, de partir pour le plus long des voyages, celui dont on ne revient pas, il s'est remis en route, très-content de fouler encore le sol de cette planète, pauvre petit monde plein de larmes et de sourires, de déceptions obstinées et d'espérances plus obstinées encore. Et c'est pour cela, mon ami, que ton voyageur, las de ses longs repos qui ne le reposaient pas, a découvert que la meilleure manière de se reposer c'était le mouvement, puisqu'il est fils de la terre et que la terre ne s'arrête jamais et ne paraît point se lasser.

Aimer la terre, c'est aimer la vie, diras-tu : Doucement ! quand on croit à la vie éternelle et universelle, comme nous y avons toujours cru, nous deux, même dans nos plus sombres jours de spleen, on ne croit pas quitter la vie en quittant ce petit monde et on se flatte d'en découvrir un meilleur en prenant le chemin le plus court. On peut donc s'ennuyer de la vie de ce monde et ne pas croire au néant. Il me semble même que les esprits enragés de rester en ce lieu-ci n'ont pas conscience de leur âme, impérissable et infatigable voyageuse qui a tant de belles choses à voir ailleurs, et qui, en somme, a plus de devoirs que de récompenses dans cette pauvre province de la grande Uranie.

Mais, moi, cher ami, j'aime tout ce qui est du domaine universel. Je l'aime à présent, non-seulement parce que certaines lumières se sont dégagées du brouillard dans mon esprit troublé, mais encore — mais surtout peut-être — parce que j'ai eu la chance d'être beaucoup aimé.

En voilà, une chance ! comme disent les bonnes gens : Dieu l'a mise en ce monde, comme le remède à tous nos désastres et nous serions ingrats à ce point de vouloir partir avant notre heure? Non! Ce ne serait pas bien. La joie de mourir n'est permise qu'à ceux qui n'ont plus personne à remercier et à chérir.

Lorsque, il y a quelques années, je perdis ma petite-fille Jeanne, je ne fis pas grand bruit, mais je fus pris d'une envie de mourir qui m'effraya comme une mauvaise pensée. Ceci était une maladie de la douleur. Je croyais que cette enfant m'appelait d'un autre monde où sa faiblesse et son isolement avaient besoin de moi, tandis que les autres objets de mon affection n'avaient plus que faire de l'attachement d'un cœur brisé, d'un esprit découragé. Une nuit, je rêvai qu'elle me disait : « Reste tranquille, je suis bien, » — et je me réveillai résigné. Je n'avais plus à combattre en moi que le regret égoïste et je pus le combattre. L'enfant m'avait-elle parlé, ou ma conscience? N'importe. J'étais malade, je voulus guérir et je retournai en Italie.

Un an plus tard, dans la forêt de Fontainebleau, j'eus une sorte de rêve éveillé. C'était aux premiers jours de mars, un jour humide assez doux. Il n'y avait pas encore une seule feuille aux arbres, et jamais je ne vis si magnifiques les vieux chênes du Bas-Bréau avec leurs longues branches où les mousses satinaient l'écorce lavée par les pluies. Les rochers aussi étaient propres et rafraîchis par l'hiver; les sables luisaient d'un jaune doux et montraient les traces bien nettes de petits pieds de chevreuils et de renards. Je me trouvai seul quelques instants dans un des recoins les plus sauvages. Assis entre deux blocs énormes, je voyais tourner, fuir et disparaître devant moi le terrain garni de courtes herbes où l'éboulement du sable avait tracé un faux sentier, vierge de toute empreinte. Vers une petite dépression de cette étroite fissure, ma fantaisie rêva la trace d'un pied d'enfant, un seul, comme si le doux fantôme eût essayé de se poser près de moi sans pouvoir se décider à mettre les deux pieds sur cette terre de douleurs. Je ne pus retenir les anciennes larmes, flot mal tari que le repos renouvelle. Mais l'enfant me fit entendre un de ses plus frais éclats de rire, musique d'oiseau qui tant de fois avait mis la joie dans mon âme. Cette fois, c'était peut-être le rire d'un rouge-gorge; qu'importe? La vie chantait devant mes pleurs inutiles. Mon enfant était vivante et heureuse. C'était à moi de m'habituer à me passer d'elle, à ne pas être jaloux de Dieu qui me l'avait prise pour la mettre en de meilleures conditions.

Dieu bon! tu nous rends optimistes, et pourtant quelle plus mortelle douleur que de se voir survivre à ce qui semblait devoir fleurir sur notre tombe! —

Mais toutes les impitoyables notions de ce monde changent d'aspect et même perdent entièrement leur sens devant les éclairs d'une notion idéale. Quand je vis de l'appréciation vulgaire des événements, plus faible que qui que ce soit, je me décourage et me laisse dévorer le cœur. Mais que l'éclair brille et me voilà vainqueur des monstres. La mort n'est plus, elle est la vie renouvelée et purifiée, elle est la fête pour laquelle sont partis ceux que mes larmes jalouses offensent et chagrinent peut-être.

Ce n'est pourtant pas un voyageur *consolé* qui t'écrit. Il n'a pas su prendre, avec l'âge, le goût des choses qui rassasient l'ambition et rendent l'imagination engourdie et sage. Certaines gens qui voient en noir disent qu'il a changé de folie, et que las de marcher au hasard sur la terre, il est parti pour la lune : n'importe! où que soit son esprit, son cœur t'aime. Ce voyageur à la cervelle inassouvie ne s'est pas consolé de ce qui le désolait. Il a fait mieux, il l'a oublié. Il pensait trop à lui-même ; il ne faisait que s'éplucher, se gourmander et se plaindre. Il n'y pense plus que quand on exige qu'il y pense et le reste du temps, il voyage, soit dans les étoiles quand ses jambes sont condamnées au repos par un travail sédentaire, soit sur les sentiers de montagne qu'il a toujours aimés, et où il s'estimerait bien heureux, le jour où son heure sonnera pour tout de bon, de mourir en plein air, avec le soleil sur la tête et quelques touffes d'herbe pour oreiller.

Mourir dans un lit est fort maussade. Tu sais qu'il y a trois mois, je m'endormis de bonne humeur et bien portant, et que six jours ou huit jours après, je ne sais plus, je m'éveillai sortant d'un château en ruines où j'avais très-froid. On eût pu chanter autour de moi la romance de Pergolèse que, de temps en temps, j'ai cru entendre dans mes oreilles :

Il sonno l'assassina ;

Mais ce sommeil assassin, je ne l'avais pas senti, je n'en avais pas souffert et le réveil fut doux. Ma chambre ne se fit pas reconnaître tout de suite. Quant à mes chers gardes-malade, comme, dans les voyages de mes rêves, j'avais toujours aspiré à les rejoindre, leur figure ne m'étonna pas et je les priai de me ramener chez moi. Un instant après, je reconnus un vieux portrait qui me regardait d'un air martial et bienveillant et je remerciai les bonnes âmes qui m'avaient tiré d'un mauvais gîte, où je croyais avoir pris la fièvre.

C'est tout. Est-ce donc ainsi que l'on meurt? Quoi, si peu de chose? Un rêve qui s'efface? Ne pas voir les larmes de ceux qui vous chérissent, ne pas comprendre qu'on les quitte, s'en aller insouciant dans le monde inconnu sans pouvoir dire à Dieu « me voilà », et aux êtres aimés « au revoir »? C'est très-commode, mais ce l'est trop, et s'il y a souffrance ou joie dans le moment suprême, on voudrait au moins le savoir. L'homme éprouve le besoin de dire adieu aux siens et de regarder s'il laisse en ordre le gîte qu'il leur abandonne. Il semble qu'il ait un devoir à accomplir en les quittant qui est de leur dire : soyez en paix, je ne vous oublierai pas. Je suis forcé de m'en aller, mais je sens que, de loin comme de près, je vous aimerai toujours.

Donc, ayant quitté la vie sans regret et sans effort, car c'est être mort déjà que de ne plus savoir si l'on vit, je retrouvai l'existence sans étonnement et sans transport de joie, à peu près comme l'enfant qui vient au monde sans savoir d'où il arrive et sans se demander où il va. Mais quand je vis autour de moi que les êtres les plus chers et les meilleurs avaient tant veillé et tant pleuré, j'eus honte d'avoir été si indifférent à leurs peines et si insouciant devant leur douleur. Ce n'était pourtant pas ma faute. Je n'avais été ni courageux, ni philosophe, ni curieux, ni ambitieux. J'avais trop dormi et mon cœur avait dormi comme le reste de mon être. Je n'en sentais pas moins ce qu'il y eût eu d'ingrat et de cruel à ne pas pouvoir me réveiller.

Des larmes, tant de larmes pour moi! Est-ce que je les méritais? Non, vrai, je ne me savais pas si aimé. Ou plutôt, je m'y étais habitué comme à une chose toute naturelle. Et tant de joie dans ces tendres cœurs quand ils m'eurent repris à la mort! et tant de soins; et tant de craintes, et tant de gâteries, pendant les jours de la convalescence! Je sentis bien alors, et tous les jours depuis ceux-là, j'ai bien senti que quand on est aimé on ne s'appartient pas; que c'est alors un crime de ne pas se soucier de soi-même et qu'il faut aimer et la vie éternelle et cette courte vie où un jour d'affection partagée vaut les joies de l'éternité.

Tu ne me trouveras donc pas triste, cette fois. J'avais un peu peur de la vieillesse infirme, bien que je n'eusse encore aucune infirmité. Je m'armais de courage pour le moment peut-être assez prochain où les jambes, ces précieuses et dociles servantes de la volonté, deviendraient rebelles et me forceraient à regarder d'en bas le sommet des montagnes. Aujourd'hui que renouvelées par le repos elles consentent à grimper encore, je ne pense plus au lendemain et je retrouve l'insouciance de la jeunesse.

Il a peut-être raison, celui qui trouve que tout est bien, et il n'y a point pour lui de palinodie à le croire après avoir cru que tout était mal. Il n'avait peut-être pas tort non plus lorsqu'il pensait ainsi. Toutes les choses dont l'homme raisonne avec sincérité sont vraies d'un certain point de vue, puisque ce monde n'est qu'un perpétuel contraste, et que selon l'heure où on le contemple, on le voit couvert de ténèbres ou resplendissant de lumière. Raisonner est une belle chose sans doute, c'est l'exercice d'une faculté qui pousse l'esprit à discerner de mieux en mieux. Mais le raisonnement ne peut rien ou presque rien sur la douleur. Elle seule est positive et hors de discussion. On peut répondre à un argument par un autre, mais que répondre à des larmes et à des cris de déchirement?

Ce n'est donc pas la sagesse qui guérit la souffrance, elle ne donne que le courage de la supporter, et comme les forces de l'âme se tiennent, plus on a de courage, plus on souffre. Ce qui guérit la douleur c'est l'affection, c'est la bonté ; à une émotion qui s'exprime il faut une émotion qui écoute ; aux blessures du sentiment le baume du sentiment. Ah! que le cœur est donc un autre sauveur que l'esprit! Notre siècle de lassitude et d'abus ne sait plus cela ou ne veut plus y croire. Il faudra bien qu'on y revienne et que la fausse réalité, qui n'est en somme que la constatation des faits du moment, fuie avec eux et cède la place aux vrais instincts, aux éternels besoins de la nature.

Sincérité, tu es l'essence de Dieu même, et si les hommes pouvaient te chasser entièrement d'eux-mêmes, tu existerais encore dans le moindre ouvrage de la création, dans le chant pur d'un oiseau, dans l'incontestable beauté d'une plante, dans le souffle bienfaisant d'une brise. Voilà pourquoi j'aime tant le grand air et les lieux sauvages. Ce n'est point la haine de mes semblables qui m'y pousse; ils ne m'ont point fait de mal; quelques-uns ont voulu m'en faire, mais quelques autres m'ont fait tant de bien ! Quant à la masse qui ne me connaît pas et que je ne peux juger que par l'ensemble des faits qui manifestent sa vie, je suis bien forcé, malgré un énorme besoin d'indulgence envers elle, de constater qu'elle va de travers et prend de très-mauvais chemins. Elle est dans une crise de matérialisme effroyable qui n'a même pas le mérite de la franchise et de la passion, puisqu'elle se cache sous une convention d'hypocrisie révoltante.

Mais tout passe, l'homme procède par réactions continuelles. Il se lasse de ses vices sans qu'il soit grand besoin de l'en gourmander. Attendons de meilleurs jours ! Humanité, pauvre et chère malade, tu souffriras beaucoup de tes fautes, mais tu guériras. Je vais attendre dans quelque désert que la peste soit passée, car on t'irrite en te disant tes vérités et tu t'acharnes alors à ton mal comme à un bien qu'on te voudrait ravir. Coule donc, fleuve troublé par les orages, puisque, pour te purifier, il te faut ce débordement et ces chutes. Nous autres rêveurs, allons voir là-haut si les neiges sont fondues et si les pâquerettes vont bientôt fleurir. Le monde est en fureur pour de l'argent. Chacun en veut, on s'arrache le cœur de la poitrine pour en avoir. Les rois de la finance s'étreignent avec désespoir, s'accusant les uns les autres, prêts à s'égorger sur leurs coffres-forts. Israël se déchire comme un manteau. Le monde chrétien ne va pas mieux. De prétendus défenseurs de la foi du Christ veulent que les peuples s'exterminent pour une question d'intérêt matériel au profit d'un arbitraire qui est la propre négation de l'Évangile. Les poëtes et les artistes eux-mêmes sont presque aussi préoccupés du positif que les financiers et les dévots. Ils ne le cherchent pas seulement pour leur propre compte dans la vie, ils le proclament dans l'art et s'attachent à le peindre, incapables qu'ils sont de comprendre ou de faire comprendre l'idéal [1].

Ni haine, ni dédain, mais adieu, pour un temps, chère société en déroute. Tu ne manqueras pas de flatteurs pour te dire que tu es parfaite, qu'il n'y a rien

---

[1]. Il y a dix ans que les faits me suggéraient ces réflexions. Je ne vois pas que le matérialisme ait amélioré l'état des choses.

en toi à reprendre ou à corriger et que les esprits entichés d'idées poétiques et pures sont des pédants qui aspirent au titre de réformateurs, ou des fous de l'espèce la plus dangereuse pour peu qu'ils aient l'infamie d'être naïfs. Allons donc voir si la nature a pris, elle aussi, le goût du factice et la passion du convenu, si les houx se sont parés d'épis de blé et si les lierres s'essayent à porter des roses. Je ne crois pas. Allons pourtant !

1861, 20 *février. Tamaris, près Toulon.*

—.... Cette maladie m'a laissé une anémie que je combats de mon mieux. Ne t'en inquiète pas, je m'en tirerai. Je sors tous les jours en voiture et je m'amuse tous les soirs à écrire le *Roman de ma fièvre*, car tu sauras que cette maladie n'a pas interrompu mes songeries littéraires. Je t'en ai dit quelques mots à Nohant. Je veux te raconter le fait pour ajouter à la somme de nos observations et de nos recherches, sur les phénomènes du sommeil, du délire et de l'hallucination. Ce qui s'est passé dans mon cerveau est assez curieux pour être noté.

La veille du jour où je tombai tout à coup très-gravement malade, je m'étais très-bien porté, j'avais griffonné le commencement d'un roman, qui s'appelle *la Famille de Germandre*, roman que j'achève en ce moment-ci. J'avais posé tous mes personnages, je les connaissais bien, je savais leurs situations dans le monde, leurs caractères, leurs tendances, leurs idées, leurs rapports. Je voyais leurs figures. Il ne me restait plus qu'à savoir ce qu'ils avaient à faire, et je ne m'en inquiétais pas, ayant le temps d'y songer le lendemain.

Foudroyé le lendemain et les jours suivants, je n'y pensai pas, mais j'en rêvai, probablement aux heures où j'avais l'habitude d'écrire, et le roman entra dans les aventures les plus imprévues.

Il se trouva que j'étais en voyage avec tous mes personnages, sans savoir, comme de juste, d'où nous venions et quels pays nous traversions. Cela ne paraissait inquiéter ni eux ni moi ; nous allions devant nous, résolus de revenir à tout prix chez nous, c'est-à-dire chez moi. Je ne puis que résumer les interminables péripéties du voyage. Tantôt nous étions dans des voitures confortables qui allaient vite et bien et qui nous permettaient de causer ; de quoi, Dieu le sait ! Peut-être me racontaient-ils ce que j'avais à raconter d'eux. Il me semble, à présent parfois, que j'en ai gardé souvenance. Tantôt, je ne sais comment, nous étions en charrette dans des chemins affreux ; la charrette perdait une roue, puis deux. Nous avancions quand même, ne versant jamais et ne songeant jamais à nous arrêter, nous arrangeant pour cheminer sur le brancard en rasant la terre. L'animal qui nous traînait changeait à chaque instant de forme, il devenait âne, vache, boule-dogue, chèvre ; quelquefois ce n'était qu'un gros hanneton qui n'allait pas plus mal que les autres. Et puis les chemins se remplissaient d'eau, les ornières devenaient des ruisseaux, des fleuves, des étangs, un lac, la pleine mer. Nous allions de l'avant quand même, la charrette devenait navire, bateau, épave, planche, bâton flottant. Il y avait pourtant des haltes, des auberges insupportables, des rencontres fantasques, des villes étranges ; mais tout cela était confus, je n'avais qu'une idée, repartir avec mon monde, et nos aventures recommençaient, très-périlleuses et très-fatigantes, sans qu'aucun de nous fût effrayé ou fatigué. J'ignore si ce rêve dont le souvenir m'est resté comme celui d'une action très-prolongée a duré tout le temps de ma maladie, mais je sais qu'il m'a occupé la première nuit, et que, le dernier jour, au moment où j'ai repris connaissance, j'y étais tellement plongé que j'ai eu un effort à faire pour distinguer les personnes qui m'entouraient de celles qui remplissaient ma vision et qui étaient les mêmes qu'au départ. Seulement il venait de se passer un incident nouveau dans leur existence. Nous étions arrivés, du fond de la Cochinchine peut-être, à une localité très-voisine de Nohant, le château de la Motte-Feuilly, et il avait pris fantaisie à *la famille Germandre*, y compris le notaire et le majordome, de monter à la tour dont je voyais très-distinctement le revêtement circulaire en planches, entre le toit et l'encorbellement. Ces planches étaient disjointes, brisées, et je criai à mes compagnons de ne pas s'y fier. Mais ils n'en tinrent pas compte, et, tout à coup, riant aux éclats, ils se précipitèrent l'un après l'autre, du haut de l'encorbellement sur le pavé de la cour. Ils ne se cassèrent pas et le jeu leur plut, car ils se hâtèrent de recommencer. La chose me sembla drôle, et puis elle m'impatienta, car ils ne pouvaient pas se relever sans mon aide ; je les ramassais, je les mettais sur pied comme des marionnettes, et, sitôt debout, ils m'échappaient. Je leur reprochais en vain leur folie. Vous finirez par vous briser, leur disais-je, comment voulez-vous que je continue mon roman ? — J'étais en train de me fâcher tout de bon et de menacer de les abandonner, quand le rêve s'évanouit peu à peu ; je me trouvai seul dans le château devenu ruine ; j'eus très-froid, on me parla, et je reconnus avec plaisir mon fils, mes amis, ma chambre, mon lit et mon moi véritable.

Tout ceci rentre dans les phénomènes bien connus du rêve, et je ne vois pas que l'approche de la mort ait, sauf la durée, rendu le mien très-différent de celui que j'eusse pu faire en état de santé. Ce qui me frappe dans le fait d'obsession que j'ai subi, c'est l'importance que prennent dans notre cerveau les fictions que nous y avons accueillies volontairement. Il a dû arriver à tous ceux qui évoquent des figures destinées à vivre uniquement dans le domaine de l'art, de se les représenter d'une certaine manière aussi logique que possible pour devenir réalisable. Il leur est arrivé probablement aussi de les voir en rêve, livrées aux fantaisies de l'impossible. La première fois que mon fils tout jeune eut, dans son atelier, un mannequin qu'il avait beaucoup désiré, il en fut très-importuné en songe; ce personnage inerte avait pris vie et se livrait à toutes sortes d'excentricités, plantant des clous dans le parquet, cassant les plâtres et déchirant les costumes.

Qu'est-ce donc que ces personnages de roman disciplinés dans notre cerveau quand nous écrivons, indisciplinés quand nous rêvons? Que le monde extérieur remplisse les visions du sommeil et nous gouverne alors à sa guise, rien de surprenant, puisque, dans la réalité, il nous gouverne ou tout au moins nous résiste sans cesse. Mais la figure idéale sérieuse ou comique dont nous comptons faire, soit un personnage de livre, de théâtre ou de tableau, soit une statue, cette figure de notre choix et de notre invention ne nous appartient-elle pas? N'est-elle pas forcée de nous obéir?

— Eh bien non, elle ne nous obéit pas ; elle ne nous appartient pas! Docile et muette tant que notre raison la travaille et la façonne, elle se lève dans le songe comme une puissance folle, quelquefois hostile, à coup sûr indépendante. La liberté morale qui était en nous, il se trouve que nous la lui avons donnée et qu'elle s'en sert contre nous. Quelle légende fantastique et vraiment terrible s'accomplit en nous, sans que nous nous en étonnions! Comme cela arrive avec plus ou moins de netteté ou d'intensité à tout le monde, comme ceux dont le cerveau ne fonctionne pas volontairement dans le domaine de la fiction n'en ont pas moins des rêves où ils voient apparaître des inconnus burlesques, importuns, ridicules ou nuisibles qui sont des produits vagues et involontaires de leur esprit, on peut bien dire que nos propres idées nous assujettissent presque autant qu'elles sont assujetties par nous, et pourtant nous nous croyons leurs maîtres quand le réveil a dissipé les fantômes de ces esclaves révoltés!

X

A ROLLINAT, JOURNAL.

1861, Tamaris.

Depuis que je me porte mieux et que mes forces reviennent, je vois un pays admirable et je recouvre l'heureuse faculté de le voir plus beau encore après l'avoir regardé. Voilà mon fils parti pour l'Afrique, Manceau est tout entier à son travail de graveur, je vis depuis ces derniers jours à peu près seul, faisant ma tâche d'écriture à la maison, et de la botanique dans mes promenades de six ou huit heures. Comme on vit par les yeux dans cette région de petites montagnes qui s'avancent sur la mer! L'œil se remplit de splendeurs, de clartés éblouissantes tempérées par des ombres suaves; tout cela pénètre dans l'âme et la guérit de cette sorte d'aveuglement douloureux qui est le résultat de l'affaiblissement physique. Aussitôt qu'elle peut réagir, la faiblesse du corps diminue rapidement.

Mais pourquoi donc ce besoin que j'éprouve d'embellir le soir dans mon souvenir ce que j'ai admiré tantôt? C'est peut-être le besoin de réagir contre l'exactitude à laquelle me condamne le travail du narrateur. Je prends des notes intérieures d'une fidélité scrupuleuse et je sais que, sur ce point, ma mémoire ne me trompera pas. Cela est très-vite fait, grâce à l'habitude que j'ai de voir, et tout de suite après je jouis de ce que je vois, pour mon propre compte. Je le savoure en gourmand, je suis assouvi, je suis heureux. Je reviens, *je me rentre*, comme on dit ici, je dîne comme un oiseau, je bois comme une sauterelle, car l'estomac ne va pas encore, et me voilà ivre ! Tout ce que j'ai vu grand m'apparaît immense, l'austère devient formidable, le gracieux se fait paradisiaque; et pourtant la nature est plus belle que la plus belle de mes appréciations ; les fantaisies dont je la pare ne valent pas sa puissante logique et sa sublime simplicité. Je le sais, je la vénère, je me méprise et je recommence. C'est bien une ivresse, un état d'hallucination. Ma volonté ne sait pas pourquoi, et ma raison n'y peut rien.

Il y a donc en nous cet instinct de remaniement de la réalité que les phrénologues appellent la *merveillosité*? C'est le grain de folie qu'il nous faut tous subir quand nous sommes la proie d'une passion, et je suis en ce moment la proie enivrée de la passion de voir.

Dans le sommeil c'est encore plus prononcé ; je vois de véritables aberrations dans la nature et j'y prends part avec une démence analogue. Par exemple, la nuit dernière, j'ai rêvé des aventures où j'acceptais comme naturelles les fantaisies du milieu que je traversais gaiement. D'abord, j'étais dans l'Inde avec toi, Maurice marchait devant nous, faisant la chasse aux papillons avec Jean notre domestique. Nous traversions un admirable bois de cyprès dont les branches pendaient sur nous. Était-ce bien des cyprès ? Tu les traitais d'araucarias, mais ce n'était ni l'un ni l'autre. Tout d'un coup, je remarquai que certaines branches avaient, à leur extrémité, des ramifications singulières et que ces ramifications terminées par un fruit de la grosseur d'une noix rappelaient confusément la forme humaine. A mesure que je regardais, cette forme semblait se mieux dessiner suivant le degré de maturité du fruit. Tu vois tout ce que tu veux voir ! me disais-tu ; tu vas bientôt croire aux *homuncules végétaux*. — Ma foi, répondis-je en cueillant une de ces extrémités de branches, j'y crois tellement que j'en suis sûr. Voilà un homuncule parfait ! J'entends encore ton exclamation de surprise, car tu venais de détacher d'une autre branche un homuncule parfaitement vivant. Le mien n'était pas mûr. Il adhérait fortement au végétal, il était encore végétal lui-même. Il avait la forme humaine parfaite, mais il était vert, il était plante et j'avais, en le cueillant, tranché le fil de sa vie future. Je n'eus pas le loisir de m'en affliger ; des quantités innombrables d'homuncules s'agitaient autour de nous dans les branches et s'enfuyaient en grimpant dans le haut des arbres. Tu tenais le tien avec une grande crainte de l'étouffer ou de le laisser sauver. Pour moi j'étais préoccupé de trouver un autre sujet qui fût dans le même état, c'est-à-dire si nouveau à la vie, si fraîchement délivré de son adhérence avec le tissu végétal qu'on pût le saisir dans un état d'engourdissement. Je parvins à m'emparer ainsi d'une petite femelle, et nous voilà courant, appelant Maurice, fous de joie d'avoir à lui montrer une si belle trouvaille. Bah ! nous dit-il, j'en ai plein mes poches ! Ce n'est pas rare dans ce pays-ci ; mais ce n'est bon à rien, on ne peut pas élever ça. Puisque les vôtres sont encore vivants, remettez-les sur leurs arbres.

Je ne sais si nous fûmes disposés à l'écouter. Un nuage passe sur la forêt et je me retrouve traversant une grande steppe avec Eugène Delacroix. Nous devions gagner une ville dont on voyait au loin les clochers ardoisés dans un ciel blanchâtre. Il n'y avait pas de route. La saison était indécise, hiver d'un côté, printemps de l'autre. Le terrain devient glissant, gercé, plein de trous remplis de neige à moitié fondue. Delacroix s'arrête et me dit : Je ne vois pas d'ornières, personne n'a jamais dû passer par là. N'allons pas plus loin. Ceci est un endroit où la croûte terrestre n'a jamais pu se former, cherchons un sol où l'on puisse marcher.

Une telle raison géologique m'ayant paru sans réplique, je le suis et bientôt il me dit : Voici la *prairie roulante*, tout va bien. Je ne demandai pas d'explication, mais je m'arrêtai émerveillé devant cette prairie. C'était une immense tapis de verdure tout ondulé comme la campagne de Rome du côté de la via Aurelia, mais non pas formé d'herbe brûlée en été, pourrie en hiver. C'était une terre fine et comme passée au tamis, et sur cette terre un trèfle microscopique qui devenait de plus en plus serré comme une mousse. D'abord il me parut d'un vert sombre uniforme, mais bientôt j'y vis courir des nuances infinies et des reflets d'algue marine. Tout le terrain très-élevé dominait des horizons immenses; de légers nuages blancs irisés par le soleil couraient dans le ciel. — Allons donc, me dit Delacroix, ne regardez pas tant, avancez ou bien ces nuages arriveront avant nous. — Ne désespérant sans doute pas plus que lui d'aller aussi vite que les nuages, je me mets en route, mais sans pouvoir avancer ; quelque chose me repoussait en arrière. Comment donc marchez-vous ? me dit-il ; vous ne vous y prenez pas bien ; il ne faut pas contrarier le mouvement de la prairie ; c'est à elle de vous faire avancer, à vous d'avoir le pied marin et de garder votre équilibre. Je ne sais si je me comportai comme il fallait, mais je reconnus que la prairie me portait, se soulevant en vagues solides et me poussant en avant à de grandes distances, comme un objet flottant sur la houle chemine sans prendre part au mouvement qui le mène. Voilà, dis-je à mon compagnon, une très-agréable manière de voyager. Je fais un chemin inouï et je n'éprouve aucune fatigue. Vous devriez pourtant me dire la cause de ce phénomène. Arrêtons-nous un peu, cette admirable prairie sera trop vite franchie. — S'arrêter ici n'est pas possible, la prairie roule ; il faut suivre l'ondulation ; rien n'est plus simple que ce phénomène. Il est produit par la nature du trèfle et la vigueur avec laquelle le terrain le force à pousser. Quand il aura atteint tout son développement, la plaine se reposera et restera immobile jusqu'au printemps prochain. — Ici le rêve retombe dans le vague et je me retrouve dans mon jardin de Nohant avec Maurice et Manceau, contemplant une grosse nuée blanche, étincelante dans un ciel très-bleu. Des maçons travaillent à un escalier extérieur accolé à la maison et qui n'a aucune raison d'être. C'est Manceau qui ordonne ce travail et qui s'efforce de nous en démontrer l'utilité, en raison de la nuée blanche et nacrée qui monte dans le ciel. Vous savez bien, nous dit-il, que de graves événements vont se passer dans les hautes régions. Il était indispensable de bâtir ici un observatoire et j'ai dû commencer par faire faire l'escalier. Tenez, le spectacle se prépare, montez.

Je monte seul et j'atteins une hauteur qui domine la cime des grands tilleuls. Le nuage épais, toujours nacré, a envahi tout le ciel. J'entends alors le dialogue suivant au bas de l'escalier. — *Manceau.* Ah ! malheur ! tout est perdu, *il est pris* ! — *Maurice.* C'est vrai, *il est pris*, que veux-tu ! Viens donc voir là haut ! — Et Maurice monte. Qu'est-ce qui est donc pris ? lui dis-je. — Eh parbleu, le tonnerre ! Nous comptions sur lui pour faire éclater le nuage d'argent qui descend sur nous ; mais l'argent du nuage n'est autre chose qu'un monde hyperboréen qui est en train de tomber et le tonnerre a été pris par les glaces. Rien n'éclatera, c'est un spectacle manqué. — Pas si manqué ! Ce que nous voyons est magnifique et je n'ai jamais rien vu de pareil ! En effet, la nuée blanche, devenue solide et compacte, descend avec une lente majesté. Je reconnais bientôt que c'est un incommensurable glacier qui approche, la tête en bas, et qui forme voûte sur nos têtes, sauf une trouée oblique où les rayons du soleil se glissent encore et jettent sur ce monde prêt à se poser doucement, mais irrévocablement sur le nôtre, les plus splendides reflets. Les vallées profondes, vues par nous comme des entonnoirs qui vont nous couvrir, brillent comme le saphir. Les aiguilles de glace irisées comme le diamant sont prêtes à nous clouer sous leurs pointes gigantesques. Cela devient effrayant et sublime. En même temps, la surface de notre monde se congèle à cette approche redoutable et se hérisse à son tour d'aiguilles de glace, sortant brillantes du sol couvert de neige bleuâtre. De l'escalier, où Manceau est venu nous rejoindre, il ne reste déjà plus que quelques marches libres entre ces glaces merveilleuses qui descendent et ces glaces non moins belles qui montent. Là! nous dit Manceau éperdu, vous voyez bien que le tonnerre est détruit et que ceci est la fin de notre monde. — Ton explication est détestable, lui répond Maurice; le tonnerre n'a rien à voir là dedans. Notre monde a bien assez de volcans pour se défendre. — Ta mère et toi, vous ne voulez rien croire. Tout est perdu! — Eh bien, reprend Maurice, dépêchons-nous de voir avant que ce soit fini!

En effet, tout finissait; la voûte de glaces, toujours plus étroite, semblait déjà poser son pourtour sur l'horizon qui se fermait. Nous étions dans une clarté glauque qui ressemblait à celle d'un aquarium ; la voûte s'abaissait sur nous et cela se passait sans bruit, sans secousse, sans que l'humanité, déjà disparue, eût eu l'air de s'en apercevoir ; nous semblions, Maurice et moi, n'être pas dupes du rêve. Pourtant, je m'éveillai brusquement, comme si, au moment final, j'eusse fait un effort de volonté pour ne pas voir la catastrophe. Ce n'est pas que la vision de ce tranquille cataclysme m'eût causé une réelle terreur. C'était comme l'accomplissement solennel d'une grande chose et je me reprochais de m'être refusé à en voir le dénoûment. J'essayai de me rendormir pour retourner à cet escalier disparu, mais je n'y retrouvai que les maçons qui travaillaient à relever la maison démolie et à réparer, disaient-ils galement, les résultats de la fin du monde.

Pourquoi ces chimères du sommeil ? Disposition physique, me dira-t-on. Je le veux bien, mais cela n'explique pas pourquoi elles ont telle ou telle forme. Cela tient à un mécanisme organique dont nous ne connaissons pas du tout les rouages et qui reste pour tous une énigme. De même que nos yeux conservent quelque temps l'impression du spectre solaire qui les a éblouis, l'esprit se remplit des objets qui ont rempli les yeux, et la fantaisie les dessine en les transformant sur je ne sais quelle chambre noire, sanctuaire des songes.

Notre cerveau n'est donc pas un appareil à opérations photographiques où les images sont transmises exactement. Cela ressemble bien plutôt à un théâtre où les faits de la vie se présentent sous la forme de fictions. Mais c'est bien plus riche et plus original que toutes les fictions du théâtre. C'est l'imprévu dans toute sa puissance, c'est l'impossible accepté d'avance, c'est la fête sans frein de l'imagination. Le sérieux et le burlesque y dansent ensemble, l'effroi et la joie s'y succèdent. La douleur y est souvent poignante, nos larmes coulent et mouillent l'oreiller; mais elle s'efface le plus souvent pour faire place à d'irréalisables compensations. L'ami qui vient de nous quitter revient tout à coup après un immense voyage qui n'a duré qu'un instant; il sort même au besoin de la tombe où nous venons de le conduire, pour converser avec nous. Nous-mêmes, nous mourons très-facilement en rêve et nous nous sentons à la fois morts et vivants, sans surprise et sans angoisse. Ainsi, grâce à ces fictions qui bercent nos heures de repos, nous passons une notable partie de notre existence en dehors du domaine de la réalité.

D'autant plus qu'il n'est pas nécessaire de dormir pour rêver. La contemplation nous conduit presque toujours à un état de bien-être supérieur où la raison sommeille et où la divagation plus contenue et moins prolongée que celle du rêve n'en échappe pas moins à l'empire du raisonnement. Il y a donc en nous quelque chose qu'on appelle une âme et qui est peut-être toute autre chose que ce qui porte ce nom très-vague ou très-mal défini jusqu'à présent. Je crois, moi, depuis longtemps, que nous avons trois âmes, une pour diriger l'emploi de nos organes, une autre pour régler nos rapports avec notre espèce, une troisième pour communiquer avec l'esprit divin qui anime l'univers. Sainte-Beuve souriait quand je lui disais cela. Trois âmes ? répondait-il ; si nous pouvions être sûrs d'en avoir une ! Je n'osais pas lui répliquer que nous en avions peut-être davantage. Nous ne sommes pas des phénomènes si simples qu'on a voulu le croire afin de pouvoir nous classer en bons et en mauvais, en élus et en damnés. Nous sommes, au contraire, des instruments très-compliqués et les lobes de notre cerveau ont des fonctions multiples qui échappent absolument à l'analyse scientifique. Le scalpel du métaphysicien n'est pas plus sûr que celui de l'anatomiste : ni l'un ni l'autre ne peut toucher au siége de la vie sans expulser la vie.

Encore Tamaris. 20 *mai* 1861. — J'ai fait mieux aujourd'hui pour le rétablissement de mon mince indi-

vidu que de prendre des notes. J'ai marché beaucoup
et j'ai dormi sur l'herbe. Malgré le vent d'est qui est
assez fort, je suis parti avec mon cocher de louage, le
très-fidèle Matron qui, dans nos promenades, est devenu mon garde-malade attentif. Il me gronde quand
je marche trop ou quand j'oublie de goûter. Mais nous
avons un compagnon qu'il me préfère de beaucoup,
un de ses chevaux, son cheval favori, qui s'appelle
monsieur Botte, Dieu sait pourquoi. C'est une petite
bête pleine d'ardeur et d'adresse qui me promène dans
les chemins impossibles. Aujourd'hui Matron l'avait
prise, se faisant fort de me conduire en carriole jusqu'au sommet de la montagne d'Evenos; mais quand
nous fûmes au bas du chemin, il se mit à soupirer, et je
vis qu'une grande anxiété le tourmentait. Qu'y a-t-il?
lui demandai-je; M. Botte est-il malade? — Il a
soif, *le pauvre!* — Arrêtons-nous et faites-le boire.
— C'est ça! je vas courir. Je sais par là des bûcherons qui doivent avoir apporté leur cruche et qui me
rempliront bien mon seau; car, pour faire boire à
mon cheval l'eau du torrent qui n'est que du jus noir
et gâté provenant des pressoirs à olives, j'aimerais
mieux en boire moi-même.

Le chemin ne me paraissait pas trop rapide, je conseillai à Matron de mener boire son cheval où il voudrait, pendant que je monterais à pied. Non, non, dit-il, c'est trop pénible. J'ai dit que je vous monterais en voiture, je vous monterai. Gardez M. Botte un instant et je reviens. — Pourquoi le garder ? Il est si raisonnable ! J'aimerais mieux faire un tour dans ce petit bois. — Mais si on vient pour le voler ? Nous voilà en pleines gorges d'Ollioules et hors de la route. On ne peut jamais être bien tranquille dans un endroit pareil. — Si on vient pour le voler, Matron, croyez-vous que je sois bien capable de le défendre ? — Oh ! de ce côté-là, il n'y a rien à craindre. Il n'y a plus de brigands dans les gorges depuis le temps de Gaspard de Besso qui a été pris et muré dans la grotte que vous savez ; du moins ça se dit comme ça dans le pays. Mais il y a des flâneurs qui, en voyant un cheval seul, monteraient bien dessus pour filer avec lui. Seulement ils sont trop craintifs pour essayer ça sous les yeux d'une personne. Restez donc et ne craignez rien. Espérez un petit moment.

J'espérai, c'est-à-dire que j'attendis un gros quart d'heure. L'endroit était assez joli, un peu de verdure au pied de la seule montagne boisée de la chaîne aride, des fleurettes intéressantes, un gazon fin et du sable propre. Je ne m'ennuyai pas, mais je fus pris d'un invincible besoin de sommeil et, m'étant assuré que M. Botte broutait la haie avec patience, je m'endormis profondément. Je crois que le cheval en faisait autant, quand Matron revint avec le seau vide. Il n'avait pu trouver une goutte d'eau et il prétendait que Botte lui faisait des reproches avec ses yeux. J'ai envie de vous en faire aussi, lui dis-je, car j'ai grand'soif. — Oh! bien, reprit-il, vous boirez là-haut, à moitié de la montagne ; mais c'est loin, je vous avertis, et le *pauvre* n'ira pas vite. Il souffre pour tout de bon.

Il y avait une chose bien simple à faire, c'était de laisser la carriole cachée dans les buissons et de monter tous trois avec nos jambes, Matron, Botte et moi. C'est le parti sur lequel j'insistai et qui l'emporta. Le trajet ne m'a pas paru bien rude et j'ai encore eu une charmante station à la fontaine. C'est une source abondante d'eau vraiment glaciale sortant des flancs d'une montagne brûlante. Cette montagne subit, en cet endroit, une forte dépression. La source, s'échappant des grandes vasques de pierre qui la reçoivent, contourne l'escarpement, arrose un charmant parc et s'enfuit à travers les prairies en pente qui conduisent l'eau en sens inverse des gorges d'Ollioules. J'ai peu vu de villas aussi étrangement situées que celle de ce parc, car Evenos est un pain de sucre et on s'attend fort peu à y trouver l'eau à discrétion, partant l'ombre et la fraîcheur. Cette habitation, loin d'être battue des vents qui font rage autour d'elle ou brûlée par le hâle du soleil ardent à travers le mistral, est une oasis protégée par de beaux arbres et toute fleurie par l'eau courante. Il y régnait un silence profond, et, par les trouées du feuillage, j'embrassais le décor dramatique et désolé des gorges, avec leurs grandes coupures à pic, leurs cimes déchiquetées, percées à jour et supportées par des contre-forts puissants que l'on est obligé de bien regarder pour ne pas les prendre de loin pour des forteresses géantes bâties de main d'homme, ou taillées dans le roc.

Ma surprise a augmenté quand j'ai quitté ce parc pour monter au sommet. C'est un cône volcanique planté au milieu d'une chaîne calcaire. J'avais remarqué d'en bas que ce sommet avait l'aspect d'un cratère ; en marchant sur les laves, je ne pus douter. La montée en lacets est partout praticable, puisque des charrettes chargées vont et viennent de la gorge au sommet. Le village ou plutôt la ville, car c'est un ancien bourg fortifié, est surmonté d'un vieux château en ruines, d'où la vue est grandiose. Le rempart est tout plein d'immortelles blanches : de là, les voitures qui passent sur la route d'Ollioules se distinguent tout au plus à l'œil nu, et cela est en droite ligne sous vos pieds.

La descente est facile et prompte. Matron a rattelé son cheval dans le petit bois, tout en se lamentant de ne m'avoir pas mené là-haut en voiture ; mais M. Botte a bien bu à la fontaine et bien mangé à l'auberge. J'ai dû persuader à son maître, pour le consoler, que c'était l'essentiel.

En revenant et en me résumant ce soir, je m'affirme à moi-même que ce littoral de Toulon est le plus beau de toute la Provence. Il y a une variété de composition inépuisable, et sans le mistral qui est des plus rudes, il faudrait choisir les environs de Toulon pour la villégiature d'hiver.

Pourtant il faut connaître les beaux endroits et ne pas trop s'occuper des détails intermédiaires. Du haut de la forteresse d'Evenos, je voyais, non-seulement les gorges romantiques d'Ollioules, mais encore toute la campagne qui les sépare de la Méditerranée, et l'ensemble éclatant avait un air de terre promise. Cette splendeur s'efface quand on traverse des terres maigres, des orangers malades, des zones arides, poudreuses ou marécageuses, des faubourgs infects, des liéges rabougris, des rivages pelés ou visqueux. Tout est fort maussade de près, et, n'était la trouvaille botanique, on y prendrait le spleen ; mais dans le grand panorama, ces accidents s'embellissent de la pourpre du soir ou du rétablissement des proportions. Il se fait une harmonie qui me fait penser à celle que met la sagesse dans nos appréciations générales. La vie est faite comme la terre où nous marchons. Ce qui est à notre portée de tous les instants est toujours rempli de déceptions : ce que la raison redresse à distance reprend sa valeur et l'ensemble retrouve sa puissance. En toutes choses, il n'y a pas à dire, il faut s'arranger pour voir de haut.

XI

LES IDÉES D'UN MAITRE D'ÉCOLE.

1872, Nohant, janvier.

Le maître d'école, c'est moi. J'ai peut-être le droit d'usurper ce titre, puisque j'ai presque toujours eu un élève à ébaucher, tantôt un enfant à moi ou des miens, tantôt un domestique de l'un ou de l'autre sexe, tantôt un paysan jeune ou vieux, qui est venu me demander de lui apprendre à lire, poussé, lui, le paysan, par une volonté exceptionnelle.

J'ai donc fait, tout comme un autre, ma petite expérience et je ne crois pas inutile d'en donner le résumé à qui voudra en faire l'essai.

Dès que l'enfant sait parler, apprenez-lui à lire et, quelque délicat qu'il soit, ne craignez pas de le fatiguer, si vous vous y prenez bien.

Il aura plus ou moins de facilité selon la notion qu'il aura des formes. Préparez-le à les distinguer, en appelant son attention fréquente sur les objets qu'il touche et qu'il regarde. Les enfants ont chacun une manière d'apprécier les objets. Il y en a qui demandent la lune; d'autres ne la demandent pas et comprennent de bonne heure qu'aucun bras n'est assez long pour atteindre seulement le plafond. Si cette notion des distances est tardive, occupez-vous de la développer. Par la notion des dimensions, faites comparer un grand arbre à une petite herbe, faites observer le peuplier élancé, le châtaignier touffu, l'oranger en boule comme la pomme, la rose ronde et épaisse, la pervenche ronde et plate, la marguerite ronde aussi, mais dentelée. Si vous avez votre montre dans votre poche, vous présenterez aux regards le rond parfait, avec une pièce de monnaie, le rond plus mince; avec un mouchoir, le carré; avec un domino, le carré long; avec le pignon d'un toit, le triangle; avec un bâton, la ligne droite; avec un cerceau, la ligne circulaire. L'enfant n'a pas besoin d'apprendre comme une leçon les termes techniques qui désignent les formes, il suffit qu'il voie les différences.

Pour généraliser autant que possible l'observation des tendances, je dirai que les enfants se divisent en deux classes, ceux qui regardent et ceux qui ne regardent pas. Les premiers sont vite adroits de leurs corps et de leurs mains, les seconds sont sans notion du danger et se font souvent du mal. Les premiers raisonnent de bonne heure et apprennent vite. Les seconds tardent davantage, quelquefois beaucoup. Allégez-leur cette difficulté naturelle en les contraignant, sans qu'ils s'en doutent, à regarder et à voir. Mettez dans la main de l'enfant distrait ou indifférent, des jouets dont la forme l'intéresse; amenez-le aussi à lever la tête, à promener ses regards au loin, en haut, en bas, à ne pas rester étranger au monde extérieur, à ne pas vivre toujours dans le rêve et les fictions du jeu, à savoir qu'il y a des choses autres que celles qu'il peut manier et qu'il y a des rapports de forme entre les unes et les autres.

Les paysans, chose étrange, ne voient pas. On croirait que leurs sens, en contact perpétuel avec les choses de la nature, sont très-développés. C'est le contraire qui a lieu, et particulièrement dans les pays peu accidentés. Ils n'observent rien ou observent à faux. Ils ont une vision souvent poétique de l'ensemble, mais tout détail qui n'est pas pour eux l'objet d'un intérêt personnel leur échappe. A force d'ignorer les causes, ils les dédaignent et deviennent incapables de les percevoir, même quand elles parlent par des faits très-saisissables. C'est ainsi qu'on a pu les conserver superstitieux et leur apprendre à se payer d'explications fantastiques. La lettre des religions les a maintenus enfants, leur organisation physique s'en est ressentie.

Il leur est donc très-difficile d'apprendre à lire. Songeons à eux aussi bien qu'à nos propres enfants. Tâchons de leur alléger la difficulté. L'enfant, préparé ainsi que je l'ai dit, éprouvera le besoin de tracer lui-même des formes avec une baguette sur le sable, avec un charbon sur les murs ou avec un crayon sur du papier. Donnez-lui les moyens de se satisfaire ; s'il n'y songe pas, créez-lui ce besoin par l'incitation de l'exemple. Laissez-lui faire des lignes dans tous les sens, il aura bientôt trouvé l'O, c'est la lettre favorite des petits enfants. Certains sont plus enclins à produire des formes qu'à les observer et apprendraient plus vite à lire en écrivant. Pour la plupart, ils ont besoin de les bien voir avant de les reproduire. Il n'en est pas moins utile de leur laisser tracer beaucoup de signes de fantaisie. Ils feront toujours des raies ou des ronds, et c'est le point de départ de tous les signes qui servent à lire et à écrire.

La combinaison assez variée de ces formes crée pour toute intelligence moyenne une assez grande difficulté. Je m'étonne toujours de voir un enfant et même un adulte apprendre l'alphabet. Trente-deux combinaisons différentes, c'est énorme pour l'attention et la mémoire qui débutent. Le son des signes entre vite dans la mémoire de l'oreille, leur forme se place moins aisément dans la mémoire des yeux. Beaucoup d'élèves récitent leur alphabet et ne le lisent réellement pas, si vous en dérangez l'ordre. Au milieu d'une foule innombrable de méthodes plus ou moins bonnes, je préfère celle de M. de Laffore qui pourrait, tant elle est simple et logique, tenir tout entière sur une carte de visite. Cette méthode vraiment excellente est très-oubliée, mais elle a modifié essentiellement toutes les autres ; elle les a toutes améliorées. Je n'en connais pas qui la vaille et je la conseille à tout le monde.

Elle a été publiée en 1853 chez Ledoyen sous le titre de *Statilégie* ou méthode lafforienne. Le sous-titre : *Pour apprendre à lire en quelques heures*, paraît ambitieux, il n'est que vrai. En moins de douze heures, une personne bien douée et très-attentive peut apprendre à lire. J'ai fait plusieurs fois l'expérience de quinze heures sur les adultes intelligents, mais non exceptionnels. N'ayant point affaire à des forces de premier ordre et ne voulant pas risquer de briser celles qui se présentaient à mon expérimentation, j'ai réparti les heures ainsi qu'il suit : un quart d'heure de leçon le matin, et un le soir. Soit quinze heures de leçons en un mois, sans aucune étude de l'élève dans l'intervalle des leçons. Pour un très-jeune enfant, quinze minutes séparées en deux leçons suffisent pour chaque jour. Il apprendra facilement à lire en deux mois, s'il n'y a pas résistance de sa part et si son appréciation des formes n'est pas exceptionnellement en retard.

Avant de résumer la méthode de M. de Laffore, je crois essentiel de dire à la mère de famille ma méthode rationnelle d'enseignement quelconque.

Il faut rendre l'enseignement facile, non pas pour épargner à l'élève l'effort du travail, effort salutaire et que rien ne remplace, mais pour l'habituer à suivre une marche simple et logique. C'est le défaut de cette logique qui a rendu si longtemps l'éducation première longue et diffuse. Il fallait autrefois des années pour apprendre ce que l'on peut savoir aujourd'hui en quelques mois. Les méthodes sont en progrès, elles sont encore susceptibles de progrès nouveaux. Je propose la meilleure que je connaisse. J'appelle de nouveaux efforts pour qu'elle soit perfectionnée; mais je déclare qu'aucune méthode n'est bonne à rien, si l'on ignore le moyen de s'emparer de la volonté de l'élève.

Je suppose que tous les adultes feront l'effort dont ils sont capables; mais l'enfant qui a le désir d'apprendre est une exception; il n'en serait pas ainsi si l'enfance était bien préparée à l'instruction par tout son système d'éducation morale et physique.

Ma méthode, celle que j'ai pratiquée avec mes pelits-enfants, est certainement meilleure que celle dont je me suis servie avec mes enfants. Avec ceux-ci, j'ai employé les moyens ordinaires, les petites luttes incessantes qui font souffrir l'élève et qui font saigner le cœur des parents; avec plus de raisonnement et d'expérience, j'ai acquis ce que je n'avais pas, une patience systématique à toute épreuve.

Voilà donc le premier point. Supprimez l'impatience à quelque minime degré que ce soit; que l'enfant ne voie jamais sur votre physionomie ou n'entende jamais dans l'accent de votre voix la plus légère altération. S'il est ce qu'on appelle *terrible*, il ne sera vaincu que par une inaltérable sérénité. S'il est doux et timide, cette sérénité lui donnera la confiance qui lui manque. Avec ce calme et cette aménité dans la forme, vous pourrez faire prévaloir votre autorité sans qu'elle blesse, sans qu'elle irrite l'instinct de révolte ou de résistance inerte qui est dans l'esprit inculte. Supprimez l'irritation de vos nerfs comme une maladie contagieuse que l'enfant subit par contre-coup à l'instant même. Non-seulement ne frappez jamais, mais n'élevez jamais la voix; n'ayez ni parole ni mouvements brusques, faites ce que vous feriez pour apprivoiser un oiseau. L'enfant est un petit sauvage qu'il s'agit de civiliser sans qu'il s'en aperçoive. Ne lui en expliquez la nécessité que lorsqu'il en aura déjà saisi quelque avantage, car si vous le raisonnez dans un moment de réaction contre vous, il aura pour repousser vos arguments des arguments à lui et vous n'aurez pas le dernier. Évitez avec adresse toute espèce de lutte. L'enfant intelligent vous en suscitera peut-être plus que l'enfant médiocre. Il sera tout aussi habile à faire naître un conflit que vous le serez à le faire avorter. Sachez remettre au lendemain les solutions qu'il ne vous accorde pas d'emblée. Enfin, si vous êtes une nature inquiète, agitée, et que vous ne puissiez pas vous vaincre, éloignez l'enfant de vous; vous l'élèverez mal et de deux choses l'une : vous exaspérerez sa volonté ou vous la tuerez, ce qui est aussi dangereux l'un que l'autre.

Il faut donc, avant d'entreprendre l'éducation d'un enfant, faire ou refaire sa propre éducation, car c'est un apostolat, et il faut s'en rendre digne. Il y faut aussi un peu de vertu magnétique, car l'enfant sent plus qu'il ne comprend. S'il sent que vous êtes la plus calme, la plus indulgente, la plus persévérante des personnes auxquelles il a affaire, c'est à vous qu'il viendra de préférence, et c'est vous qui, à la longue, obtiendrez le plus de lui.

Je dis à la longue : l'enfance a ses orages et ses langueurs. Il ne dépend pas toujours d'elle de vous accorder l'attention que vous réclamez. Il faut donc lui donner le premier enseignement à très-petites doses. Il est cruel et périlleux d'exploiter par vanité les facilités précoces. Un moment vient où l'élève se lasse physiquement ou moralement. Si vous exigez ce qu'à un moment donné sa mémoire ou sa volonté vous refusent, le dégoût se fera en lui et vous serez puni d'une heure d'exigence déplacée par une série de refroidissements et de résistances.

Malgré tous les soins que j'indique, il y aura encore très-souvent des luttes muettes, des résistances non avouées, des fantaisies singulières, l'enfant est souverainement fantaisiste. Un jour il accepte tout, un autre jour il veut tout discuter. Il a besoin d'une petite comédie et il feint d'avoir perdu la mémoire; il a même besoin parfois d'un petit drame et s'il pouvait vous faire perdre patience, il en serait ou content ou fâché, peut-être l'un et l'autre, mais ce serait une émotion, et, en somme, nous ne sommes pas plus raisonnables, nous autres qui préférons quelquefois une agitation pénible et dangereuse à une résignation morne.

Étudiez l'enfant, et quand vous voyez éclore ce besoin de lutte, détournez son activité sur un autre sujet. Fermez au besoin la leçon sans lui laisser pressentir que vous cédez à des raisons qui viennent de lui; ayez l'air d'en avoir qui vous soient personnelles; une affaire, une lettre pressée à écrire, un malaise.

Il est très-content d'être délivré, mais il viendra sans parti pris à la leçon du lendemain.

Ne mettez pas en jeu l'amour-propre de l'intelligence dans le jeune âge. Vous feriez éclore à l'excès un sentiment qu'il a en lui à l'état latent, mais qui, développé trop vite, s'égare et cherche un mauvais emploi. Il peut fort bien mettre son amour-propre à vous résister le lendemain du jour où vous lui aurez dit qu'il doit le mettre à vous obéir. N'oubliez pas qu'il est un être libre et qu'il ne connaît pas encore les bornes de sa liberté. Il est donc fort imprudent de lui décerner trop souvent le blâme ou l'éloge selon les jours où il lui plaît de bien ou mal faire. Ces alternatives sont parfois involontaires, mais parfois les essais de révolte ont pour but de vous émouvoir. Dans ce dernier cas veillez bien sur vous-même. Si la leçon a été bonne, n'approuvez que l'effort et la raison de l'enfant ; ayez une satisfaction modérée de sa facilité, quelle qu'elle soit. Si la leçon a été mauvaise, ne dites rien, et si elle a été volontairement détestable, n'ayez pas l'air de vous être douté de la mauvaise intention. L'enfant est naïf dans ses pires malices. Quelquefois, étonné de votre silence, il vous dit : J'ai bien mal pris ma leçon. Ne vous gênez pas pour lui répondre qu'il ne l'a pas fait exprès. Il se retire étonné, sournois ou confus, selon sa nature, mais convaincu d'un fait, c'est que sa tentative a échoué; aussi est-il rare que, le lendemain d'une mauvaise leçon, il n'y en ait pas plusieurs très-bonnes. L'élève a reconnu de lui-même qu'il ne pouvait pas vous faire renoncer à l'instruire.

Allons pourtant jusqu'aux cas exceptionnels où l'enfant passionné pour la résistance aveugle vous force à sévir ou à céder. Il y a de ces natures-là, non méchantes, mais despotiques et que votre propre despotisme pousserait à l'excès; n'hésitez pas, cédez, mais sans en convenir. Attribuez sa résistance à un état maladif (vous ne vous tromperez peut-être pas) et ajournez franchement la reprise de l'étude. Pendant l'intervalle, observez bien l'enfant, et reprenez tout doucement en sous-œuvre son éducation morale. Guérissez l'âme avant de vouloir cultiver l'esprit.

Supprimez toute espèce de privations et de punitions. C'est détruire la notion du devoir. Je sais que cette notion est la plus difficile à faire entrer dans la tête d'un enfant. Il faut l'y glisser par l'habitude avant de l'y implanter par le raisonnement. Jusqu'à l'âge de 8 ou 10 ans, l'élève doit accepter cette simple réponse à ses interminables *pourquoi?* — Nous sommes obligés tous deux, toi, d'apprendre, moi de t'enseigner. — Mais qui nous impose cela? — Tout le monde, tout le ciel et toute la terre. — Je ne vois pas cela. — Tu es trop jeune pour le voir. Tu le verras plus tard.

11.

Ne vous faites pas scrupule de lui répondre par oracles mystérieux. Du moment que vous êtes sûr d'avoir une grande vérité sous cet oracle, il ne vous reprochera pas plus tard de la lui avoir donnée sous un voile. On veut toujours expliquer tout avant l'heure. Les enfants se rendent beaucoup mieux à des réponses réservées qu'à des argumentations.

Hélas, me direz-vous, ce n'est pas ainsi qu'on élève les enfants. Hélas, vous répondrai-je, nous n'avons pas su : apprenons!

J'ai dit qu'il ne fallait pas exciter par la louange l'intelligence de l'enfant. Ne ménagez pas l'approbation et l'encouragement à son effort. Tout le mérite humain est dans l'éternel désir d'apprendre. Le contentement vaniteux de ce que l'on sait est la borne où le vrai savoir s'arrête. Nous devons apprendre toute la vie, il ne faut pas le dissimuler à l'enfant. Donnez-lui cette notion de lui-même qu'il ne sera rien s'il ne sait rien ; que, sachant quelque chose, il sera un peu plus, et que, sachant beaucoup, il sera encore loin de savoir assez. Ne lui ôtez pas l'orgueil de sa conscience, c'est le seul bon, préservez-le de l'orgueil de sa capacité. S'il montre une intelligence tardive, ne lui en faites pas une honte. Il s'y habituerait et subirait sans rougir une sorte de dégradation ; ou bien réveillé de sa torpeur par l'amour-propre blessé, il chercherait avec ardeur les succès d'amour-propre. La conscience ne serait plus pour rien dans son effort.

Habituez 'enfant, même très-jeune, (de trois à quatre ans), à faire une petite tâche, régulièrement tous les jours. Si vous ne voyez pas de progrès pendant de certaines périodes, n'en soyez ni surpris ni inquiet ; ne cherchez pas des stimulants exceptionnels, attendez ; tout viendra à son heure. Certaines natures ont leur temps d'incubation nécessaire et ne sauront que mieux ce qu'elles auront appris lentement. D'autres ont des séries de langueurs physiques dont les symptômes extérieurs sont peu saisissables, mais pendant lesquelles le travail de développement du corps influe particulièrement sur l'esprit. S'il y a souffrance, interrompez le travail, sinon continuez-le en n'insistant pas pour qu'il soit fructueux et apparent. Il faut avoir de sérieuses raisons pour laisser le cerveau en friche et pour rompre l'habitude de l'effort, si petit qu'il soit et si nul qu'il paraisse.

On est toujours trop pressé, je ne saurais me lasser de le répéter, pour cette première éducation si importante, qui est la clef de tout l'avenir intellectuel et moral. Apportez-y le plus grand soin. Toutes les futures études de l'enfant auront le mode d'intuition, de logique et de persévérance que vous aurez su imprimer à la première ouverture de son esprit. Je préconise une méthode de lecture très-rapide, et ce n'est pas précisément parce qu'elle est rapide que je m'y attache, c'est parce qu'elle est nette et intelligente. C'est parce qu'elle permet plusieurs développements à la fois sans exiger plus d'effort que pour un seul. Mais nulle méthode n'est une panacée infaillible. Il est des cerveaux qu'elle ne hâte pas sensiblement, et je voudrais que l'on fût bien convaincu d'une chose, c'est que le temps ne fait rien à l'affaire. Je vois souvent dans les familles des préoccupations qui ne sont pas bien sages. On y juge trop les enfants, on les analyse, on les soumet à la critique comme on ferait pour des hommes. On les parque, on les classe, ils servent quelquefois à prouver pour ou contre des systèmes établis. Cette analyse faite devant eux est funeste.

L'enfant s'empare et se pare du rôle qu'on lui attribue. Ce rôle fût-il mauvais, il l'arrange à sa guise et s'en amuse. Il est très-fataliste et dit volontiers, pour faire accepter sa personnalité : Je suis comme cela. Si vous avez la prudence de ne pas le définir en sa présence, méfiez-vous encore de vos définitions; vous n'avez pas le pouvoir, encore moins le droit de fixer la limite où s'arrêtera dans l'être humain le travail de la nature. J'ai en aversion les classements méthodiques des instincts et des caractères. Ils ne peuvent jamais être définitifs, même pour les adultes; à plus forte raison pour ces êtres malléables qui sont encore à l'état d'essai dans vos mains. L'homme est un produit bien autrement compliqué qu'on ne se l'imagine. Entre ces deux forces opposées qui se le disputent, la nature et la civilisation, il a une foule de formes à prendre avant d'être façonné : ses transformations sont si rapides que votre œil ne peut pas toujours les suivre. L'arrêt de votre pédagogie, porté juste le matin, peut tomber à faux le soir même. Vous êtes en présence d'un alambic dont vous surveillez les opérations mystérieuses. Ne définissez pas avant d'avoir constaté.

Tout ceci est pour dire qu'il faut une patience absolue, une douceur inaltérable, et que si la tendresse du cœur ne vous les inspirent pas, votre raison doit vous les suggérer. Si vous la consultez, elle vous rendra équitable, et l'indulgence est une forme de l'équité complétement nécessaire à l'enfance. Nous passerons maintenant à la statilégie. Accordez-moi mes prémisses ou n'allez pas plus loin; sans patience, rien d'utile.

XII

La méthode dont je vous entretiens est déjà fort ancienne. C'est au commencement de ce siècle que M. de Bourrousse de Laffore, avocat d'Agen, fit ses premières découvertes, — découvertes de génie, je n'hésite pas à le dire, — sur la philosophie de la langue écrite et parlée. « En 1827, il vint à Paris et
» soumit sa belle découverte — c'est M. Mignet qui
» parle — à la double épreuve de la pratique et de la
» démonstration, devant une commission de la *Société*
» *pour l'amélioration de l'instruction élémentaire.*

. . . .

» M. Francœur, professeur à la Faculté des sciences,
» membre de cette commission, proposa d'appeler la
» nouvelle méthode du nom de son auteur. M. de Laf-
» fore prit un brevet d'invention et céda sa méthode à
» plusieurs personnes qu'il autorisa à exploiter dans
» plusieurs départements. Il accompagna lui-même
» dans le Midi ses cessionnaires qui en firent l'expé-

» rience publique à Lyon, à Valence, à Marseille, à
» Toulon, à Turin, à Nîmes, à Montpellier, à Agen ;
» partout son application fut infaillible et ses merveil-
» leux effets excitèrent l'enthousiasme. Sur cent élèves
» de tout âge, de toute condition, choisis parmi les
» personnes devant lesquelles se faisait l'expérience,
» aucune ne résista à la puissance de la nouvelle
» méthode. *Tous apprirent à lire entre neuf et qua-*
» *rante heures de leçon, ce qui donne pour la masse*
» *une moyenne de vingt-cinq heures.*

» M. de Laffore, sentant qu'une découverte aussi
» idéologique devait encore plus frapper les esprits par
» son explication que par ses résultats, en donna
» communication à la Faculté de médecine de Mont-
» pellier, afin d'obtenir l'assentiment et l'appui de ce
» corps savant. »

Voici des fragments de la réponse des professeurs :
« Votre brillante invention doit faire époque dans
» l'histoire des découvertes utiles à l'humanité.— Vous
» avez attentivement examiné l'organe de la parole,
» vous l'avez reconnu le même chez tous les hommes,
» et, mettant à contribution la physiologie et l'anato-
» mie, vous avez jeté les fondements d'un système iné-
» branlable. Votre découverte vivra et le jour où elle
» sera partout enseignée sera certainement un beau
» jour dans l'histoire des progrès de l'esprit humain. »

Ce chaud témoignage était signé de Lallemand, Delpech, Dubreuil, Delmas, etc.

Une commission spéciale dont fit partie le docteur Magendie fut instituée par le ministre de l'instruction publique pour examiner la méthode. L'approbation fut éclatante et, en 1826, M. de Vatimesnil annonçait à M. de Laffore que le *conseil royal,* partageant l'opinion de la commission, avait notifié par une circulaire aux recteurs de toutes les Académies du royaume, d'avoir à donner connaissance de la méthode Laffore aux établissements de leur ressort. Voilà donc, dès 1829, une méthode proclamée excellente, infaillible, admirable par les hommes les plus compétents de France, expérimentée, éprouvée, et réduisant, *pour les intelligences les plus rétives,* la science de la lecture à quarante heures de leçon, soit, à une demi-heure par jour, à quatre-vingts jours, en même temps qu'elle ne demande que neuf heures d'attention à une vive intelligence. — Et en 1872, il faut trois ans aux enfants de nos campagnes pour ne pas apprendre à lire sans beaucoup d'hésitation, d'erreurs et de non-sens.

A qui la faute? Sans aucun doute au ministre de l'instruction publique qui ne jugea pas lui-même la philosophie de cette méthode, sa rationalité que l'étude de la question lui eût démontrée *absolue,* et qui se laissa circonvenir et influencer par des questions étrangères à son véritable devoir.

Pauvre France, cette triste légende de la méthode Lafforienne est toute ton histoire! Ingénieuse au premier degré, tu trouves les moyens de résoudre toutes les difficultés et tu n'en profites jamais. La routine écrase de son pied d'éléphant les secrets que le génie a tracés en se jouant sur le sable. En vain Mignet écrivait, il y a quarante-quatre ans : *Cette méthode qui est une des plus belles déductions de l'esprit humain est à la propagation de la lecture ce que l'invention de l'imprimerie fut à celle des livres* : la méthode Lafforienne est ignorée de la génération présente. On l'a pillée, il est vrai, on en a enchâssé des fragments dans la plupart des méthodes nouvelles, mais on n'a pas su introduire dans ces améliorations la logique et la simplicité du maître. Je ne les connais pas toutes, il y en a tant! mais j'affirme que s'il y en a une bonne, c'est une copie à peu près exacte de celle de M. de Laffore.

Comment avouerai-je à présent que je me suis permis moi-même d'introduire de légères modifications dans l'usage que j'en fais? Je les ai trouvées nécessaires, voici pourquoi : M. de Laffore était méridional et sans doute il prononçait le français avec la pureté de la langue *d'oc*. Il n'admettait pas les *voyelles nasales*. Il devait dire *une* homme, *il a na* pour *il en a*, *ennefini* pour infini. De là une lacune pour les élèves de la langue d'oil. M. de Laffore était trop logique et trop consciencieux pour laisser un vide dans sa méthode. Il fit une règle excellente sur le changement de son de la plupart des lettres en raison de leur position par rapport avec d'autres lettres. Mais rien n'est parfait en ce monde. La véritable prononciation française n'est pas, quoi qu'en pensent les Méridionaux, sur les rives de la Dordogne, elle est sur les rives de la Seine. L'*e* muet ne se prononce pas *é* avant *m* ou *n* simples. Nous ne disons pas *embu* pour *imbu*, *bienne* pour *bien*. U devant *n* ne se prononce pas *e*. Nous disons *Verdun*, *chacun*, et non pas *Verdeune*, *chaqueune*.

Ce fut là, je crois, un des grands obstacles à l'application universelle de la méthode Laffore. Elle avait un chapitre essentiel, inintelligible pour les populations de langue d'oil. Une modification était très-facile à faire, mais outre que l'inventeur n'y eût peut-être pas consenti, des causes plus graves entravèrent les progrès de son œuvre et la firent avorter.

Il avait eu à choisir entre deux moyens pour répandre sa méthode, la publication par voie d'impression; le secret mis sous la sauvegarde du brevet d'invention. Au premier abord, le premier moyen paraît le meil-

leur, le plus digne d'un génie inspiré par l'amour du progrès. Mais M. de Laffore craignit que son idée ne fût étouffée par l'esprit de routine, peut-être par un autre esprit obstinément protecteur de l'ignorance et tout-puissant alors. Il dut craindre aussi le pillage qui dénature les principes des choses et ne profite qu'à la spéculation. Il crut devoir transmettre son droit, moyennant « un prix élevé, à des cessionnaires. On
» avait ainsi, dit-il, le moyen d'intéresser à la pro-
» pagation et au succès de la méthode des hommes
» se recommandant à l'attention publique par leur
» position sociale et leur capacité. On pouvait s'adjoin-
» dre d'honorables propagateurs, former en tous lieux
» des professeurs et laisser ainsi des traditions sûres. »

Ce mode de propagation avait eu de très-beaux résultats, le conseil général du département de l'Aisne, entre autres, avait voté une somme de dix mille francs à distribuer aux instituteurs primaires du département qui emploieraient la méthode Lafforienne. « Mais les
» règlements universitaires ne permettaient pas d'ou-
» vrir des écoles de lecture sans l'autorisation préa-
» lable du recteur. Les instituteurs primaires déjà
» établis voyaient dans les écoles de statilégie une
» concurrence menaçante. *Le gouvernement d'alors*
» *ne tendait peut-être pas à répandre l'instruction*
» *primaire dans les masses*, et d'ailleurs, la commis-

» sion chargée par le ministre de l'instruction publique
» d'examiner la *statilégie* retardant la production de
» son rapport, l'autorisation d'ouvrir des écoles de lec-
» ture rivales de celles qui existaient déjà, fut généra-
» lement refusée aux propagateurs de la méthode Laf-
» forienne. Ainsi une *question de forme* arrêta le
» mouvement imprimé à la statilégie; l'approbation
» formelle promise par l'autorité universitaire se fit si
» longtemps attendre qu'à l'époque où elle fut officielle-
» ment annoncée, la vaste organisation qui avait cou-
» vert la France de propagateurs était complétement
» détruite. Les cessionnaires, ne pouvant tirer parti du
» privilége qu'ils avaient acheté, avaient abandonné l'en-
» treprise; ils étaient rentrés dans leurs domiciles. »

M. de Laffore ajoute à ce récit une réflexion navrante : « Il est facile de concevoir que l'impossi-
» bilité d'utiliser un grand progrès, les pertes pécu-
» niaires considérables éprouvées, les embarras et les
» souffrances morales inséparables d'une pareille
» situation aient enfanté le découragement! »

C'est vers 1830 que j'entendis parler de la méthode de M. Laffore. Un de ses cessionnaires l'enseignait au jeune Arthur Bertrand à Châteauroux. Au bout d'un mois consacré à cet enfant, le professeur fut prié de venir chez nous, et au bout d'un mois mon fils âgé de sept ans sut lire. Ma fille apprit de même à cinq ans, il lui fallut six semaines. Le jeune professeur resta près de nous et fit gratuitement plusieurs élèves. Les résultats furent toujours sûrs et rapides. Il simplifiait la méthode en ce sens qu'il y introduisait un tableau spécial pour les *sons composés* de la langue d'oïl, et c'est d'après son exemple que je me suis permis cette distinction.

En 1852, M. de Laffore crut que les circonstances seraient plus favorables à la propagation de sa découverte et il se décida à la publier. Il était trop tard, elle était pillée et dénaturée. Le bruit qu'elle avait fait était oublié. La publication passa je crois inaperçue. Plusieurs personnes, sachant que j'en avais conservé les principales règles et que je m'en servais avec succès, m'avaient souvent demandé de les leur communiquer; je n'étais pas assez sûr de n'y avoir pas mis beaucoup du mien pour me permettre de les satisfaire. Quand l'ouvrage parut, je me le procurai, et presqu'aussitôt je le prêtai; on ne me le rendit pas. J'avais oublié de prendre l'adresse du libraire, aucune des personnes que je consultai ne put me la donner, aucune ne connaissait la méthode. M. Taine, qui sait tout, l'ignorait et désirait la connaître. Je dus recourir à l'obligeance de mon éditeur, M. Michel Lévy, qui ne la connaissait pas non plus, mais qui réussit plus tard à me la procurer de nouveau. Je vis alors que je ne m'étais pas trop éloigné des principes et que les petits succès obtenus par mon enseignement étaient bien dus à M. de Laffore.

Puisque cette méthode est aujourd'hui dans le domaine public et que le public ne la connaît pas, j'ai le droit et le devoir d'en donner l'analyse commencée depuis longtemps et toujours retardée par certaines hésitations que je dirai en l'exposant telle que je la pratique. J'ai dû y réfléchir autant que je suis capable de réfléchir à une chose essentiellement pratique.

M. Laffore divise les signes de l'écriture en *sons* ou voyelles et en *articulations* ou consonnes. Ces sons se composent d'une voyelle ou de plusieurs voyelles produisant le même son, — *o, au, eau*. Pour mieux graver cette idée dans l'esprit des enfants, il avait fait graver au-dessus des ses tableaux d'enseignement l'image d'une cloche. L'dée était ingénieuse ; mais j'ai cru devoir maintenir l'appellation de voyelles par la raison que voici : comme il est essentiel dans la méthode, que l'élève fasse une distinction entre la voyelle simple et les voyelles groupées qui expriment à l'oreille même le son, la méthode est forcée d'appeler *son double* ou *son composé*, l'assemblage de ces voyelles. Or cette appellation n'est pas juste, elle détruit le principe de l'idée émise; le son *eau* n'est pas plus composé à l'oreille que le son *O*. Il faudrait donc dire *son composé de plusieurs voyelles*, ce qui rend la désignation trop longue. Moi, je fais dire à mes élèves, voyelle simple, voyelle double, voyelle triple. — Je garde le mot de *sons* pour ce que l'on appelle les voyelles nasales.

Comme on l'a vu, M. de Laffore ne les admettait pas; elles jouent un si grand rôle dans le langage et créent une telle difficulté aux élèves, qu'il faut bien leur donner leur importance, les grouper en tableau comme les autres voyelles et les désigner par un nom qui leur convienne. Remarquez bien que celui de *voyelles nasales* ne leur convient en aucune façon, puisqu'elles sont composées d'une voyelle jointe à une consonne, toujours *m* ou *n*, — *em, en, an, im, in, un, on*, etc. Je ne puis donc les appeler ni voyelles ni consonnes; je prends le parti de les appeler : *sons composés*, et je crois avoir raison pour l'appréciation de l'œil et de l'oreille. C'est pour cela que je ne puis laisser le nom de *sons* aux voyelles, encore moins celui de *sons composés* qui ferait confusion avec ceux dont je parle ici.

Tout le monde peut se procurer à présent la méthode Lafforienne et la suivre rigoureusement si on juge mon résumé insuffisant. Je le donnerai tel quel, puisqu'il m'a suffi, à moi, pour obtenir d'excellents résultats :

1ᵉʳ TABLEAU.

Voyelles simples, doubles et triples.

A.
é è ai ei aient.
i y.
o au eau.
e eu œu.
u.
ou.
oi oient.

2ᵉ TABLEAU.

Consonnes simples, doubles et triples.

p	—		b
f	ph	—	v
c	qu	k —	g
t	—	—	d
s	ç	—	z
x			
j			
r	—	rh	
m	n		
l			
ill			
ch			
gn			
h			

Faites prononcer pe, be [1].
fe — phe — — ve.
ke ke gue, ainsi de suite.

Dites-lui que l'*h* ne se prononce pas seule, et ne donnez pas de nom à cette lettre.

Quand l'élève connaît toutes les consonnes, exercez-le à les prononcer sans émission de voix et en faisant sentir le moins possible le son d'e muet à la fin de pe, be, etc.

ill — prononcez *mouillé.*

pr, br, pl, bl, fr, phr, vr, fl,
cr, chr, gr, cl, gl, tr, thr, dr.

---

1. Le procédé pour faire prononcer *be* au lieu de *bé* est généralement adopté aujourd'hui. Mais on place les consonnes dans

3ᵉ TABLEAU.

Sons composés.

an em en am.
aim in ain ein im.
ien.
on om.
un um.
oin.

Quand l'élève connaît ces 74 signes il est bien près de savoir lire. La quantité paraît énorme, le groupement est si bien fait qu'il les apprend avec une étonnante facilité. Six à sept heures suffisent et au delà, en moyenne.

Faites lui assembler les consonnes aux voyelles, sans épeler. Plus vous l'aurez habitué à ne pas faire sentir le son de l'*e muet* à la fin des consonnes, plus il lira vite, car il lira forcément déjà à première vue tous les mots appropriés à la somme acquise par sa connaissance de l'alphabet. Il vous reste à lui enseigner un très-petit nombre de règles.

D'abord la division des syllabes dont la règle est admirable de simplicité et qu'il apprend en cinq mi-

un ordre arbitraire, souvent au hasard. M. de Laffore avait tout raisonné. p. b. — t. d. — s. z. s'enchaînent logiquement à l'oreille et c'est là une découverte très-philosophique. Les sens ont une relation qu'il ne faut pas rompre. Mais bien peu de personnes daignent s'aviser de cela.

nutes, grâce à la connaissance qu'il a des *voyelles simples, doubles et triples*, des *consonnes simples, doubles et triples*, et des *sons* composés.

Pour l'y préparer, faites-lui lire de la manière suivante des mots quelconques dans un livre. Par exemple *photographie* ; *ph* consonne double, *o* voyelle simple, *t* consonne simple, *o* voyelle simple, *gr* consonne double, *a* voyelle simple, *ph* consonne double, etc. Prenez aussi des mots où se trouvent des sons composés, *appointement, bienfaisance*, etc. Assurez-vous que dans la syllabe *poin*, il ne dit ni *po*, ni *poi* ; que son œil est habitué à ne pas séparer les lettres groupées dans l'ordre où il les a apprises sur ses tableaux, et soyez sûr que s'il ne se trompe pas, il sait déjà lire ; les grandes difficultés sont vaincues.

Règle pour diviser les mots en syllabes.

Laissez *avec* la voyelle simple, *double ou triple*, ou avec le *son composé* que vous allez dire, la consonne simple, double ou triple qui est *avant*, ex. *châtaigne*. Avant le premier *a* voyelle simple, vous avez *ch*, consonne double. La syllabe s'arrête donc à *cha*. Dans la suivante vous avez *ai* voyelle double, vous lui laissez *t* consonne simple, placée avant *ai*. A la fin du mot, *e* est précédé de *gn*, consonne double qui se joint à *e* pour la dernière syllabe. Avec ce procédé invariable l'élève ne lira jamais chat-aig-ne.

Le mot stagnation fait exception et toute règle a ses exceptions; ne vous en inquiétez pas, tant que l'élève ne saura pas lire tout ce qui est conforme à la règle. Ce chapitre des exceptions est toujours enseigné trop tôt dans les méthodes. Quand il vient à son heure, il rafraîchit très-utilement le retour de la règle, et c'est alors qu'on peut dire dans un sens absolu qu'il la confirme et la consacre : mais séparez bien la première notion de la seconde.

Exercez aussi l'élève à bien couper les syllabes où se trouvent des *sons composés. Néanmoins, lointain, prescience*, etc.

Règle du changement des lettres par rapport à leur position.

Excepté dans les *sons composés* [1], *e* devient invariablement *é* ou *è* quand il est placé, *dans une syllabe*, avant une consonne simple ou double. *Danger, espoir, lazareth, Joseph, effroi*; ainsi dans *grenouille, semonce*, il ne change pas, la syllabe étant finie sur *e*.

Le même *e* ne fait pourtant pas toujours *è* avant *s* à la fin des mots de plusieurs syllabes. Il fait toujours

1. Rappelez qu'ils sont toujours terminés par *m* ou *n*.

é dans les mots d'une seule syllabe ou d'une seule pièce [1] : *les, des, mes, ses*, etc.

Ici j'ouvre une parenthèse. Je crois très-utile, sinon nécessaire, de faire marcher avec l'étude de la lecture l'enseignement des notions élémentaires de la grammaire et j'ai toujours obtenu cette étude avec une extrême facilité. Elle se fait après la leçon en manière de conversation raisonnée, enjouée même, car l'enfant à qui on propose des exemples d'une règle aime beaucoup à les trouver lui-même. Rien ne le stimule et ne l'égaye comme une faute qu'on lui donne à redresser. Il apprend les genres avec une proposition comme celle-ci — *l'homme est bonne, la femme est bon, la chaise est petit, le fauteuil est grande*. En cinq minutes il apprend le genre et le nombre. C'est la première notion à lui donner.

Enseignez-lui, dès le lendemain, ce que c'est que le nom, nom propre et nom commun.

« Toutes les petites filles s'appellent des filles, nom commun. Toutes ne s'appellent pas Aurore ou Gabrielle, noms propres. » Tous les chiens sont chiens, tous ne s'appellent pas *Fadet*. Encore cinq minutes

---

[1] M. Laffore conseille d'employer le mot pièce à la place de syllabe avec les enfants. L'idée est bonne, pourtant j'ai remarqué que les enfants retiennent plus volontiers les mots techniques que les traductions qu'on leur en donne.

de paroles échangées, l'enfant connaît les substantifs. Il sait aussi comment se forme et comment s'écrit leur genre et leur nombre. Quand vous lui direz que *e* à la fin des mots marque le féminin et *s* le pluriel, il ne lira plus jamais *petitès fillès*.

Vous lui expliquerez de même que *ent* à la fin des verbes ne se prononce pas, parce que c'est un signe qui marque que plusieurs personnes agissent ; mais auparavant, vous lui apprendrez que le verbe est le mot dont il se sert pour dire qu'il fait une chose quelconque ; nommez-lui deux ou trois verbes, il vous en nommera cent. C'est le mot que les enfants aiment le mieux parce qu'il éveille en eux des idées d'action et de vouloir. Le pronom s'enseigne avec le verbe. Conjuguez avec l'élève les principaux temps de quelques verbes.

Passez à l'adjectif qui est la manière d'être d'une personne ou d'une chose ; donnez-lui trois exemples, demandez-lui en tant que vous voudrez. Il n'hésitera pas ; dès lors faites-lui observer que quand il parle, il fait toujours accorder l'adjectif en genre et en nombre avec le nom.

Passez à l'adverbe qui est *l'adjectif du verbe*. L'adjectif dit comment est la personne ou la chose. L'adverbe dit comment le verbe est fait par la personne ou la chose. Tu *es sage*, voilà ton adjectif, ta qualité ;

tu lis sagement, voilà la qualité, l'adjectif de ton action ; on l'appelle adverbe.

Si, par exception, l'enfant ne comprend pas, vous lui direz que, pour reconnaître le pluriel dans les verbes, il faut mettre avant le mot, *ils* ou *elles* et voir si le mot a un sens : *Ils volent, elles courent*. — *Ils vraiment, elles joliment* n'en aurait aucun. — C'est le procédé que donne M. de Laffore, forcé de résumer en règles courtes tout son système ; mais j'aime infiniment mieux devoir l'application d'une règle au raisonnement qu'à la routine et je ne sépare pas l'étude de la lecture de celle de la grammaire élémentaire. L'enseignement oral qui précède ou suit la leçon n'est pas une fatigue, tandis que le soin de distinguer et de retenir la forme, le nom et l'emploi des signes exige un effort qu'il ne faut pas prolonger au delà d'un quart d'heure, dans les commencements surtout.

Exemple d'une leçon de grammaire prise sur le fait.

— Qu'est-ce que tu fais donc là, par terre ?

— Je me roule sur ton tapis : est-ce que tu ne veux pas ?

— Si fait, à la condition que tu me diras ce que c'est que de se rouler comme cela.

— Eh bien, je me roule, je fais un verbe. C'est le

présent. Hier je me suis roulée de même, c'est le passé.

— Et demain?

— Si je dis que je me roulerai encore, ce sera le futur.

— Mais tu te roules trop, tu es folle?

— Je suis folle, c'est mon adjectif.

— Aussi tu te roules follement.

— C'est l'adjectif de mon verbe, c'est un adverbe que je lui mets.

L'article est si facile à comprendre que nous l'avons appris en passant, comme par-dessus le marché, ainsi que la conjonction et la préposition. Cela suffit pour le moment. En même temps que l'élève me lit sa première phrase, il est en état de m'en faire l'analyse grammaticale. Nous apprendrons en nous jouant à mieux conjuguer les verbes, les difficultés viendront plus tard.

Toute cette grammaire préalable est si simple et prend si peu de temps qu'on aurait bien tort d'en priver l'élève ; mais ayez soin de lui donner l'idée juste de ce qu'il apprend, trouvez des définitions à sa portée, et ne lui faites pas apprendre par cœur celles qu'il ne comprend pas. On a entassé grammaire sur grammaire. C'est fort beau, mais je serais bien embarrassé de les apprendre. Rien ne vaut pour commencer la vieille petite grammaire élémentaire de *Lhomond* qui, elle-même, ne vaut pas les premières notions données verbalement par la mère à son enfant.

J'aurais voulu résumer dans ce chapitre toute la méthode Lafforienne. Mes préoccupations de maître d'école m'ont retardé. Je compléterai et tâcherai de résumer encore plus l'ensemble dans le chapitre suivant. Je termine celui-ci par une redite obstinée :

Soyez d'une patience à toute épreuve. Pas de punitions, pas de reproches ; pas d'attendrissements, pas de prières non plus ; ni anathème ni homélie. L'émotion et l'attention n'entrent pas ensemble dans la tête d'un enfant. Habituez-le de bonne heure à prendre tous les jours une leçon, quand même elle n'amènerait d'autre résultat pendant longtemps que l'habitude de vous obéir. Soyez ponctuel et jamais pressé.

XIII

Nohant, janvier 72.

Récapitulons et complétons ce que nous avons dit sur la manière d'apprendre à lire d'après la méthode de M. de Laffore (*statilégie*), dans l'ordre où je la mets en pratique. La différence est peu sensible et je ne l'ai signalée que par acquit de conscience.

1er TABLEAU

Voyelles simples, doubles, triples.

2e TABLEAU

Consonnes simples, doubles, triples.

p b Prononcez pe be, etc.

Consonnes doubles :

pr br Prononcez pre bre, etc.

Exercez l'élève à prononcer les consonnes tout bas et à les joindre tout de suite aux voyelles dites tout haut.

3ᵉ TABLEAU
Sons composés.
an em en am, etc.

Faites remarquer que tous ces sons se composent de voyelles jointes à *m* ou *n*.

Faites prononcer *ien* comme dans *rien*. Les exceptions viendront plus tard, toutes les exceptions.

Faites lire ; l'enfant peut déjà assembler toutes les articulations à tous les sons. Assurez-vous qu'il distingue parfaitement la *voyelle simple, double ou triple,* la *consonne simple, double ou triple,* le *son composé.* Exercez-le à ne jamais séparer les lettres qui sont groupées sur les tableaux.

Règle des syllabes.

Toute syllabe est formée d'une voyelle simple, double ou triple, ou d'un son composé, et d'une consonne simple, double ou triple placée avant [1].

Règle de l'e muet.

e placé avant une consonne se prononce é ou è.

Avant *s*, à la fin des mots, il indique le pluriel et

---

[1]. Mettez dans la main de l'élève un couteau à papier et qu'il coupe seul les syllabes dans un livre quelconque.

redevient muet ainsi que l'*s* ; mais, dans les mots d'une seule syllabe, *mes, tes, les, ses*, il fait *è*.

Faites remarquer que *e* est la lettre qui change le plus souvent de son et qu'il faut bien observer son emploi en s'exerçant. Enseignez, en vous reportant au 1ᵉʳ tableau, qu'il est muet avant *nt* dans le pluriel des verbes, et muet partout quand il est seul à la fin des mots. Enseignez le changement de *c* et de *g* avant *é, è, i*.

s entre deux voyelles *z*.

t avant *ion*, devient *s* dans beaucoup de mots. Annoncez-le sans insister sur les exceptions. Toujours les exceptions réservées pour le moment où l'élève lira couramment et comprendra les mots qu'il lira.

Il sera temps alors de lui expliquer ce que c'est qu'une exception, que *ville* ne se prononce pas comme *fille*, etc. Vous avez affaire, je suppose, à des élèves français, la difficulté est nulle pour eux.

Faites lire dans divers livres élémentaires, afin que l'élève s'habitue à des caractères de diverses grosseurs ; les majuscules s'apprennent ainsi d'elles-mêmes, et on fait en même temps observer qu'il y en a une au commencement de toutes les phrases et de tous les noms propres.

Ne faites lire que des phrases que l'élève puisse comprendre. Beaucoup de petits livres sont rédigés prétentieusement, avec une fausse naïveté, comme si l'enfant avait besoin qu'on lui enseignât la chose qu'il possède au plus haut degré. D'autres sont pleins d'enseignements religieux qu'il ne faut pas mêler à l'étude élémentaire. Enseignez à l'enfant la religion que vous avez, mais ne lui faites pas épeler machinalement des préceptes et des prières qui peuvent le rendre très-irréligieux s'il est dans un jour d'ennui, de résistance ou de révolte. L'enseignement religieux est une chose trop sérieuse pour n'être pas donnée à part. La révélation d'une idée abstraite demande plus de solennité que n'en comporte l'étude des choses de pratique vulgaire. Si vous êtes vraiment croyant, n'abusez pas de l'intervention de Dieu dans la conduite de l'enfant. Ne permettez pas à l'enfant de mêler cette intervention à ses fantaisies de tous les instants. Choisissez le moment de lui en parler et ne lui en parlez pas avant qu'il soit capable de vous écouter.

Le plaisir des enfants, en commençant à lire, c'est de voir écrits les mots dont ils se servent tous les jours. Avec la méthode que j'emploie, ils y arrivent si vite qu'ils ont des joies et des surprises singulières à rencontrer dans un livre le nom d'une personne qu'ils connaissent ou d'un objet qui leur est familier. Il n'y a donc point à se maniérer ni à se draper pour faire des livres à leur portée. Ils demandent si peu d'esprit, ils s'intéressent si facilement aux moindres choses écrites! Je me sers volontiers de la *citolégie*, par M. Dupont [1]. Sa méthode est longue, bien qu'elle tienne peu de place; elle ne procède pas par grandes divisions, elle superpose trop d'étages et surcharge la mémoire en voulant la ménager. Elle peut pourtant donner de bons résultats ainsi que plusieurs autres que j'ai sous les yeux et qui toutes demanderaient de bonnes mentions. Mais, dans toutes, je vois des exercices inutiles, et même nuisibles à la prompte et claire division en syllabes, à l'intelligence des mots par conséquent. Toutes ont adopté certaines prescriptions de M. de Laffore, mais sans en bien comprendre la raison, et en détruisant d'une main ce qu'elles édifiaient de l'autre.

Je me sers donc de la *citolégie* pour les premières lectures, seulement parce que la division des phrases est bien faite, qu'un très-jeune enfant peut les comprendre toutes et que l'emploi de toutes les combinaisons est bien groupé. M. de Laffore n'a pas fait de lectures graduées. Sa méthode les exclut. Dès que l'élève en connaît les lois, il peut tout lire sans échelonnage de notions nouvelles; mais il faut bien que l'enfant à qui j'apprends le français en même temps que la lecture, comprenne ce qu'il lit, et il n'y a point de

---

[1] Ducroq, 55, rue de Seine. 1867.

livre proprement dit à l'usage des enfants de 5 à 7 ans. Les courtes phrases bien claires de la *citolégie* lui suffisent. Leur classement a l'avantage que si l'élève, comme il arrive presque toujours, a une lacune momentanée dans la mémoire à propos de certains signes qui lui échappent, bien qu'il les ait parfaitement lus la veille, vous pouvez lui faire lire plusieurs phrases du chapitre où ces signes se retrouvent à chaque ligne dans toutes les combinaisons de mots qui lui sont familiers. Donc un bon point, un très-bon point à la *citolégie* de M. Dupont. Je n'ai pas besoin d'autre chose, pour enseigner la lecture, que de ce petit livre et des trois tableaux dont j'ai parlé : 1° voyelles simples, doubles et triples ; 2° consonnes simples, doubles et triples ; 3° sons composés — tableaux qu'il est bon d'avoir toujours à côté du livre pour que l'élève puisse s'y reporter si sa mémoire fait défaut. J'enseigne oralement la règle de la division des syllabes. Je la fais appliquer. J'insiste sur l'emploi de l'*e* dans ses diverses modifications. Le reste n'est rien et vient de soi.

J'ai pour système de ne pas faire chercher la lettre, la syllabe ou le mot qui fait hésiter l'enfant. J'aime mieux le lui dire chaque fois sans lui faire remarquer qu'il éprouve une difficulté. J'écarte l'effort pour obtenir l'attention qui n'est plus possible dans ces jeunes cerveaux sitôt que la fatigue commence. L'enfant ne vous dit pas qu'il est fatigué, il ne le sait pas. Il faut faire en sorte qu'il ne le soit pas. Quand vous l'aurez soufflé plusieurs fois, il se mettra à vous dire très-vite le signe qui l'embarrassait, pour vous empêcher de le dire avant lui. Avec ce soin extrême du fragile cerveau que vous voulez développer, vous pouvez commencer de très-bonne heure. Sinon, commencez tard, ce qui a bien des inconvénients, mais moindres que ceux d'une éducation précoce et violente.

Après la citolégie, je voudrais, pour l'âge de cinq à sept ans un livre possible ; je n'affirme pas qu'il n'en existe point dans le nombre, mais je n'en connais pas qui puisse être lu par l'enfant seul et lui donner le goût de la lecture, car presque tout ce qu'on lui met dans les mains est au-dessus ou au-dessous de son état de développement.

Comment voulez-vous qu'il comprenne que — ceci est dans un abécédaire et divisé en syllabes pour les élèves qui commencent :

« La spirituelle Euphrosine a éprouvé du scrupule à
» user du stratagème utile à sa réussite. » — « A la
» table alphabétique des archives se trouve l'acte d'ar-
» bitrage des associés. Pedro est obligé de s'expatrier,
» le pape l'a excommunié. »

« Ce stratagème est d'une telle immoralité qu'il est
» puni *comme l'escalade*, etc. »

Voici pour former le goût: « Ce tragédien américain
» a le maintien simple, *impossible à dépeindre, mais*
» *qui lui va très-bien.* »

Et voici pour l'édification des enfants pieux :

« Quand le *hussard Zacharie se fit anachorète*,
» l'exhortation fut des plus touchantes : pendant que
» le néophyte était aux pieds du Christ, l'orchestre
» exécuta un chœur admirable que répétaient *les échos*
» *d'alentour.* »

Ne mettez donc pas indifféremment les abécédaires
et les syllabaires dans les mains des enfants, car
avec la nécessité des exercices que toutes les méthodes
établissent et consacrent (sauf celle de Laffore) on les
condamne à l'ennui le plus profond s'ils ne comprennent pas, ou à la plus incurable sottise s'ils ont le
malheur de comprendre. Avec la méthode que j'emploie, je ne demanderais qu'un recueil de phrases d'une
élémentaire simplicité : la rose sent bon, la caille
chante, le ciel est bleu, la lune est ronde, le soleil est
rouge, les étoiles sont belles, ma poule est blanche,
ma robe aussi, que sais-je? tout ce que l'enfant voit et
sent, rien de ce qui l'abrutit.

Voici ce que je trouve dans des abécédaires ouverts au hasard :

« Si le trône frôle l'abîme, sa chute sera sûre.
» Le prône de ce prêtre décèle du zèle. Ce style me
» glace.
» Le fratricide va clore le drame.
» Tire du coco à gogo.
» La parole rogue choque.
» La bugrane a crû dru. »

Citons encore, c'est la première leçon :

« Le papa tape.
» Madame se mire.
» Le bébé bave. »
Joli tableau de famille !

Aimez-vous mieux tomber sur ces antithèses ?

La crainte de Dieu,
La fiente de poule,
Un jupon sale,
Le vénérable ermite,
Le flegmon soigné,
L'injuste Roboam,
Un grog préparé,
Nadab puni de Dieu,
Le sapeur décoré,
Le trône impérial,
Hume ta bière,

Quand l'univers entier est là pour remplir de couleurs et de parfums les yeux et l'âme de l'enfant, quel besoin éprouve-t-on de le nourrir d'images grotesques ou de rapprochements fantasques ? Toute lecture jette cette jeune tête dans un rêve que vous pouvez rendre agréable, tout au moins inoffensif, et vous commencez par lui parler de *craindre* Dieu, ce qui est le contraire d'*aimer*; et puis, vous le jetez dans une fantasmagorie de trônes, de juifs, de sapeurs, d'ermites, de jupons, le tout orné de *fiente de poule !* Quel âne ou quel fou comptez-vous donc faire de lui ?

Sancta simplicitas ! Tous ces livres élémentaires sont pourtant rédigés par de très-braves personnes dévouées à l'enfance, et dont plusieurs ont fait de sincères efforts pour lui alléger le travail ; mais tout cela va comme le reste, et je n'ai point à entrer dans une critique de détail qui me jetterait dans un infini de blâme et de chagrin. Je me contenterai de combattre deux tendances générales très-opposées, mais qui conduisent au même but. Le réalisme religieux et le réalisme matérialiste, voilà les tendances : — fanatisme et brigandage, voilà les moyens ; tyrannie, voilà le terme final. Qu'elle vienne d'en haut ou d'en bas, le résultat sera toujours la décadence.

Je ne veux pas, moi, non, je ne veux pas qu'on apprenne de gaieté de cœur à l'enfant l'horreur de la vie, la méchanceté des êtres, la laideur des choses, la puanteur des charniers, le sang répandu, les haines mortelles, le rêve de l'enfer, la colère de Dieu, comme des choses toutes simples sur lesquelles il faut se hâter de le blaser pour que sa raison s'y habitue ou que sa croyance s'y soumette. Nous ne pouvons empêcher autour de lui le spectacle du mal et l'épouvante des désastres. Le riche peut, jusqu'à un certain point, en éloigner sa jeune famille, le pauvre ne le peut pas. Donc apprenez-lui à détester le mal qu'il voit. Ne le nourrissez pas de la notion d'une indifférence funeste, d'un prétendu stoïcisme philosophique ou religieux qui consiste à dire : les choses sont ainsi ; la sagesse ou la foi doivent les accepter. Je voudrais qu'il fût possible de laisser l'enfant grandir sans savoir que le mal existe. Il n'y faut pas songer, le mal est partout, il n'y a plus d'existences paisibles ; raison de plus pour lui faire aimer le bon et le beau, et pour cultiver en lui la sainte fleur de l'espérance.

Je suis persuadé que Troppmann ou Lacenaire enfants, ont vu ou su les détails de quelque crime atroce qui leur a été expliqué de sang-froid. Leur esprit en aura été troublé à jamais. A partir de ce jour-là, ils ont été fous, d'une folie particulière, glacée, profonde, insaisissable au physiologiste et qui n'est autre que le sens humain détruit, un état monstrueux du fonctionnement intellectuel, la désespérance du bien poussée jusqu'au mépris raisonné de soi-même.

On dit que le goût de la destruction existe chez l'enfant, cela est généralement vrai, surtout chez le mâle. Combattez cet instinct sauvage, empêchez-le de dégénérer en cruauté. Si vous voulez qu'il soit vraiment chrétien, ne lui parlez pas des supplices de l'enfer; si vous voulez qu'il soit homme, faites éclore en lui l'amour du semblable. Pour cela il ne faut pas lui dire que l'homme ne vaut rien, qu'il n'est point perfectible et qu'il n'est corrigible qu'à force de rigueur, que tout l'avenir est le néant absolu ou le châtiment éternel. Il ne faut le *bronzer* ni par la peur qui fait naître l'égoïsme, ni par l'indifférence qui le consacre. Apprenez-lui le plus tard possible ce que c'est que le meurtre; et si, comme il est arrivé récemment au milieu du désastre de populations entières, il n'a pu être soustrait à des spectacles effrayants, à des séparations déchirantes, profitez du premier moment d'acalmie pour l'en distraire et les lui faire oublier. Il est un âge où il faut que l'âme oublie ou périsse. La nature y a pourvu, l'enfant oublie facilement; aidez-le. Ne reprenez pas devant lui le récit des catastrophes qu'il a vues, et s'il a pu ne pas les voir, ne les racontez pas du tout.

On me dit souvent que je mets trop leur âme dans

du coton. La nature ne nous l'enseigne-t-elle pas, elle qui a départi aux mères l'instinct de conserver les êtres les plus fragiles au prix des plus minutieuses précautions ? L'oisillon n'est-il pas élevé dans le plus fin duvet, jusqu'à ce que ses ailes soient poussées ? Les ailes de l'âme se montreront bien quand l'heure sera venue, et vous aurez bien d'autres précautions à prendre pour diriger les premiers essors.

Par exemple l'enfant sentira, dès qu'il saura lire et écrire, le besoin de savoir les choses du dehors, la terre et ce qui s'y passe. Je commencerai par la géologie, l'histoire du sol, l'apparition de la vie, ses remaniements successifs, ses effondrements avec ceux du globe, ses reprises de possession, ses successions mystérieuses et ses enchaînements multiples. Nous aurons ainsi l'histoire de la terre et la géographie en sera le couronnement.

Avec l'étude de la langue et d'un art ou d'un métier quelconque, ce sera bien de quoi nous occuper durant deux ou trois ans et gagner l'âge où la moralité établie permettra d'apprendre l'histoire du genre humain, les crimes, les folies, les infortunes dont elle est tissue, enfin de pouvoir porter un jugement à la fois ému et ferme sur cette terrible question du mal et du bien.

Jusque-là, faites comprendre et aimer le bien par une perpétuelle insufflation du bon exemple et des douces habitudes de l'affection mutuelle. Si vous ne pouvez entourer l'enfant d'union domestique, d'honnêteté et de bonté, ce ne sera peut-être pas toujours votre faute ; mais alors ne vous étonnez pas de voir son caractère s'aigrir et sa lumière intérieure trembloter dans son esprit terni et troublé. Mûri avant l'âge, le fruit que vous cultivez gardera des piqûres qui seront plus tard des maladies, tout au moins des cicatrices.

On me dit encore : ce que vous souhaitez pour l'enfant, c'est un idéal impossible. Mêlé à la vie des adultes, il faut qu'il en subisse les atteintes et qu'il s'habitue à les subir bonnes ou mauvaises. Ne le sais-je pas de reste ? Tout ce que je demande, c'est que vous ayez un idéal d'éducation, que vous vous y conformiez le plus possible, et que, mettant à profit ce premier âge si vite écoulé où l'enfant est encore à vous plus qu'au monde extérieur, vous vous occupiez de développer son âme sans briser son corps. Bientôt il faudra lui forger une armure pour traverser la bataille de la vie. A quoi servirait-elle si le combattant atrophié n'avait pas la force de la porter ?

Mais le maître d'école s'émancipe et parle trop philosophie. Revenons à l'étude des choses élémentaires. Là seulement il peut avoir une petite compétence, parce qu'obéissant à un idéal, il a tenu pour très-nécessaires l'observation et l'expérience. Il croit donc contrairement à un préjugé assez répandu, qu'il faut apprendre à écrire presque en même temps qu'à lire.

L'écriture est le complément nécessaire pour les notions d'orthographe que l'élève doit prendre en lisant. La méthode Laffore lui apprend avec raison que beaucoup de lettres placées à la fin des mots ne se prononcent pas. Il ne faut pourtant pas qu'il s'habitue à croire qu'elles n'existent pas et qu'on peut se passer d'en tenir compte. Faites-le écrire vite, c'est un nouvel alphabet à apprendre, mais l'élève est déjà rompu à la notion et à l'observation des formes. Ne l'assommez pas de bâtons et de jambages, au delà d'un jour ou deux. Il n'est pas question de lui donner d'emblée une belle écriture ; sa petite main s'il est enfant, sa main alourdie s'il est adulte, son système nerveux non assujetti comme le nôtre à la possession de soi-même ne lui permettront pas de longtemps de vous donner une calligraphie brillante. Mettez-lui un crayon dans les mains et laissez-le un peu s'exercer lui-même à tracer des lignes de caractères fantastiques en imitation d'une page écrite. Demandez seulement que les prétendus mots soient alignés et que les signes de fantaisie s'enchaînent les uns aux autres. Quand sa main sera un peu déliée, avisez à ce qu'il soit assis à son aise, ni trop haut, ni trop bas, tout est là ; ne laissez pas prendre de mauvaises habitudes dans la pose du corps. Il faut que le papier soit placé très-droit devant lui, que le coude droit ne se serre pas contre le corps et ne s'appuie pas sur la table. Étudiez sa conformation et ne laissez commencer que quand vous serez sûr de ne pas la contrarier trop brusquement si elle est défectueuse et de ne pas la fausser si elle est régulière. Ne faites ni écrire ni lire tous les jours à la même place. Que tantôt il reçoive la lumière à droite, tantôt à gauche, par derrière, ou en face. Vous savez déjà que, pour son sommeil, il faut agir ainsi, afin que la vue et le cerveau et tout le corps ne tendent pas à se développer d'un côté plutôt que de l'autre, cas très-fréquent durant la croissance.

Quand toutes vos précautions sont bien prises, *minutieusement*, donnez plusieurs exemples imprimés de diverses écritures et laissez choisir la forme de lettres qui paraît la plus facile. Supprimez l'effort et n'exigez pas que l'élève s'astreigne à coucher son écriture de droite à gauche. Puisque nous écrivons nos lignes de gauche à droite, il serait plus naturel et plus facile de pencher les lettres de gauche à droite, et l'expérience apprend que c'est le procédé le plus rapide et le moins fatigant, puisqu'au lieu de serrer le bras droit au flanc, il l'en détache et ne force pas l'épaule à se baisser, ce qui devient à la longue une fatigue musculaire cruelle.

Je suis persuadé que dans beaucoup de cas, le foie comprimé par ce coude qui veut coucher les lettres reçoit des atteintes dont on ignore la cause. Pour éviter la torsion du buste, beaucoup de personnes qui ont l'écriture très-couchée de droite à gauche placent leur papier incliné dans le même sens et s'habituent à voir les caractères qu'elles tracent en biais, dans une sorte de jour frisant, très-mauvais pour la vue.

Faites écrire *droit*. Corps droit devant le papier placé droit. Écriture droite, verticale et arrondie. C'est la meilleure, la plus lisible, la plus courante, celle qui ne fatigue pas. C'est l'ancienne écriture française que l'anglomanie nous a gâtée avec ses formes élégantes, souvent anguleuses et sèches, dont il est presque impossible de nous corriger quand on nous l'a enseignée de bonne heure.

N'imposez pas une écriture de convention absolue à votre élève. Les signes calligraphiques admettent beaucoup de variété dans le détail des formes accessoires. Demandez-lui de trouver le moyen d'enchaîner ses lettres et d'écrire tous ses mots sans en interrompre le trait. S'il y parvient sans effort et sans qu'aucune lettre soit déformée, s'il est parfaitement lisible et nullement fatigué, il sait écrire mieux que la plupart des adultes.

Tenez-le longtemps au crayon qui coule plus facilement que la plume, et dès qu'il est fixé sur la formation simple et facile de toutes les lettres, faites-lui lire une phrase courte, fermez le livre après qu'il l'a regardée attentivement et dites-lui de l'écrire. Il s'habituera ainsi à l'orthographe qu'on ne sait pas au sortir du collège et qu'il serait bien bon de savoir un peu avant. La méthode Lafforienne donne une grande facilité pour la formation des mots. Les syllabes sont toutes divisées dans l'esprit de l'élève, les voyelles et consonnes groupées dans sa mémoire ainsi que les sons composés ; il ne lui reste plus qu'à savoir la combinaison à choisir. Là, il faut que l'habitude supplée dans bien des cas au raisonnement. Une longue suite de dictées ou de copies faites de mémoire peuvent seules la lui donner : ce travail *ferre* l'élève sur l'analyse grammaticale qu'il sent de plus en plus nécessaire.

J'ai dit. Vous ne m'écouterez point, gens de bonne intention, esclaves de l'habitude ; et vous, encore moins, qui ne vous souciez pas de bien ou mal diriger l'enfance ; mais si j'ai persuadé une douzaine de bonnes et sages mères de famille, je n'aurai pas perdu mon temps et ma peine.

De la patience et de la douceur surtout, mes braves cœurs ! *Obtenez sans faire pleurer*, vous aurez fait quelque chose de plus difficile et de plus grand que tous les romans de votre serviteur et ami, — George Sand.

XIV

A CHARLES EDMOND.

Sainte-Beuve a dit quelque part, qu'après avoir lu et goûté les vers enfiévrés de la poésie moderne, il aimait à relire « le plus cristallin des sonnets de Pétrarque. » Il y a quelque trente ans qu'il écrivait cela. Aujourd'hui les poëtes ont fait une nouvelle évolution. Ils ne sont plus ni classiques ni romantiques proprement dits. Ils sont peintres. Initiés au secret des ateliers, ils ont appris à voir la nature dans son détail, et quand ils la décrivent, c'est avec une richesse d'épithètes qui est toute une gamme des nuances les plus fines et les plus fraîches. Cette école nouvelle est un progrès comme toute notion approfondie en est un, mais elle a un défaut, l'obscurité. A force d'effets de lumière également distribués partout, elle exagère la mise en relief du détail et l'effet principal est atténué par le papillotage. Certaines strophes sont tellement tourmentées et travaillées en vue de la crainte d'être vulgaires, qu'il faut les relire trois fois avant de les bien comprendre, et j'avoue qu'il en est quelques-unes que j'ai renoncé à interpréter dans leur sens véritable. La poésie classique était trop musicale. Elle sacrifiait l'énergie de la pensée au rhythme et à la sonorité. C'était son mérite et son défaut, comme le *pittoresque* est aujourd'hui le défaut et le mérite des jeunes poëtes. Ceux d'autrefois s'intitulaient les *enfants de la lyre*, ceux d'à présent pourraient être appelés les fils de la brosse ou de la palette.

Un progrès certain, c'est qu'ils ont renoncé à imiter Victor Hugo et qu'ils cherchent autre chose. Ils ne trouveront peut-être pas mieux, mais ils arriveront à être eux-mêmes, à ne pas se croire maîtres en raison d'un procédé communiqué, mais à le devenir par l'emploi de celui qui leur est propre.

Victor Hugo est inimitable ; à présent surtout qu'il est devenu, si l'on peut ainsi dire, le type classique du romantisme. *L'Année terrible* est peut-être son chef-d'œuvre. Ce livre n'est pas jugé encore et ne saurait l'être dans l'état de surexcitation où nous sommes. Il est d'une actualité effrayante, d'une vitalité surhumaine. Le public y cherche des émotions politiques, car c'est à chaque page un appel à l'action immédiate. Ce n'est point là pourtant ce que la critique devrait y chercher. Son jugement devrait être tout littéraire, car le point de vue du poëte, c'est son être, c'est sa vie, et nul n'a le droit de lui dire : Pourquoi existez-vous ?

La vie de ce grand poëte est une antithèse. Il a des yeux d'aigle, il voit à droite et à gauche, en haut et en bas, pas toujours devant lui, parce qu'il plane et décrit de grands cercles sans s'inquiéter d'une route à suivre. Il n'y a point de route marquée pour qui vit dans l'espace illimité avec des ailes infatigables. Irons-nous le quereller parce qu'il connaît mal tels ou tels hommes et n'aperçoit pas bien telles ou telles choses ? Ce serait une querelle oiseuse et de grave inconvénient pour nous-mêmes, car, en repoussant ce qui nous semble erroné dans quelques-unes de ses appréciations, nous oublierions trop vite ce qu'il y a d'éternellement vrai, d'éternellement fort dans l'ensemble de son coup d'œil.

Le poëte, et le poëte placé à cette hauteur surtout, ne subit pas comme nous, l'obligation de discerner entre deux écueils le chemin à suivre pour ne pas se briser. Il aura beau heurter des obstacles imprévus, il se relève toujours comme Antée au choc de la terre. Le tort est de vouloir faire de lui un homme *politique*. Lui-même voudrait en vain condescendre jusque-là, supporter la discussion, braver la raillerie, repousser froidement l'injustice ; il ne le peut pas, il est trop passionné. Il lui faut la foudre pour se venger de l'affront personnel, rien que la foudre. Il ne peut pas se contenir, se justifier, s'expliquer. Quand il essaie d'être dogmatique, il n'est plus lui-même. Il ne sait manier que l'excessif et c'est son privilége, c'est son droit, puisque là est sa force, puisque sa grandeur est d'outre-passer le but quel qu'il soit, puisqu'avec de la sagesse comme on l'entend dans la pratique des choses transitoires, nous n'aurions plus de Victor Hugo. Ce serait la France découronnée, ne l'est-elle pas assez? Il lui reste un poëte sublime, une âme sans frein, un homme qui voit au delà de l'horizon et qui, sans égard pour les empêchements visibles aux autres, proclame la loi des siècles à venir; et nous lui dirions de se taire? Ceci peut être le fait d'une assemblée terrifiée par le tumulte effroyable des événements; ce ne peut être celui de la conscience rassérénée.

Nos fils liront *l'Année terrible*. Après l'avoir lue dans l'histoire, ils ne la comprendront peut-être pas! Dans l'œuvre du poëte, ils verront tout, ils toucheront du doigt les effets et les causes dépouillées de leurs correctifs nécessaires, lesquels ne leur seront plus nécessaires du tout, puisqu'ils auront franchi tout ce qui nous retient ou nous arrête. Dans ces grands traits de la tourmente, que la grande poésie peut seule aborder sans réserve, ils verront les causes palpitantes des effets funestes. Ils croiront entendre le cri de désespoir de la France expirante, et c'est peut-être de ce cri retentissant que datera son réveil à la vie.

Ce qui fait la puissance magique de cette voix de poëte, ce n'est pas le talent seul. La forme n'est peut-être pas toujours irréprochable, il y a encore des redites, des endroits tourmentés reliant sans adresse ou sans scrupule des flots d'inspiration. Il y a aussi dans cette forme un peu de l'ancienne monotonie, qui ne pouvant jamais tourner au vide, tourne quelquefois au lugubre, comme une basse-taille rivée au *De Profundis* des cathédrales. Quelque désolé que soit le sujet, on voudrait y sentir toujours la vie, même dans la mort, puisque le souffle du poëte est la vie elle-même, toujours triomphante du néant. Mais ce sont là des détails sur lesquels on ne peut s'arrêter, tant on est vite repris et enlevé au plus haut de l'espace. D'autres, moins forts, seraient peut-être plus habiles, car on fait aujourd'hui le vers avec une dextérité merveilleuse; mais cette vraie puissance de l'émotion qui s'augmente en se prolongeant, comme un long rugissement de foudre, entrecoupé et jamais épuisé par des éclatements répétés ; de même, dans d'autres sujets, cette progression de sérénité non moins étonnante, semblable à des levers de soleil avec des intensités de lumière à tout éblouir : c'est là le don extraordinaire, la personnalité sans rivale. Et cette force n'exclut ni la tendresse ni la grâce. Le lion a des coquetteries d'oiseau et des caresses de mère pour l'enfance, des effusions de cœur qui appellent les larmes. Les vers à *Petite Jeanne* et à *l'Enfant malade* resteront comme des perles pures dans cet écrin magique qui renferme, comme ceux des légendes orientales, des rayons, des nuages et des tempêtes.

J'ai lu dernièrement d'autres poëtes. N'ayant pas le droit de faire ici un *Salon* littéraire (ce n'est d'ailleurs point ma partie) il en est un pourtant que je veux nommer après Hugo, parce que... C'était un soir, entre amis de premier choix. Paul de Saint-Victor venait de réciter d'une voix admirable et avec un accent irrésistible le *Vieux Capitaine*. On pria Bouilhet de réciter la *Colombe*, qui ouvre son livre de poésies posthumes. — Après Victor Hugo! dit-il en souriant : oh! jamais. Cette modestie lui donna à mon sens, le droit d'être plus apprécié par nous qu'il ne l'était par lui-même. Il ne s'agit pas d'ailleurs de placer quelqu'un premier, second ou troisième après le maître, puisque sans conteste, il sera toujours en tête de l'illustre cortége. Je le place, moi, comme le hasard l'a fait arriver dans mes mains, ce volume d'outre-tombe, édité par les soins de son fidèle ami Gustave Flaubert. Bouilhet appartient, je crois, à l'école pittoresque très-savante et un peu recherchée dont je parlais en commençant ; mais il a le mérite d'une vive clarté qui ne fait aucun tort à la distinction de la forme et à l'élévation de la pensée. Il a la grâce, la passion, la fantaisie. Il a beaucoup travaillé l'instrument. Dans ses dernières années, il en était devenu maître, et on ne sent plus l'effort. Il a l'air d'improviser, ce qui est, je crois, le grand mot du talent. Dans une représentation donnée en son honneur à l'Odéon au lendemain de sa mort, tout le Paris littéraire a entendu un choix de pièces exquises, dont les plus grands artistes voulurent être les interprètes. On se souvient de madame Plessy récitant la *Berceuse philosophique :*

> Monsieur l'enfant qu'on attendait,
> Soyez le bienvenu sur terre !...

C'est un chef-d'œuvre, et il y en a plus d'un dans ce volume tristement intitulé *Dernières chansons*. Un de ceux que je préfère est intitulé *Sombre églogue*.

LE VOYAGEUR

> L'ombre sans lune a couvert la campagne,
> Où t'en vas-tu, pâtre silencieux ?

LE PATRE

> O voyageur, le souci m'accompagne,
> Et quand tout dort, je marche sous les cieux.

LE VOYAGEUR

Sans voix qui bêle et sans grelot qui sonne,
Ton noir troupeau s'allonge dans la nuit ?

LE PATRE

O voyageur, ne le dis à personne,
Il est muet le troupeau qui me suit !
. . . .
. . . .

LE VOYAGEUR

Mais ce troupeau... qu'ai-je vu ? je frissonne,
Spectres hideux à la tombe échappés !...

LE PATRE

O voyageur, ne le dis à personne,
C'est le troupeau de mes désirs trompés.

LE VOYAGEUR

Ciel ! comme on voit, là-bas, grandir la foule !
Leur nombre échappe à mes regards perclus !

LE PATRE

Ne compte pas ; chaque instant qui s'écoule,
Derrière moi laisse un monstre de plus.

LE VOYAGEUR

Quel Dieu t'enchaîne à ce troupeau farouche ?
Viens, ô berger, dans nos vallons fleuris ;
Un rossignol chante au bord de ma couche,
Mon toit de paille est tout brodé d'iris.

LE PATRE

O voyageur, dans les vallons fidèles,
Je ne veux pas montrer ce front pâli,
Nous allons paître au champ des asphodèles,
Nous allons boire aux fleuves de l'oubli !

———

J'ai eu une autre bonne fortune. J'ai eu le temps de lire Eschyle traduit par M. Leconte de Lisle. Celui-ci est grand poëte aussi, et d'une si forte originalité qu'il est devenu chef d'école. On lui doit une vraie reconnaissance, — il faudrait que ce fût une reconnaissance *nationale*, — pour avoir su, au milieu des événements tragiques de ces derniers temps, poursuivre son austère labeur et nous donner la vraie notion du père de la tragédie. M. Leconte de Lisle nous a déjà donné Homère. Lui seul pouvait, je crois, rendre fidèlement la simplicité grandiose de ces formes antiques sans en déranger la beauté. Travail patient, ingrat en apparence du laveur d'or au profit des autres ! Mais qui se connaîtrait mieux en or pur que celui qui porte en lui une mine féconde ?

Vous m'avez lu sur Eschyle un travail qui, soit dit sans vous offenser, est une merveilleuse appréciation. Je vous associe donc à la gloire du grand ouvrier qui nous livre cette pépite.

Les esprits littéraires ont aujourd'hui une mission bien nettement tracée. Il leur faut tenir bien haut le seul de nos drapeaux qu'on n'ait pu nous enlever, la supériorité intellectuelle de la France. Tant que nous aurons les premiers poètes, les meilleurs peintres, les plus grands musiciens, nous pourrons protester contre cette déchéance dont on nous menace. C'est dans les forces vives du génie et du talent, dans cette éternelle vitalité de notre race latine que nous pouvons, dès aujourd'hui, puiser notre revanche. On nous accorde la spécialité du *goût*, que nos lourds appréciateurs essayent de regarder comme une chose futile, mais qui est en réalité la source vive des *sélections* fécondes dans l'ordre moral. Sans poésie dans la littérature, la peinture et la musique, dans la sculpture et l'architecture, dans l'industrie même qui touche aux arts de si près, il n'y a pas d'avenir pour les peuples. Ceux qui essayeraient de s'en passer verraient vite gauchir et s'épuiser leur force matérielle. La poésie, c'est l'ardeur du sentiment, chose innée, tour à tour épanchée et contenue, fleuve et ruisseau, dans le lit du talent, chose acquise. Le goût est l'écluse savante qui distribue les eaux salutaires, la fertilité, la vie. Sans le goût, nous n'aurions qu'inondations, gâchis ou désastres. Soyez fiers d'avoir le goût, c'est le grand inventeur, l'équilibre divin que rien n'enchaîne et ne détruit.

Quelle campagne militaire savamment conduite peut se comparer à la campagne artistique que viennent de faire nos peintres à la dernière Exposition? Qui s'attendait à voir un progrès général si marqué et une si notable quantité de travaux excellents et charmants, sortir d'une tempête qui semblait avoir tout emporté? Messieurs les Allemands qui êtes si militaires, messieurs les Russes qui êtes si forts, messieurs les Américains qui êtes si riches, où sont vos tableaux et vos peintres? C'est en payant que les uns ont des musées, c'est en pillant que les autres vont s'en faire. Mais qui de vous sera l'infatigable producteur, l'inventeur inépuisable? On croit nous ruiner avec du canon, nous tarir avec de l'argent, et, comme par enchantement, nous couvrons le marché d'une moisson nouvelle, éclose et mûrie sous la mitraille.

J'étais à Paris, ces jours passés, dans le salon simple et nu d'une grande artiste. Rien ou presque rien dans le local sonore, un piano et des chaises. A côté, dans une petite galerie, un orgue à la voix sublime, touché par un maître moderne, et quelques tableaux de maîtres anciens; le buste en marbre de la grande artiste, un beau buste en vérité. Sur les marches, deux grands vases d'épis verts, de coquelicots, de bleuets et de stellaires blanches. Le goût des fleurs des champs est arrivé à Paris, c'est un progrès ; notre flore rustique est si charmante et si riche! On l'apprécie enfin! Bientôt on la connaîtra toute. C'est le luxe démocratique par excellence, un symbole de l'égalité future, le jardin portatif du riche et du pauvre, fureur d'innocente pillerie qui fait grand bien aux jeunes blés et dont les propriétaires ne doivent pas se plaindre.

Au commencement de la soirée, le plus jeune de la famille, un aimable garçon de quatorze ans, accompagné au piano par son illustre mère, avait joué du violon avec cette largeur et cette franchise d'exécution, ce sentiment droit et solide qui signalent la belle et bonne conscience fleurie à l'école du vrai. Ensuite deux belles jeunes filles, adorables de naturel et de simplicité, nous avaient charmés avec leurs voix cristallines, si semblables et mariées avec un art si charmant, qu'on avait peine à les distinguer l'une de l'autre. Leur mère, qui est grande pianiste comme par-dessus le marché, les accompagnait aussi. Enfin elle chanta seule. Il y avait vingt ans que je ne l'avais entendue. Elle est arrivée à l'apogée de la grande manière, à cette entente du grand art qui rend l'interprète digne du créateur. Elle nous dit Gluck et fut sublime. Un frisson passa dans l'auditoire qui n'était composé que d'artistes passionnés, et je sentis quelque chose comme le passage d'un dieu de la Grèce à travers nos ruines fumantes. J'avais, en écoutant, oublié tout, et la sinistre impression de la France vaincue, et sa population décimée, et sa capitale avilie; et les discordes du présent et les intrigues des ennemis de l'avenir. Quand je rentrai chez moi, je me rappelai tout, et je me demandai comment ces choses horribles avaient pu me devenir aussi étrangères pendant quelques heures, que si elles ne se fussent jamais produites. Le soleil de Gluck et de Pauline Viardot avait dissipé le rêve affreux. Quelle est cette puissance du beau qui nous sort d'un océan d'idées noires, pour nous jeter, comme le ferait une vague bénie, sur une terre promise? Ah! qu'elle prenne son essor, cette puissance, la seule éternelle et légitime! Qu'elle nous arrache au spectacle des choses navrantes et fasse refleurir en nous l'enthousiasme, ce grand élan de l'âme vers toutes les grandes choses.

Nohant, 12 juillet 1872.

XV

LA RÉVOLUTION POUR L'IDÉAL.

Doublerons-nous le cap des tempêtes? Tâchons de le bien vouloir. Je regarderais comme un des moyens de succès, la plus entière sincérité, la plus impartiale critique de tous les faits qui se produisent dans tous les sens.

Mais je n'ai pas mission de faire une si grosse besogne, je vois les hommes et les choses de trop loin, m'étant confiné dans la vie de famille, de travail et d'intimité, où le devoir et les besoins de mon caractère m'appelaient. Cela n'empêche pourtant pas de réfléchir quelquefois et d'avoir une opinion sur l'ensemble des événements.

Si j'avais à les juger, je ne voudrais pas, maintenant, partir d'une opinion et prêcher mon opinion comme un dogme. Le moment est venu où il faut admettre la liberté de la conscience au point de ne plus regarder comme ennemi l'homme qui pense autrement que nous, sinon nous nous battrons encore les uns contre les autres et nous périrons.

Acculés à cette nécessité de nous entendre à tout prix, notre situation, celle des gens qui aiment leur patrie, n'est pas si mauvaise qu'elle eût pu l'être après de si grands malheurs. Elle est même relativement très-bonne, et si nous la gâtons, nous ne serons pas seulement insensés, nous serons criminels; criminels envers notre pays, criminels envers l'avenir, criminels envers nos enfants.

Est-il impossible de le démontrer à tous les partis, même aux partis extrêmes?

Je commencerais par ceux-ci, puisqu'ils sont les plus aveugles en face du danger.

Je ne dirais pourtant rien au parti dit de la Commune, parce que je ne vois rien de formulé dans ses actes et dans ses paroles. Tout ce qui s'est manifesté dans le pêle-mêle de ses aspirations a été l'image du chaos: et, comme le chaos était aussi dans les aspirations contraires, on a voulu faire de Paris un repaire de partisans en guerre avec la France. La vérité, c'est que Paris a été un moment trompé sur l'étendue des désastres de la France, qu'il ne les a pas connus, qu'il a cru à une trahison, rejetée aussitôt et très-injustement sur les hommes qu'il avait placés et maintenus au pouvoir pendant le siége. Tout aussitôt en voyant l'attitude de l'Assemblée de Bordeaux, Paris s'est trompé encore en croyant que la majorité avait le pouvoir de rétablir la monarchie et que M. Thiers faisait cause commune avec elle. Paris a donc laissé faire la Commune, croyant que c'était une énergie au service de la république. Paris était républicain, et il était désespéré : ce n'est pas là être d'un parti, c'est être homme et patriote.

Paris s'est trompé une troisième fois en croyant qu'il serait sauvé de la monarchie par un parti essentiellement populaire. Ce parti n'a pas existé puisqu'il n'y a pas eu le moindre accord, le moindre ensemble, la moindre doctrine dans l'étrange gouvernement qu'il s'était donné. On y voit toutes sortes d'essais, de fantaisies, de prétentions à la science sociale, mais, au fond, il n'y a que des passions, des rêveries, ou des appétits. L'ambition, l'ignorance et la vanité dominent le tout, chacun tire de son côté, les mauvais ne se souciant que d'eux-mêmes, les bons n'ayant aucune capacité pour organiser le désordre, les nuls s'enivrant niaisement de leur importance d'un jour. Il n'y a pas de parti là où il n'y a pas de principe commun, et vouloir prendre de vive force ce que l'on n'a pas, avant d'avoir établi son droit à le posséder, n'est une doctrine dans aucun pays du monde. La Commune rentre donc dans le domaine des faits matériels et ne se discute pas; ce qui ne veut pas dire que le peuple n'ait pas droit à la discussion de ses intérêts. Ceci est tout autre chose et j'y reviendrai forcément.

Mettant donc la Commune en dehors de l'examen que je voudrais poursuivre, je m'adresserais au radicalisme et je lui demanderais s'il est assez en possession de la science sociale et de la science politique pour accepter encore la gouverne immédiate, exclusive des affaires. Il vient de faire ses preuves et l'essai a été désastreux. Il n'a pu sauver la France envahie, il n'a pu contenir les passions populaires. Il a été débordé, trahi, impuissant. Il a donné sa démission, sauf à la retirer en temps et lieu. Ce parti, — car c'en est un sérieux, il a sa formule, il ne manque pas plus d'hommes capables que les autres partis, — est fort en ce qu'il est fraction d'un parti considérable qui veut la république ou plus rouge ou plus blanche, mais qui la veut certainement et qui l'aura. Placez autour de ces aspirations formulées l'immense aspiration à la liberté qui ne sent pas le besoin de se formuler, mais qui peut se personnifier sous la forme d'un libéralisme militant, vous aurez une nation qui veut s'appartenir à elle-même et ne plus dépendre d'aucun parti exclusif.

Voilà pourquoi cette tendance, énorme quant au

nombre, et qui est à l'occasion l'appui du radicalisme, lui résiste toujours à un moment donné, ou l'abandonne sans rien dire, par crainte d'une tyrannie nouvelle. C'est au radicalisme qui a déjà reçu tant et de si dures leçons, à ne plus en mériter de nouvelles. Pour cela, il faudrait qu'il tînt compte du temps et des résistances morales. Il faudrait qu'il mît de côté le rêve révolutionnaire qui consiste à recommencer, hors de raison, un passé glorieux sauf à en accepter le côté odieux. Il faudrait que, sans répudier les grandes énergies et les grands bienfaits de ce parti, il eût le courage de rompre avec certaines traditions qui révoltent la conscience du présent. Il faudrait enfin qu'il acceptât les formes de la vie moderne, et qu'il s'appliquât à n'être pas l'antithèse du parti clérical dont il a trop reproduit l'intolérance et les passions.

Il semble que les radicaux aient senti ces nécessités, quand voyant la partie perdue pour leurs personnalités, ils se sont groupés autour de M. Thiers, expression du libéralisme dominant. Leur évolution a dû être odieuse aux blanquistes comme aux autres nuances d'un socialisme plus foncé : ils n'en ont pas moins agi très-sagement, et j'aime à croire que, pour la plupart d'entre eux, il y a eu plus de patriotisme que de tactique dans cette évolution.

Ce parti et ceux qui y confinent doivent donc re-

connaître que la situation est loin d'être désespérée.
Le radicalisme aura un triomphe certain aux élections
qui suivront le décès de l'Assemblée actuelle. Le libéralisme veut des antagonistes de la monarchie et de
l'Église : comme toujours, il ne demandera aux candi-
dats du moment que la passion du moment. Si les
radicaux ne s'enivrent pas trop de leur victoire, s'ils
se rendent aussi bien compte de ce *que ne veulent
pas* leurs électeurs que de ce qu'ils veulent réellement,
ils pourront grandement servir leur pays : sinon ils
le livreront aux déchirements dont nous saignons encore.

En face du radicalisme, à l'autre extrémité du front
de bataille, se dresse, menaçant et dévoré de l'ambition
des choses terrestres, le cléricalisme. Lui aussi a des
ramifications dans tout l'univers, une doctrine formulée, des orateurs passionnés, des prétentions au pouvoir, et la sympathie de nombreux adhérents. Mais lui
aussi s'appuie sur une sorte de libéralisme religieux
qui ne le suit pas dans le radicalisme catholique de
ses entreprises. Lui aussi a dû sa prépondérance à un
besoin du moment, celui de la paix à tout prix. En
demandant la paix à tout prix, tout le monde n'a pas
été lâche. La majorité du moment a senti l'impuissance
du radicalisme et vu le désastre inévitable. On a voulu
opposer au radicalisme qui prétendait aller jusque-là,

le cléricalisme qui voulait ou semblait vouloir une transaction. Le dégoût du présent et la peur du pire ont voté dans ce sens-là, comme dans un an peut-être, ils voteront dans un sens contraire. L'influence cléricale est donc fictive, ou tout au moins très-précaire, et sa soif de domination ne sera point assouvie, eût-elle dans l'Assemblée les triomphes qu'elle ambitionne. Si elle continue à vouloir ramener les choses du passé, elle croulera avec fracas, tandis qu'avec un sentiment plus éclairé des besoins de la vie moderne, elle durerait ce qu'elle doit durer, elle bénéficierait des idées de tolérance et de liberté qui sont dans l'esprit des aspirations générales.

En somme, beaucoup de libéraux et même certains radicaux sont catholiques. Le catholicisme est une croyance individuelle, ce n'est point un parti. C'est outrager une religion, c'est l'abjurer et la détruire que d'en faire un moyen politique. Beaucoup de catholiques le sentent et, dès à présent, c'est le grand nombre. J'en sais en quantité, qui tiennent au culte et qui ne veulent point être appelés cléricaux, parce que ce drapeau politique blesse leurs opinions politiques.

Le paysan dont l'apport au scrutin est si considérable, est dans ce cas. Il veut sa messe et ses fêtes. Il ne veut pas du rétablissement des Bourbons.

Ce n'est donc pas la religion qui sera vraiment en cause aux prochaines luttes électorales, et je serais d'avis que les dissidents ne s'occupassent d'elle en aucune façon. Il ne s'agira que de repousser l'effort d'un parti pour qui le principe d'autorité poussé à l'extrême est une doctrine de législation. Je crois que ce ne sera pas difficile, puisqu'en somme les partis centre droit et centre gauche sont destinés à s'entendre sur un terrain neutre où le libéralisme les poussera irrésistiblement.

Alors l'élément modéré qui, en dépit de nos terribles agitations, est le seul élément vital et durable de la France actuelle, se trouvera forcément en présence de la question sociale, pourra la connaître et travailler sérieusement et utilement à la résoudre. Tout ce qui se décrète en ce moment-ci est visiblement transitoire, c'est la houle au lendemain de la tempête, et si les esprits ardents savent se défendre des précipitations funestes, des manies personnelles et des ambitions aveugles, la France commencera, avant qu'ils soit dix ans, et sans coup férir, une immense et magnifique révolution : le voudra-t-elle?

Cette révolution ne sera pas ce que l'Internationale appellerait le triomphe de la démocratie. Non, le pauvre ne dépouillera pas violemment le riche, l'ignorant ne portera pas la responsabilité du pouvoir, une classe illettrée ne s'imposera pas à une nation civilisée comme arbitre de ses destinées. Là est le rêve insensé et stupide. On ne recommence pas un coup de main qu'ont secondé des circonstances exceptionnelles ; et quand on le recommencerait, ce serait encore un orage destiné à durer plus ou moins de jours. Une seule éventualité pourrait le faire durer plus ou moins d'années, ce serait que le parti clérical arrivât au pouvoir et y prît ses aises. Oh ! alors une réaction épouvantable se produirait d'un bout de la France à l'autre, pour reconquérir la liberté, et comme le vote est essentiellement instinctif pour le grand nombre, tout semblerait bon, même la terreur pour rétablir cette antithèse, la sécurité.

Le parti clérical a-t-il une telle soif du martyre qu'il veuille précipiter la France avec lui dans l'abîme ?

Espérons que non, et cherchons à quel genre de triomphe peut arriver la démocratie quand son heure sera venue.

L'idéal humain, comme l'idéal social, c'est de conquérir l'égalité ; mais auparavant, il faut la connaître, savoir en quoi elle consiste, quels sont les droits qu'elle consacre et les devoirs qu'elle impose. *Fraternité ou la mort* était une belle devise tant qu'on l'entendit dans son vrai sens : *combattre pour devenir hommes ou mourir !* mais quand elle fut interprétée ainsi :

Soyez nos frères, ou mourez de nos mains, elle devint burlesque et monstrueuse. C'est ainsi malheureusement qu'elle se présente encore à l'esprit de certaines écoles démocratiques, et, pour qu'elle soit effacée comme un attentat à la conscience humaine, il faut que le peuple entier arrive à la connaissance du bien et du mal.

Il n'en est pas si loin qu'on le croirait d'après les dernières crises. Sans aucun doute, un très-petit nombre de furieux est seul responsable des excès et des crimes commis, et quant aux nombreux combattants pour l'idée démocratique, il y a eu fausse notion du droit, mais nullement négation de la loi des consciences. Ces infortunés n'ont pas compris. Le premier point par où il faudra aborder la question d'équilibre social c'est l'instruction gratuite et laïque, c'est-à-dire libérale. On va probablement nous donner le contraire. Résignons-nous à attendre un peu. Le mot d'équilibre social est venu sous ma plume, je m'en servirais volontiers au lieu de question sociale, puisque c'est l'équilibre qui résout la question.

L'équilibre n'est-il pas le secret de l'univers, la loi naturelle ou divine en vertu de laquelle nous existons ? Tous nos attentats à l'équilibre ne sont-ils pas comprimés par le retour forcé à l'équilibre, ou châtiés temporairement par un dérangement temporaire de l'équilibre ?

L'égalité sociale n'est autre chose que la part de chacun à l'équilibre social et, si on cherche une loi dans l'égalité naturelle, on ne la trouve pas ailleurs que dans le contre-poids des forces opposées les unes aux autres. Il y a, dans cet ordre de faits, des forces de faiblesse, de docilité, de séduction ou de suavité qui sont tout aussi réelles que les forces de vigueur, d'empiétement, de violence ou de brutalité. Cet éternel combat que la loi de la vie livre et subit sur la face du monde, l'homme le résume dans sa pensée comme dans son action; là où il ne représente que la force brutale, il est peu supérieur aux animaux; là où il représente la force intellectuelle et morale, il a le droit de se croire le dernier mot de la création actuellement existante, — mais c'est à la condition de suivre constamment le mouvement éternel qui entraîne l'univers vers une destinée toujours plus haute.

L'équilibre social consistera donc à donner à tous les moyens de développer leur valeur personnelle quelle qu'elle soit, pourvu que ce soit une valeur et non une inertie. L'ignorance n'est pas le seul obstacle, il y a aussi la misère, c'est-à-dire le manque ou l'excès du travail, et une société qui ne trouverait pas le moyen d'équilibrer la dépense des forces et l'acquisition légitime des saines jouissances serait une société perdue.

Je ne crois pas que, pour fonder un établissement aussi considérable que celui qui se prépare, les classes riches ou aisées n'aient pas à faire quelque large sacrifice, car il s'agit d'un établissement légal quelconque destiné à rendre possible l'émancipation intellectuelle des classes arriérées d'instruction et d'argent. Il s'agira de rendre les grèves du travail sans objet. Nul ne pourra jamais les interdire sans porter atteinte à la liberté des transactions ; mais quand les transactions ne sont possibles qu'à la condition de grandes luttes collectives, il y a un vice dans l'organisation sociale et industrielle. Ce que je désirais vivement s'est produit. Une large enquête sur les besoins du travail et les ressources de l'industrie a été ouverte. Ses résultats immédiats ne pourront pas être bien satisfaisants, il la faudrait permanente et d'institution fondamentale : car les besoins et les ressources se modifient sans cesse, et quand il faut, au bout de quinze ou vingt ans, revenir à la question d'actualité, on est effrayé et comme découragé de l'examen nouveau à faire ; on le retarde le plus possible pour ne pas surexciter les parties intéressées. Les mal partagés s'irritent, les satisfaits s'obstinent. La grande étude de l'équilibre social devra donc être sans lacune et ne jamais poser que des solutions relatives. Voilà ce que les vrais amis du peuple doivent vouloir et voudront.

Quand ce grand tribunal des intérêts sociaux fonctionnera régulièrement et que ses membres seront élus par les patrons et les ouvriers dans les conditions d'impartialité désirables, quiconque voudra dominer dans un sens ou dans l'autre par l'intrigue ou la violence sera condamnable. Jusqu'ici, la conscience est troublée du spectacle que présentent les décisions humaines, quand on voit l'ignorance désarmée en face de la richesse unie au savoir et à l'autorité. L'ignorance ne connaît pas son droit, elle y renonce ou l'exagère, mais quelque déplorable usage qu'elle en ait fait, il subsiste tout entier, ne l'oublions pas!

Des institutions vraiment fraternelles sauveraient l'avenir du peuple, mais il y a un point de départ nécessaire ; c'est l'établissement dont je parlais, l'établissement des moyens de réalisation. Un moment viendra où tout le monde voudra y contribuer ; mais si vous voulez amener saintement le peuple à l'égalité possible, il ne faudrait pas que cette grande souscription eût le caractère d'une aumône. On n'est jamais l'égal de celui qui vous jette le sou de la pitié, car beaucoup le jettent avec dédain, uniquement pour se débarrasser du spectacle de la détresse. Il faut que l'étude de la science sociale qui n'est pas seulement une capacité économique, mais une philosophie et une religion sans autres miracles que ceux que l'homme peut faire, nous pénètre de nos devoirs ; qu'elle nous fasse comprendre le droit de tous à la liberté, à l'instruction et au bien-être ; qu'elle nous enseigne enfin à être des hommes civilisés, capables de civiliser d'autres hommes. Nous trouvons cinq milliards pour conserver et relever notre nationalité. Un jour viendra où nous pourrons, où nous voudrons faire un effort analogue pour sauver notre conscience et relever notre dignité. Qui sait le chiffre auquel pourrait atteindre une contribution annuelle qui diminuerait et cesserait avec l'ilotisme intellectuel ?

Mais il faudrait que ceci fût voté par une Assemblée républicaine souveraine. La volonté d'un prince ou d'un parti ne l'obtiendrait pas ou en dénaturerait le caractère. L'initiative privée n'a pas encore la vitalité américaine et ne l'aura peut-être jamais chez nous, bien qu'il faille l'espérer et l'encourager. C'est à la fusion sincère des partis qu'il faut demander de préparer ce grand mouvement, cet immense et splendide emprunt sans précédents, qui s'appellera peut-être dans l'histoire : la révolution pour l'idéal.

Nohant, 23 juillet 72.

XVI

L'HOMME ET LA FEMME.

LETTRE A UN AMI.

20 août 1872, Cabourg, Calvados.

Je ne sais pourquoi vous me croyez à Trouville où je n'ai fait que passer et où je n'ai vu personne. Je n'ai pas eu ici le temps de bien lire les écrits qui vous préoccupent ; mais vous voulez que, sans subir ou sans rejeter leur influence, je vous dise le fond de ma pensée sur la question. Cette question soulève dans toutes les conversations que j'entends, des théories excessives et donne lieu à des interprétations outrées auxquelles, dès à présent, on peut certainement répondre.

S'il me fallait pénétrer dans un problème nouveau, je manquerais certainement de lucidité. L'éclat et le bruit de la mer exercent sur moi une sorte d'*hypnotisme* qui ne porte point à la réflexion ; mais la question dont il s'agit ne prend personne au dépourvu. Elle est aussi ancienne que le monde. Il m'est donc bien facile de vous dire ingénument comment, à mon point de vue, la vérité des choses m'apparaît.

Dieu n'a pas créé, la nature n'a pas produit séparément des singes et des guenons, des chèvres et des boucs, des hommes et des femmes. Comme nous disons le papillon pour désigner une famille entomologique, le chanvre ou le houblon pour nous entendre sur des genres botaniques, nous disons l'*homme* pour dénommer le genre humain.

Il n'y a pas de classification logique pour placer la femme dans une sphère particulière. L'homme, depuis que le monde est monde, signifie en histoire, en histoire naturelle et en philosophie : tous les hommes et toutes les femmes qui existent, qui ont existé et qui existeront sur la surface de la terre.

C'est si vrai qu'il est niais d'avoir à le dire, et, pour moi qui aime passionnément et religieusement l'étude et la contemplation des lois naturelles, toute conception d'un classement qui déroge à ces lois me semble arbitraire et factice. Je ne dirai pas que je le rejette, je vais bien plus loin, je l'*ignore*.

C'est que, quand nous entrons dans cette thèse (soutenue ou combattue en ce moment par de très-grands esprits) que l'homme et la femme, le mâle et la femelle sont des êtres essentiellement dissemblables et soumis à des lois opposées, nous entrons, selon moi, dans des idées de convention, dans un monde fabriqué de toutes pièces par la conception humaine ; imagination, étude, révélation ou fantaisie, découverte ou expérimentation, peu m'importe. Science, esprit, expérience ou génie, parlez, cherchez, classez, décrétez, tant qu'il vous plaira. C'est l'esprit humain qui juge, discute, affirme. C'est le beau bruit de la parole humaine avec ses richesses de savoir et d'inspiration : mais qu'est-ce que cela me fait, à moi qui, dans mon petit coin, regarde avec une totale absence de personnalité les pages ineffaçables de ce beau livre que Dieu a placé devant mes yeux? Qu'ai-je à faire de la Genèse recueillie et commentée par un travail tout humain, quand la Genèse vraiment divine et souveraine est là vivante et palpitante autour de moi? quand elle est l'air que je respire, la vie qui remplit ma poitrine, l'ordre et la beauté qui raniment mon cœur prêt à s'éteindre? Encore quelques années et je ne serai plus. Permets, ô grand Tout, que je rentre dans ton sein, sans avoir méconnu et blasphémé les lois qui te régissent !

C'est donc comme naturaliste que j'ignore ce qui est en dehors de la nature. Je n'ai pas besoin de dire et de jurer que, moi personnellement, je ne suis *savant* en rien ; mais nous sommes beaucoup qui savons beaucoup de choses, qui les avons vues, observées, différenciées, qui les possédons par leur côté éternellement vrai, et qui n'ayant pas de valeur spécifiée, n'avons pas le droit de nous dire savants. Nous avons le droit pourtant d'être inébranlables dans notre conviction, puisque les vrais savants nous donnent raison, puisqu'ils nous guident, nous redressent ou nous éclairent.

Quand, grâce à cette tendance à embrasser l'ensemble des choses, on s'est affermi dans la croyance à un principe dominant de vitalité souveraine, on ne peut admettre le rôle d'un souverain de convention : le mâle dominant la femelle, ou la femelle dominant le mâle. Il n'y a qu'un souverain légitime de l'union, *la loi*. Cette loi a fait surgir les mâles et les femelles, les femelles et les mâles, pour concourir par des moyens qui ne sont pas différents, quoiqu'on en dise, à un seul et même but, la reproduction de l'espèce. Unité de but, c'est la loi suprême, appropriation de moyens, c'est la conséquence. Différence de sexes, c'est-à-dire d'organes générateurs ? Non, les sexes n'expriment qu'un emboîtement d'organes nécessaires à la jonction fécondante. La chose est claire et visible dans les plus humbles végétaux, dans les êtres organisés les plus infimes ; il n'y a qu'un être pour ainsi dire dédoublé, tendant au rapprochement qui le complète, et absolument incapable d'effectuer son adaptation avec un être d'un autre ordre.

Il n'y a donc qu'un type dans chaque espèce, un être en deux personnes, dont l'union est nécessaire pour reproduire la vie, une machine en deux parties dont l'engrenage est voulu, inévitable pour produire l'action.

La promiscuité n'est pas une loi universelle, il s'en faut de beaucoup. Elle est nécessaire pour certaines familles animales ou végétales ; elle serait funeste à certaines autres. En raison du milieu des êtres, cette loi varie donc essentiellement, mais elle est absolue pour chaque espèce. Une marguerite est l'habitacle commun à une multitude de petits ménages qui n'empiètent pas sur les droits de leurs voisins. A côté de cette république modèle, certains végétaux de sexes différents sont forcés de confier au vent leurs communications un peu suspectes de frivolité brutale. L'oiseau, être très-perfectionné, vit, à l'état libre, sous la sainte loi de la famille. Le poisson en est absolument dispensé ; dans certaines espèces, le mâle est supprimé par la femelle devenue férocement maternelle après la fécondation. Dans aucune, le mâle ne supprime la femelle. C'est que le but est tout-puissant et que l'instinct est forcé de s'y assujétir.

L'homme n'est pas une espèce tellement différente

des autres qu'il puisse s'affranchir de ce qui est commun à toutes, la souveraineté du but. En histoire naturelle cette souveraineté est réelle et absolue. Quand l'être humain s'y soustrait, usant en cela d'une apparente liberté qui le trompe, il transgresse la loi naturelle, il s'affranchit de l'esclavage instinctif, mais, en même temps, il attente aux conditions normales de son existence, il se détruit ou se transforme dans un sens ou dans l'autre. Il méprise et renie la famille? il vieillit seul ou meurt par la débauche. Il frappe son semblable? son semblable s'arme contre lui. Il détruit l'équilibre de ses rapports avec les autres hommes? il sera précipité le premier. Il déteste et maudit? maudit et détesté il sera. Il abuse d'une chose quelconque? tout abus détruit sa raison ou sa vie. Il se refuse à l'effort commun? l'ennui le consume et le mépris l'atteint. Il a beau lutter contre la nature, elle le saisit, le domine et le châtie.

L'homme s'est fait pourtant, par l'industrie, par *l'amour du mieux*, qui le distingue et le caractérise, un milieu artificiel qui lui rend impossible le retour matériel à la vie naturelle ; tellement impossible qu'il n'en connaît même plus les conditions et ne pourrait plus les reconstituer. C'est donc à lui d'embellir sans cesse, dans l'ordre intellectuel matériel et moral, ce milieu nouveau qui s'appelle le monde de la civilisation et qui est bien réellement le monde de l'homme, fait par lui et modifiable à son gré. Mais il n'y introduira la durée et l'harmonie qui président à l'ordre naturel, qu'en y introduisant le respect des lois naturelles applicables à son espèce.

Ces lois naturelles qui, à mon sens, sont des lois vraiment divines, sont quelquefois difficiles à retrouver à travers le dédale confus et déplorable de nos préjugés, de nos habitudes et de nos institutions. Pourtant la conscience humaine n'est pas de tous points artificielle. La plus pauvre intelligence, le cœur le moins développé retrouvent en eux-mêmes, quand on les y ramène, les rudiments d'un devoir naturel, indépendant des enseignements et des lois sociales. Nous sommes, dans la création, à la tête des espèces appelées par l'instinct et désignées par la nécessité, à la vie d'association. Que nous soyons ou non les fils du singe, ce qui m'est absolument indifférent, vu que nous resterions les petits-fils de celui qui a créé le singe, nous ne saurions nous associer à sa manière, courir en troupes, pour gambader, dévaster, grimacer, aimer au hasard, agir sans conscience. Si cet ancêtre a eu l'empire de la terre à un jour donné, ses appétits déréglés et son manque d'idéal l'ont relégué à l'arrière-plan, sans espoir d'être associé jamais à notre mouvement sur la terre. L'instinct du singe ne saurait donc servir d'excuse à l'homme qui retrouve en lui — cela se voit — quelque reste d'analogie. L'homme, dont le premier soin sur la terre ingrate et rebelle est de bâtir une demeure et de soumettre la nature autour de lui, a d'abord le but commun à toutes les espèces, se reproduire ; et puis le but commun à toutes les espèces de premier ordre, abriter, nourrir, élever une famille. Supérieur à ces espèces déjà supérieures, il sent ce but plus accusé, et ses moyens pour y parvenir sont plus étendus, plus variés, plus intelligents. L'*invention* les domine, l'invention personnelle, puissance admirable qui ne s'épuise point, qui se renouvelle sans cesse et dont l'homme a tellement senti le bienfait qu'il a élevé à l'état de dieux ceux de sa race qui lui ont apporté une idée nouvelle dans un ordre de faits quelconques.

Cette force d'investigation dans tous les sens, il fallait bien que l'homme l'apportât dans ses institutions sociales. Il l'a toujours fait et le fera toujours. La vérité n'a pas de dernier mot pour lui. Une thèse succède à l'autre, une argumentation nouvelle monte sur le dos d'une interprétation acceptée. Chaque précepte social engendre une déduction contraire. Aux idées de guerre et de lutte succèdent des besoins de réconciliation fraternelle. Aux peuples éperdus par de grandes décompositions sociales, l'Évangile apporte un idéal de douceur et de pardon. C'est un appel, c'est un retour à la loi naturelle qui *veut* que l'espèce *homme* subsiste et prospère par l'*association*. Ce n'est donc pas la fantaisie d'un idéalisme inspiré, c'est la pensée profonde d'une philosophie naturaliste qui songeait à l'équilibre universel et qui voyait l'homme en train de le détruire en ce qui le concerne. Cette philosophie voulut reconstruire la base de l'édifice humain, c'est-à-dire la loi du concours dans l'effort humain. Elle appela tous les hommes, c'est-à-dire tous les hommes et toutes les femmes ; et quelque interprétation que l'on veuille donner à telle ou telle parole du Nouveau Testament, cette doctrine, dans son ensemble, n'en est pas moins un appel au développement de tous les êtres, à l'essor de tous les droits. Si elle n'a pas cette signification, si ce but n'est pas le sien, elle n'a aucune valeur, aucun titre à la vénération, et il ne sied à aucun savant, à aucun philosophe, à aucun croyant de l'invoquer. Je pense de même à l'égard de l'Ancien Testament. Ce code historique des idées religieuses avant le christianisme n'a aucune autorité historique dans le monde des faits. Nul esprit sérieux ne l'accepte que comme l'expression des antiques notions humaines sur la divinité. S'il révèle des vues immenses sous forme de symbole, il n'en est pas moins criblé d'appréciations insensées et de préjugés révoltants. C'est l'œuvre successive de très-grands initiateurs, tantôt éclairés des lueurs du génie, tantôt condamnés à subir les erreurs de leur temps et les impuissances de leur milieu : enchaînement de vérités relatives, il se prête à d'éternelles, à d'infinies interprétations, mais il ne peut servir de guide à la conscience et à la raison que lorsqu'il est inspiré par la religion naturelle. Partout où la barbarie des antiques institutions y reparaît, il est abominable et ne trouve grâce devant l'esprit moderne qu'à titre de renseignement sur les idées et les choses du passé. Entre notre notion actuelle de la divinité et de la création, et le grand mystère qui ne se révèle que par l'effort des siècles, la Bible n'a pas le droit de se placer. Nul prophète, si ingénieux et si convaincu qu'il soit, n'apportera plus aux âmes saines les principes de mort, les idées d'asservissement, les instincts de vengeance, les fureurs de destruction qui ont régi des sociétés primitives. Nous sentons qu'il faut vivre d'une autre manne et que le vrai peuple de Dieu sera celui qui proclamera l'effort commun vers le but commun, l'éducation de l'homme par l'homme, l'appropriation de toutes les forces à l'œuvre de la cilivisation universelle, l'association de toutes les âmes en vue d'un idéal réalisable ; travail de tous pour tous, la loi d'association de tous les hommes, mâles ou femelles, pour l'entretien, le développement, l'essor de la ruche sacrée qui s'appelle l'humanité.

Ce qu'il faut faire aujourd'hui ou demain pour se rapprocher tant soit peu de cet idéal, est-ce de prêcher le divorce, est-ce d'autoriser la vengeance ? Est-ce d'établir des différences scientifiques entre les sexes, de manière à régler leur action dans la société ? Est-ce de créer des distinctions jalouses ? Est-ce de niveler les fonctions de manière à les confondre ? Toutes ces recherches sont utiles et intéressantes, mais elles ressemblent, toute proportion gardée, au travail successif qui a présidé aux vérités découvertes et aux erreurs consacrées par l'Ancien Testament. Au milieu des rayons, il y a entassement de nuages, passages d'éclairs, éclats de foudre, ténèbres épaisses. Et pour celui qui regarde obstinément le point où Dieu doit apparaître, il y a, derrière tout ce fracas, une sérénité de lumière qui attend son heure et que rien ne peut empêcher de triompher. Sur ce coin voilé pour nous d'un ciel toujours pur par lui-même, il y a un mot écrit de toute éternité, le mot de la création incessante et du renouvellement continu. Je ne sais dans quelle langue il est tracé ; est-ce dans celle des métaphysiciens, des prêtres, des poëtes, des philosophes, des naturalistes ? De quelque façon qu'on l'entende, il se traduira toujours par le mot : « aimer. »

Ce mot est grand, parce qu'il implique des conséquences infinies. Aimer, c'est-à-dire s'entr'aider, aspirer ensemble, agir d'accord, travailler au même but, développer enfin jusqu'à l'idéal, l'instinct fraternel grâce auquel l'homme a conquis le royaume de la terre. Chaque fois qu'il a méconnu cet instinct qui est sa loi de vie, sa prédestination naturelle, il a vu ses temples s'écrouler, ses sociétés se dissoudre, son sens intellectuel dévier, son sens moral s'oblitérer. Chaque fois qu'il a fait effort pour se reconstituer par le vouloir fraternel, patriotisme, charité ou science économique mieux entendue, il a remonté les degrés qu'il avait descendus. L'avenir est fondé sur l'amour, et prenez n'importe quel autre mot pour exprimer la nécessité de l'association, il vous faudra toujours revenir à cette certitude que la haine tue la race humaine, que l'égoïsme la paralyse, que l'amour seul la replace dans la voie que Dieu, je dirai si vous voulez la *nature*, lui a tracée.

Tâchons donc, pour commencer, de ne pas haïr. Il n'est que trop vrai que la haine est entrée dans l'amour, et que les rapports de l'homme et de la femme sont encore, en bien des cas, une lutte sauvage, un empiètement continuel de droits mal définis. Quelque parti que nous prenions dans ces questions brûlantes, efforçons-nous de trouver tout ce qui tendra au rapprochement des cœurs, à l'union des intelligences, au respect du but commun, l'enfant! Je ne veux pas me souvenir des nombreux cas particuliers où j'ai expérimenté sans succès comme tant d'autres; comme tant d'autres, je peux aussi chercher dans des réformes générales l'espérance d'un remède à tant de maux et la répression de tant d'abus de liberté : mais rien ne vaudra, rien ne servira, si nous ne nous détachons pas de nous-mêmes, si nous ne tenons pas pour non avenus nos griefs personnels, si nous concentrons notre étude des mœurs sur telle ou telle situation mauvaise ou désespérée.

Avant d'agir, il nous faut vouloir. Avant de vouloir, il nous faut savoir bien ce que nous voulons, et, pour le savoir, il faut bien réfléchir. Hommes et femmes, assez mécontents les uns des autres, parce que nos institutions, nos croyances et nos mœurs laissent beaucoup à désirer, nous avons donc beaucoup de chemin à faire pour trouver des solutions d'où dépendra l'avenir des sociétés, l'avenir de notre progéniture. O progéniture chère et sacrée, inspirons-nous de toi et laissons dormir nos questions de préséance ou d'égalité sexuelles tant que nous n'aurons pas assuré ton sort. Rejetons toute doctrine qui serait à notre avantage apparent et qui causerait ta perte. Briser la famille? Non, jamais! le père et la mère sont aussi nécessaires à l'enfant l'un que l'autre. Union de la tendresse et de la force, c'est l'air qu'il doit respirer pour posséder un jour l'une et l'autre. Cherchons à rétablir cet accord naturel qui est la loi de vie.

Comment? par quel moyen immédiat? Je ne sais! Je n'ai pas une théorie toute prête et si je l'avais, je m'en méfierais un peu, ayant été jeté par le sort dans des nécessités contraires à mes instincts et à mes convictions; mais ce que je sais bien, c'est que la lutte des sexes engagée comme elle l'est, ne me semble pas encore bien posée, et qu'avant d'espérer une bonne solution, il me faudrait voir la cause de l'amour basée sur la notion d'égalité devant Dieu, de similitude ou tout au moins d'assimilation devant la loi naturelle.

XVII

LE PÈRE HYACINTHE.

12 septembre 1872.

Je n'ai la prétention de trancher aucun des nœuds compliqués que forment, dans les idées du moment, la divergence, l'imprévu, l'étrangeté apparente des faits multiples qui se présentent : époque de décomposition générale, c'est possible, mais époque de recomposition simultanée partielle, cela est certain. Ce qui s'anéantit sur un point se reforme sur un autre : efforts pour ressaisir le passé, efforts pour constituer le présent et pour édifier l'avenir, tout s'agite en même temps. La terre tremble, des édifices s'écroulent, d'autres surgissent des profondeurs de l'inconnu, chacun reçoit une impression qui lui est propre. Chacun a le droit d'en faire part, quelques-uns ont le devoir de la manifester.

Je me trouve en présence de ce devoir en ce qui concerne Hyacinthe Loyson. Appelé par des amis communs à me prononcer sur son compte, j'ai refusé de le voir et de le connaître. J'avais des doutes, non sur sa sincérité, du moins sur sa franchise. Il y a là une nuance très-tranchée ; on peut être naïf et manquer de courage. Il me semblait que c'était le cas de ce prêtre philosophe qui n'acceptait pas le dogme de l'enfer, qui voulait le mariage des prêtres, qui ne condamnait ni les juifs, ni les hérétiques, et qui pourtant se disait catholique et soumis à l'Église romaine.

M. Hyacinthe Loyson n'a pas changé de programme et moi j'ai changé d'appréciation. Il nie l'infaillibilité papale, il lutte contre l'Église officielle, il se marie. Je le trouve à la fois sincère, c'est-à-dire naïf et franc, c'est-à-dire brave.

Et je ne ris pas de sa naïveté, je la constate ; j'aime son courage et j'en suis touché. Je lis la déclaration qu'il a publiée, ces jours-ci, dans *le Temps* et que tous les journaux ont reproduite : je reconnais que c'est là le langage d'un homme de cœur et d'un homme de bien.

C'est une très-saine et très-belle page de l'histoire religieuse de notre temps. Les fureurs qu'elle soulève n'arrivent pas jusqu'à moi. Ce vain bruit de mer en courroux, ce bouillonnement et cette écume ne m'empêchent pas de voir l'île nouvelle monter à la surface, et le flot s'écouler autour d'elle sans pouvoir la submerger.

C'est encore une bien petite terre, un refuge étroit,

périlleux, d'abord difficile, de retraite impossible. C'est un point de doctrine tout nouveau, eu égard à la situation prise par l'orthodoxie de nos jours. C'est une petite Église qui se fonde et qui, dans un siècle, aura probablement son importance. Qui sait si ce ne sera pas une étape considérable où le catholicisme se réfugiera à son tour pour lutter contre la mort?

Car son heure approche et les pèlerinages, les miracles, l'exploitation des grottes et des eaux merveilleuses, la politique envahissant le sanctuaire, c'est le glas des funérailles : qu'importe que des masses ignorantes ou fanatiques se traînent sur les pas des agitateurs?

Quand une religion ne peut plus satisfaire une âme saine, elle est finie. Ce n'est plus qu'une question de temps.

Mais cette religion qui, à sa naissance, a été un idéal, une vérité relative, ne peut périr sans jeter quelques lueurs encore pures et vives, et, au milieu des ténèbres où l'Église officielle se plonge, la déclaration de M. Hyacinthe Loyson est un de ces éclats de lumière que donnent encore les lampes épuisées. Le catholicisme ne peut ni ne doit disparaître brusquement. Son agonie sera son temps. Précipitée par les démonstrations de Lourdes et de la Salette, elle sera retardée, à coup sûr, par des tentatives généreuses, par des efforts vraiment religieux. De nouvelles hérésies se produiront, des groupes de prêtres proclameront leur droit au mariage. Un pape viendra peut-être qui ne se laissera pas investir sans scrupule de l'infaillibilité, sorte de divinité attribuée à l'homme. Ce pape pourra convoquer un concile nouveau, un concile véritable, qui, en présence de la ruine imminente de l'édifice religieux, se résoudra à l'étayer par de larges concessions. Si ce concile n'ose pas porter la main sur le dogme, il permettra au prêtre de si tolérantes interprétations que l'intolérance se dissipera peu à peu et que l'arrêt de l'éternelle damnation ne sera plus qu'une métaphore. L'imagination peut accueillir sans folie la conception d'une église chrétienne sans miracles, et sans prêtres placés en dehors de la société.

Pour moi, je désire qu'il en soit ainsi et que l'avenir nous épargne l'écueil des croyances persécutées, exaspérées par conséquent. C'est au massacre odieux des otages que nous devons la honte des pèlerinages et l'horreur de la liberté de conscience qui rejette certaines fractions du peuple dans l'imbécilité du moyen âge : après 1793, 1815 !

Le mariage de l'ex-Père Hyacinthe est un grand scandale pour l'Église du moment, et avec son habileté ordinaire, la presse religieuse lui donne tout le retentissement possible. Le grand criminel qui se présente devant l'opinion publique avec l'assurance résignée d'un honnête homme, ne doit pas être trop fâché de tout ce bruit. Il a une conviction que nous ne partageons pas. Il croit pouvoir, dès à présent, se dire prêtre et catholique quand même. La distinction qu'il veut établir entre l'Église romaine et l'Église latine nous paraît assez arbitraire et nous y retrouvons un peu de la subtilité du prêtre. Pour nous, il est un hérétique parfait et nous l'en félicitons, car les hérésies sont la grande vitalité de l'idéal chrétien ; mais cette subtilité, seul reste de soutane attaché au flanc du futur père de famille, ne nous scandalise pas. C'est un appui logique de sa conviction, c'est même un besoin légitime de sa cause. Il est facile de jeter le froc aux orties et c'est par suite de cet empressement à secouer le joug que des tentatives précédentes n'ont point réussi aux prêtres partisans du mariage. En voici un qui ne veut pas se dépouiller de son caractère réputé indélébile et qui ne renie point son mandat en contractant mariage. Il est bon, s'est-il dit, que le prêtre soit marié, je serai marié et je demeurerai prêtre.

Soit ! vous passez à l'état de pasteur protestant ; mais, n'acceptant pas le protestantisme, *l'erreur de Luther*, qui est, selon vous, dans *sa rupture avec les traditions légitimes et l'unité nécessaire de l'Église*, vous êtes seul de votre opinion pour le moment et vous ondez une église à *part*. J'espère qu'elle aura de nombreux adhérents, car sans être ni protestant, ni catholique, je vois, comme tout le monde peut le voir, les funestes et les honteuses conséquences du célibat des prêtres. Qu'ils se marient donc, et ne confessent plus ! Le père Hyacinthe confessera-t-il encore ?

That is the question. Le secret de la confession est-il compatible avec les épanchements de l'amour conjugal ? Si j'étais catholique, je ne m'en tourmenterais pas énormément. La discrétion est plus facile que la continence, et je dirais, d'ailleurs, à mes enfants : « N'ayez pas de secrets trop difficiles à révéler, vous ne craindrez point le caquet de la femme du curé. »

Mais je ne veux point plaisanter sur ce sujet. Je suis convaincu que les dames pieuses qui suivront M. Hyacinthe Loyson dans sa nouvelle carrière, pourront encore lui ouvrir leur âme en toute sécurité, et je souhaite qu'il ait des pénitentes fidèles. Elles auront fait un pas pour servir l'Église, et elles protesteront contre une des principales causes de sa dissolution.

Cette déclaration du Père Hyacinthe est vraiment très-belle et très-touchante. Est-ce du talent seulement ? demandent quelques-uns. Non ! le talent n'est vraiment beau qu'à la condition de servir un beau sentiment. Il y a dans cet écrit des élans de cœur, des cris de la conscience qui pénètrent la conscience et le cœur. Il y a une notion de l'amour vrai, un respect de la nature dans son sens divin, une chasteté de vénération matrimoniale qui éloignent toute idée sensuelle, qui éteignent le sourire et appellent les larmes. C'est vraiment très grand, et cette page étrange, écrite par un prêtre, restera peut-être comme une sorte d'Évangile nouveau pour les futurs membres d'une Église nouvelle. Prêtre et marié, le Père Hyacinthe — restituons-lui ou laissons-lui son titre de prêtre et de moine — pourra marier d'autres prêtres et mettre en paix leur conscience régénérée.

Je ne me gênerai pas pour dire toute ma pensée. Je ne comprends pas d'intermédiaire entre Dieu et moi. Je trouve cet intermédiaire inutile quand il n'est pas nuisible, et nuisible quand il n'est pas funeste ; mais, puisque longtemps encore, l'homme croira avoir besoin du prêtre, souhaitons que celui-ci se purifie tout au moins, s'il ne peut s'ennoblir comme le Père Hyacinthe.

XVIII

UN LIVRE CURIEUX.

12 septembre 1872.

Les Enchantements de madame Prudence de Saman L'Esbatx, tel est le titre bizarre d'un des livres les plus curieux que j'aie lus. Il a été imprimé à Sceaux et se vend, je crois, sous les galeries de l'Odéon, comme si l'auteur n'eût voulu, par aucune annonce, chercher la grande publicité. Je devine bien pourquoi, mais je n'ai à juger que le livre, dont j'accepte et ne trahis point le pseudonyme.

C'est une histoire vraie, le récit d'une existence, et il y aurait lieu d'en conseiller la lecture approfondie aux esprits chercheurs qui, en ce moment, écrivent ou méditent sur l'influence des femmes dans la société présente et future.

Le but de l'auteur est nettement défini et tient en peu de lignes. « Les talents distingués sont seuls di-
» gnes d'occuper le public, mais j'ai cru que le sort
» des femmes était parfois si malheureux qu'on aime-

» rait d'en voir une suivre en liberté son cœur et pla-
» cer dans sa destinée, l'amour et l'indépendance au-
» dessus de tout. — J'écris pour ceux qui se plaisent à
» l'histoire des émotions — qui cherchent les simples
» récits, les mémoires — et peut-être au loin les ques-
» tions morales et philosophiques qui s'y rattachent. »

Ceci dit rapidement, elle entame son récit et nous regrettons qu'elle ait donné peu de détails sur son enfance. Une personne douée d'une si forte originalité a dû, ou recevoir une éducation excentrique, ou avoir été systématiquement livrée à son libre arbitre.

Elle nous raconte seulement que, fille d'un père aimable, riche et spirituel, elle a été élevée « dans le luxe et les plaisirs. » Ce père perdait sa fortune sans qu'il y parût; mais, actif et intelligent, il la refaisait quand la mort le surprit. Sa femme lui survécut peu. L'orpheline ne s'est pas du tout préoccupée, au point de vue matériel, du sort qui l'attendait.

Je pense qu'elle n'était pas dans la misère. Ce fléau de la vie, cet esclavage n'a sans doute jamais pesé sur elle, soit que, par un travail assidu, elle ait su le conjurer, soit qu'élevée par un réel stoïcisme au-dessus des privations, elle ne l'ait pas senti.

« Dès l'âge de huit ou dix ans, j'étais dévote. Je
» lisais une Bible de Sacy que j'avais trouvée à la mai-
» son. Tous les matins je tenais ma sœur en prière

avec moi. Mon père nous surprit plusieurs fois à ge-
» noux. Quand j'eus douze ou treize ans, il dit à ma
» mère de me faire lire la correspondance de Voltaire
» et du roi de Prusse. Ma foi dans la Bible disparut,
» mais non mon sentiment naturel pour Dieu, qui dura
» toujours et fut mon plus grand appui dans la vie. Je
» ne cessai jamais de prier Dieu et de l'adorer. Mais,
» dès l'âge de douze à quatorze ans, un grand trouble,
» un certain effroi dérangèrent les pures études où
» j'aurais voulu vivre, car c'est Minerve qu'on trouve
» aux deux extrémités de la vie. »

Il ne semble pourtant pas que cette précocité d'émotions ait réellement dérangé l'élan de l'intelligence,
car elle ajoute bientôt : « Je trouvais alors un grand
» plaisir dans la littérature et dans l'histoire d'Angle-
» terre. Je commençai d'étudier le latin. »

Ce goût pour l'histoire devient vite une philosophie
pratique.

« Inspirée par mes études de l'histoire romaine, je
» ne songeais, dans les malheurs de mon pays (l'inva-
» sion) et de ma famille, qu'à garder cette dignité
» d'âme que les anciens commandent dans les revers
» et les prospérités. »

Elle ne montre pas d'avoir beaucoup pleuré ses parents; bien qu'elle en parle avec éloge, je doute bien
qu'elle ait été élevée avec tendresse.

Quand elle commence à aimer, elle débute par une amitié de femme où elle porte beaucoup de vénération et qui lui a toujours été maternelle. Elle vit à la campagne chez cette femme supérieure. « L'abbaye du
» Vallon était dans des bois, à sept ou huit lieues de
» Paris ; mais ces bois semblaient être à cent lieues de
» la ville. La contrée offrait le genre de beauté ordi-
» naire aux campagnes des Gaules, renommées pour
» leurs ombrages, les forêts druidiques, les ruisseaux
» limpides, le bruit du vent, les harmonies de l'orage;
» nature sans éclat, sans chaleur, sans soleil, mais
» rêveuse, orageuse, inspiratrice. »

« Dans ce lieu, je suis vraiment née, si naître c'est
» sentir, c'est aimer. »

C'est-là en effet qu'elle rencontre un homme dont elle dépeint avec complaisance la beauté idéale et dont elle montre l'esprit supérieur. Dès lors, nous assistons à des alternatives de passion ardente et de sagesse stoïque qui nous causent un certain étonnement. On se demande comment tant de raison s'est alliée à tant d'ivresse, et pourquoi cette raison si forte n'a pas su vaincre la soif de vivre à tout prix. L'éducation virile ne garantit donc pas mieux la jeune fille qu'elle ne préserve le jeune homme ?

Non, mais chez l'un comme chez l'autre, elle rend les chutes moins irréparables et guérit les blessures.

Elle les guérit même si soudainement chez madame de Saman, qu'on se prend à douter que les passions aient été bien vives. On ne s'étonnerait pas que, sous le coup de ces agitations, elle eût écrit ou lu des romans avec d'autant plus d'ardeur et de facilité. Mais ce ne sont pas les romans seuls qui l'ont arrachée aux secrètes angoisses, c'est surtout l'histoire et la philosophie, c'est une variété et une continuité d'études sérieuses et de productions utiles et remarquables, où elle s'isole et se plaît passionnément, au lendemain des plus fortes crises. Il lui arrive même de quitter héroïquement l'amour pour retrouver l'austère Pallas, comme on disait en ce temps-là : elle n'aimait donc guère ?

Pourtant elle écrit la passion avec tant de charme et de courageux abandon qu'elle a aimé beaucoup, cela n'est point douteux. Alors il n'y a pas à en douter non plus, c'est une âme très-forte, un caractère remarquablement trempé, et peu m'importe que les amis et les amants en aient souffert dans leur tendresse ou dans leur amour-propre, je suis forcé d'admirer cette puissance et d'y constater curieusement la transformation du sexe intellectuel, résultat de la culture intellectuelle virile.

Le sexe persiste cependant et avec les particularités si bien observées, si bien décrites dans cette brochure d'Alexandre Dumas qui vient de faire tant de bruit ;

brochure [1] dont je n'accepte pas les conclusions, dont par conséquent je ne comprends pas le but, mais dont j'apprécie très-haut les parties essentielles, la critique et la peinture des faits ; le livre de Madame de Saman est comme une flagrante preuve de la justesse de ces constatations. On y voit, bien dessinés et franchement avoués, les appétits de domination qui caractérisent la femme. On y est frappé aussi de ce sens de la possession du *moi* qui fait sa force dans la faiblesse et sa victoire dans la défaite. Celle-ci aborde l'amour avec une vaillance sans égale ; elle ne brave pas le danger, elle le cherche ; elle subit la chute qui, à ses yeux, est un triomphe, car elle a voulu vaincre les scrupules d'un amour austère, d'un spiritualisme orgueilleux, ennemi des passions; elle lutte pour amener à sa manière d'aimer qu'elle estime la seule bonne et la seule vraie, cet homme qu'elle aspire à rendre heureux par le développement de toute sa valeur. L'homme essaye, résiste, se donne, se reprend, craint de briser une carrière dont le célibat est la première condition. Sa personnalité est très-forte, la lutte est puissante. La femme eût-elle triomphé si elle eût été vraiment femme ? Madame de Saman échoue volontairement. Elle se blesse, elle se lasse, elle s'enfuit, et dans quelles circonstances ! Elle va être mère ! Est-ce

1. *L'Homme-Femme.*

une vengeance? Veut-elle punir l'homme encore fortement épris, qui ne lui offre qu'une demi-protection ? Non. Cette femme étant d'une sincérité entière, n'a pas un instant de dépit ni de blâme pour celui qu'elle quitte; elle dit simplement : « Il était ambitieux; j'en souffrais, mais je comprenais cela, étant ambitieuse aussi. » Elle avait essayé de faire comprendre l'idéal d'une fidèle union, avec un dévouement mutuel, intelligent, fécond. Elle rencontre l'obstacle d'un caractère peut-être inférieur au sien, différent à coup sûr. Elle est fatiguée, l'ennui la prend. Elle se demande où va cette entreprise, si ce but mérite tant d'efforts, si elle ne poursuit pas une chimère : et la voilà qui s'en va avec un adieu tendre, des souhaits généreux et une joie indicible. Elle se réfugie en Italie plusieurs fois, et le plus souvent à la campagne dans quelque solitude où elle s'occupe de son enfant, où elle partage son temps entre lui, l'étude des livres et la contemplation de la nature. Un calme inouï succède sans transition aux plus violents transports. Elle travaille, elle a tout de suite à son service la mémoire, la lucidité, la persévérance. Elle achève tous les travaux qu'elle entreprend, et ces phases de travail font partie de ce qu'elle appelle *ses enchantements*; car vous pourriez croire, d'après le titre, que c'est Armide qui va vous raconter les incantations magiques où elle enferme et retient les chevaliers. C'est tout le contraire. C'est elle qui subit les enchantements en amour ou en amitié et qui s'en crée à elle-même par l'étude, pour les savourer dans la retraite.

Je ne trouve nulle part dans son récit un élan de passion maternelle; mais si elle n'a pas dit, elle a prouvé. Elle a élevé ses enfants, elle n'a rien caché à eux ni aux autres, elle les a nourris de son lait. Elle leur a appris probablement le grec et le latin, l'histoire, les littératures, les philosophies, tout ce qu'elle sait à fond et sérieusement. Elle en a fait des hommes. Il est évident que, dans la situation particulière où elle se trouve vis-à-vis d'eux, le silence de sa plume est une réserve fière et discrète. C'est comme une dame romaine, qui voulant élever des hommes forts, ne leur montre pas les faiblesses de son cœur, et ne parle même pas d'eux avec attendrissement pour ne pas s'attendrir elle-même.

Ainsi elle a porté seule tous ces fardeaux terribles, la jeunesse et ses orages, la maternité et ses devoirs de toute la vie, l'étude, cette conquête sans repos de la sagesse. Je ne connais pas de récit où la modestie soit de meilleur goût et où la supériorité du caractère soit mieux affirmée par cette même modestie. La conscience est très-forte en elle; elle est toujours classiquement éprise de vertu antique et de foi religieuse, et pourtant aucun regret, aucun scrupule, aucun repentir, aucune amertume à l'égard du passé. Elle ne s'accuse ni ne se vante d'avoir cédé aux passions. Elle les regarde comme une inévitable fatalité dont il faut subir les douleurs et dont on doit apprécier les bienfaits.

Elle se dit aussi qu'il n'y faut pas sacrifier la dignité, la raison, la justice, la liberté, la vie, car elle reprend avec énergie tous ces biens quand elle les voit trop menacés. Elle écrit à son amie, dès le temps où elle n'avait point encore aimé : « Vous dites que le génie
» fait pardonner, mais ne justifie pas certains torts;
» mais si la *sensibilité* qui conduit à ces torts, est
» aussi la source du génie ? Se vaincre ! Que serait
» devenu le talent de madame de Staël, de Sapho, de
» tant d'autres, si elles avaient passé leur vie à com-
» battre ? Ce qu'elles ont éprouvé ne valait-il pas
» mieux que le triomphe dans un tel combat ? — Je
» ne sais rien, je cherche, je voudrais me rendre
» compte de ma vive indulgence, fixer mes idées con-
» fuses ; mais existe-t-il une femme qui ait vu les
» éclairs d'un sentiment passionné et qui ait dit :
» *J'étoufferai l'émotion que je pressens?* »

Ces réflexions et d'autres encore justifient la définition qu'elle donne d'elle-même au début : « Une per-
» sonne qui place dans sa destinée l'*amour* et l'*indé-*
» *pendance* au-dessus de tout. » Voilà certes un

grand problème à résoudre, car c'est la solution d'une antithèse redoutable. La société n'est point arrangée pour cela. Tout au contraire, en prescrivant la fidélité dans l'amour, elle impose le sacrifice de la liberté. Moi je trouve que l'idéal serait un état des mœurs, une disposition générale des esprits où ce sacrifice serait aussi doux que méritoire pour les deux sexes. Madame de Saman n'a pas dû dire le contraire; mais, sentant l'appel de la jeunesse, elle a voulu vaincre la difficulté sans prendre souci du milieu et des circonstances. Son amie a combattu doucement cette terrible résolution, craignant sans doute pour elle une vieillesse déçue, amère. Voici le livre qui répond à tout et signale tranquillement le triomphe. La vieillesse est douce, heureuse et digne; après une suite d'enchantements cherchés ou subis, elle respire l'enchantement d'un calme studieux et la satisfaction d'un esprit toujours d'accord avec lui-même.

Le récit de ces enchantements est d'un attrait indicible, et pourtant c'est toujours le même drame qui recommence avec un changement très-restreint de personnages; mais il y a une singularité très-grande qui relie les actes de ce drame, c'est que la femme, en contractant de nouveaux liens, ne se détache pas des anciens. Elle ne veut pas éteindre les foyers qu'elle a allumés; elle les respecte et elle les

entretient comme des autels, avec une coquetterie
pieuse et charmante. Qu'on ne se scandalise pas ! elle
se défend et se réserve pour l'homme dont elle partage la passion, elle confie ce nouvel amour à ceux
qui lui redemandent le passé, elle échappe aux
périls de ces entrevues, tout en avouant qu'elle en a
senti le charme et l'émotion. Elle a pour principe de
cœur qu'on ne cesse pas d'aimer ce qu'on a aimé, que
ceux qu'elle a quittés par lassitude ou par crainte du
joug, étaient dignes de son éternelle tendresse, et
elle laisse volontiers à ces amitiés le nom d'amour qui
sied encore à leur délicatesse. Elle suit les travaux de
ces esprits éminents, elle s'intéresse à leur succès
dans les lettres, dans la politique ou dans le monde,
elle garde leur confiance intime qu'elle provoque par
la sienne. Elle s'est emparée de leur estime, elle la
conserve, et un peu de leur amour lui revient encore,
par chaudes bouffées, bien qu'elle n'y prétende plus.
Il y a dans tout cela une facilité de relations qui rappelle les amours philosophiques du siècle dernier,
moins ce qui les gâtait, la galanterie libertine. Ce tableau d'intérieur des beaux esprits de la première
moitié de notre siècle et très-piquant, très-curieux,
très-instructif; c'est comme le bouillonnement romantique avant sa systématisation de 1830, c'est l'admiration pour Napoléon Ier, Chateaubriand, madame de

Staël. Madame de Saman ne nomme jamais Corinne, mais cet idéal l'enlève, la conduit en Italie et décide certainement de sa longue prédilection pour un délicieux Oswald qu'elle quitte sans cesse avec joie et retrouve avec ivresse. Disons en passant que jamais homme n'a été dépeint avec plus d'amour et de charme, et que la vie d'un enchanteur de femmes est remplie quand il a pu inspirer de ses perfections et de ses imperfections un portrait si magistralement exécuté.

Cette fermentation romantique dont je parle est toute une phase d'histoire littéraire très-intéressante à étudier. Madame de Saman en est un spécimen et y jette une vive lumière. On était romantique sans le dire, sans le savoir, sans cesser d'être classique par beaucoup d'endroits. C'est Victor Hugo et son école qui ont opéré la scission et tranché les genres, et je considère cette révolution comme un malheur. Nous lui devons, il est vrai, l'éclat d'une pléiade splendide autour d'une gloire immortelle, et je pardonne au débordement de mauvais goût, de pastiches ridicules et de véritables insanités qui ont élargi le cercle de l'école, cela est fatal à toutes les époques littéraires; ce que je déplore, c'est la fragmentation des travaux, l'esprit de secte, le parti-pris étroit, le mépris systématique des conquêtes antérieures : c'est cette sorte d'amputation de nos propres facultés, qui résulte toujours de l'exclusivisme en matière de goût et qui, du domaine des arts, passe dans celui de la philosophie, de la politique, de la science même. De là, le rétrécissement de l'âme, l'étroitesse des appréciations, le régime de la spécialité.

Madame de Saman a gardé le cachet de son époque, je devrais dire de son moment, et ce n'est pas un des moindres charmes de sa forme. Elle admire René et les poëtes *lakistes*, sans abandonner Racine, Corneille et le grand siècle. Elle s'intéresse vivement aux événements qui se précipitent autour d'elle, sans détourner ses regards de l'*antiquité*, dont elle cherche à faire revivre les grands modèles dans son âme. Elle l Mignet et Plutarque, M. Thiers et Tacite avec une égale sollicitude. Elle admet peu l'avenir démocratique. Le passé l'a prise tout entière, et, sans nier que le génie puisse venir d'en bas, elle ne voit de civilisation que dans des institutions aristocratiques. Elle ne peut probablement pas entrer dans le chemin prophétique de Victor Hugo, mais elle doit s'accommoder fort bien d'une république où M. Thiers serait secondé par Béranger, Chateaubriand, Napoléon 1er, Sainte-Beuve, es Médicis, Lamennais, Libri, Périclès, lord Byron, Aspasie et Jeanne d'Arc. Reste à savoir s'ils s'arrangeraient ensemble aux ours où nous sommes.

Mais ce n'est point là un livre où la politique ait une

réelle importance. La préoccupation de l'auteur, (c'était celle de Montaigne) est de comparer toujours les événements du passé, les hommes de l'antiquité surtout, aux hommes et aux choses du présent. Ce fut la méthode révolutionnaire ; madame de Saman ne s'en est point affranchie, et, de nos jours, cela devient une originalité, tant cette méthode est démodée. On aime pourtant à la retrouver vivante avec toutes ses conséquences dans l'esprit et la conduite d'une personne si remarquable. Que d'écueils elle a traversés, combien de déceptions subies, quelles agitations, quelles contradictions intérieures, quelles angoisses surmontées avant d'arriver au port ! Elle y est arrivée pourtant, sa méthode lui a servi.

C'est par des prières qu'elle termine et résume la première partie de son récit, et ces prières sont très-belles, très-vastes, très-humaines ; en voici une entre autres :

« — Mon Dieu, voici notre saison favorite. L'au-
» tomne commence, les vents marchent rapidement
» dans les cieux, une douce et sainte tristesse s'em-
» pare de la nature ; le cœur de l'homme, délivré du
» besoin des affections terrestres, se complaît dans lui-
» même, dans les beautés de l'univers, dans leur gran-
» deur et leur mélancolie. Il vient à vous, ô Dieu ! il
» vous contemple du fond de son exil, du sein des émo-

» tions qui nous rappellent à vous, impressions saintes
» et passionnées de l'automne, ciel sombre et pourtant
» aimé, douce pluie, plus chère que la rosée du matin,
» soir du jour, auguste comme le soir de la vie, fort
» de même, comblé de souvenirs, de calme, d'espé-
» rance!... Mais les émotions finies, les passions envo-
» lées comme ces tristes nuages, nos pleurs amers et
» doux, notre jeunesse exaltée, de même que la matière
» se transforme et reste indestructible, de même ces
» émotions invisibles, ces délices de l'âme nous seront-
» elles rendues?... Nous rendrez-vous ces jours sacrés,
» par lesquels notre vie fut lumineuse, et qui vau-
» draient seuls la peine de la recommencer? »

On le voit, cette âme que l'amour a remplie, mais qu'il n'a point brisée, aspire à l'amour encore dans une autre existence. Elle a beaucoup souffert et beaucoup pleuré, mais elle a beaucoup aimé et c'est dans ce souvenir qu'elle se retrempe et se réjouit. Il faut lire toutes ces prières très-originales et d'une forme *sui generis* qui a son charme. Il en est une, où elle demande à Dieu de bénir *ses saints de l'Occident*. « Non-seulement saint Thomas, Pascal », mais encore les philosophes du siècle dernier qui « ont placé Dieu
» au sommet de tous les cultes. Adorateur de votre
» nom, ils l'ont fait revivre, et c'est par eux que, déli-
» vrés des formes vieillies et des préjugés, nous avons

» pu revenir dans vos temples, vous chercher encore
» et reconnaître avec transport que votre justice est
» égale pour tout le genre humain. Prêtres de votre
» culte ranimé, âmes irritables et fortes, les douleurs
» de leurs semblables les inspirèrent. Vrais califes de
» Dieu... c'est par eux que votre culte doit renaître. —
» Bénissez-les pour avoir à jamais détruit l'hypocrisie
» et la douleur. Célébrons-les, ces nouveaux saints,
» interprètes de la sagesse divine, vainqueurs du fana-
» tisme et gloire du monde! »

Tout est curieux dans ce livre. Voici une personne très-pieuse, qui a besoin d'un culte, et qui fréquente les églises. « Le profond silence de votre temple, le
» jour voilé, l'idée de la Divinité nous saisissent, ô Dieu
» que nous trouvons ici et qui faites plier nos genoux.
» Vous seul vous éveillez en nous ce qu'il y a de mieux
» dans notre âme; car si dans le monde où nous vi-
» vons, nous sommes trop crédules ou trop généreux,
» nous en sommes bientôt punis : notre tendresse nous
» perd, notre entraînement nous mène au malheur,
» notre noblesse fait de nous des victimes; nous avons
» trop aimé, nous avons trop souffert par toutes nos
» qualités ; mais dans votre maison, mon Dieu, nous
» ne serons jamais trop purs, jamais trop généreux,
» jamais trop nobles, jamais trop sensibles. Ici notre
» énergie prend son essor; ici, à quelque hauteur que

» nous atteignions, nous serons toujours bien loin de
» vous! Quelle force et quelle grandeur en nous, ne
» sont effacées par les idées de force et de grandeur
» que nous trouvons dans votre nature infinie? Qu'il
» est doux, qu'il est saint de s'abandonner ainsi en
» liberté devant vous, aux rêves de beauté que vous
» avez déposés dans notre imagination! » Ne croirait-
on pas lire une prière parfaitement orthodoxe, et le
curé de ce village ne doit-il pas être très-fier de voir
une dame d'un si rare mérite agenouillée et profondément recueillie dans son église? Il prête l'oreille, il
s'émeut, il admire et il a raison. Il est attendri, édifié
comme il ne l'a peut-être jamais été. Peut-être n'a-t-il
jamais pu trouver en chaire, quand il prêchait devant
les seigneurs d'alentour, de si beaux mouvements et
de si nobles raisons d'adorer le Dieu qu'il sert. Mais
quoi? qu'est-ce donc? Ses oreilles ne le trompent-elles
pas? Est-ce l'ange, est-ce le démon qui parle : « O Dieu!
» loin de consacrer dans un seul culte ces puissances
» d'adoration et d'exaltation, vous les avez accordées
» au Nord comme au Midi, et l'Asie et surtout les Indes
» les ont connues comme les chrétiens. Ainsi votre
» esprit divin revêt les formes nécessaires et ressort
» immortel de ces formes! » Le bon prêtre se voile la
face et s'enfuit en tremblant.

Mais le spiritualisme sans culte déterminé aime cette

grandeur d'une âme ouverte au respect de tous les cultes sérieux. On peut nier Dieu et se placer en dehors de cette notion ; du moment qu'on cherche sérieusement le vrai, on est dans le droit humain et dans le droit divin, car si Dieu a mis en nous l'esprit d'examen, c'est pour qu'il nous serve. Mais il faut reconnaître alors que l'affirmation de la divinité est un droit tout aussi sacré. Je suis du côté de ceux qui peuvent s'affirmer Dieu à eux-mêmes, et, sans haïr ni redouter ceux qui le suppriment, j'ai beaucoup de sympathie pour cette âme fervente qui n'est point exclusivement chrétienne, et qui entre tranquillement dans les temples de son temps et de son pays, sans renoncer à sa personnalité, à ses sentiments et à ses idées.

Quant au grand combat de la vie livré par elle et terminé si bravement, choque-t-il la raison, le droit personnel qui est de se sacrifier à une croyance ferme et raisonnée ? Non assurément. Choque-t-il la morale? Dans cette situation particulière et avec ce fond de grande loyauté et de parfaite tolérance qui caractérise madame de Saman, nul n'est autorisé à jeter la pierre, et, pour mon compte, tout en faisant, en théorie, certaines réserves que je n'ai point à dire ici, je lui jette une couronne de roses à feuilles de chêne.

Nohant, octobre 1872

XIX

PIERRE BONNIN.

A M. IVAN TOURGUÉNEF.

En retrouvant dans mes tiroirs cette chétive étude d'un personnage ignoré, mort il y a plusieurs années, je me suis demandé si elle méritait de paraître. J'étais sous le charme de cette vaste galerie de portraits d'après nature, que vous avez publiés sous le titre de *Mémoires d'un seigneur russe.* Quelle peinture de maître ! comme on les voit, comme on les entend et les connaît, tous ces paysans du Nord, encore serfs à l'époque où vous les décrivez, et tous ces campagnards bourgeois ou gentilshommes avec lesquels une rencontre de peu d'instants, quelques paroles échangées vous ont suffi pour tracer une image palpitante de couleur et de vie ! Personne ne peut faire aussi bien. Et puis vos paysans et vos gentilshommes ont pour nous une originalité, un relief extraordinaire. C'est un monde nouveau où vous nous faites pénétrer, et aucun monument d'histoire ne peut nous révéler la Russie comme ces figures si bien étudiées et ces mœurs si bien vues. Avec cela, un sentiment de bienveillance touchante que ne paraissaient point avoir eu les autres poëtes et romanciers de votre civilisation. Ils sont encore barbares, malgré leur génie, ils ont de la cruauté froide et railleuse dans leurs drames. Il n'en est point ainsi de vous. Vous avez de la pitié et un profond respect pour la créature humaine, de quelques haillons qu'elle se couvre et sous quelque joug qu'elle se traîne. Vous êtes un réaliste pour tout voir, un poëte pour tout embellir, un grand cœur pour tout plaindre et tout comprendre.

Les études de mœurs rustiques que nous pouvions faire en France, surtout dans le centre de la France, durant la première moitié de ce siècle, auraient mérité d'être faites par vous, et je me suis souvent demandé ce qu'elles seraient devenues en passant par vos mains. Le cadre, le monde extérieur sont si différents chez nous! Le paysan, au lendemain de la Révolution, était un être transformé subitement, dont les idées étaient plus intéressantes que les habitudes ou les manifestations. Chacun portait en lui une notion vague de l'avenir, une appréciation étrange du

présent. C'est cette couleur interne qui m'a souvent
frappé et que j'ai essayé de rendre dans l'étude que
je me permets de vous dédier. Vous n'y trouverez
rien de ce qui fait le charme et l'éclat de vos pein-
tures, mais vous y chercherez peut-être la révélation d'un état de l'âme humaine qui donne à réfléchir.

1866, 25 juin.

J'ai été tantôt rendre visite à Pierre Bonnin et à sa
vieille. C'était une soirée de printemps délicieuse, ni
chaude, ni froide, un clair soleil, une douce brise faisant tomber le trop plein des jeunes fruits verts sur le
tapis vert des jeunes blés de mars. C'est très-joli cet
endroit qu'on appelle *les Ormeaux*; cinq à six maison-
nettes groupées en pays plat sans horizon, mais sagement entourées d'arbres, de grands buissons d'aubépine et de ces petits jardins que nos paysans savaient
faire autrefois. Ils y mettaient de tout un peu pêle-
mêle, légumes, grains, vigne, arbres fruitiers et même
quelques fleurs. Aujourd'hui ils alignent mieux leurs
plantations et utilisent mieux leur terrain ; mais, aux
Ormeaux, où ils sont presque tous très-vieux, ils ont
laissé à leurs enclos cette grâce sauvage que j'aimais,
et ce luxe de verdoyantes clôtures qui les isole et les
défend. C'est une fraîche oasis au milieu de ces vastes

espaces de froment qui sont tristes pour qui ne les possède pas, ou n'en possède qu'un peu. Ils se sont préservés de la tentation de voir au dehors, ils sont là bien chez eux séparés du village par quelques pièces de terre et reliés par un chemin impraticable les trois quarts de l'année. Ils ont de l'ombrage et un bon puits, cause de groupement et d'alliance des familles, comme au temps des patriarches. Le terrain est bon et, autour de la zone des jardins, s'étend une zone de chenevières et de luzernières, plantée de noyers et de cerisiers, avec de petits sentiers charmants et quelques échaliers faciles à franchir ; des oies, des chèvres, une ou deux vaches, une cinquantaine de brebis, quelques porcs et quantité de poules, telle est, avec le produit des terres environnantes, la richesse de cette petite colonie. A vrai dire, elle ne se compose plus à présent que de trois familles, alliées entre elles par des mariages.

Le type principal, un type très-particulier, c'était Pierre Bonnin. D'où tenait-il cette activité fiévreuse, cette gaieté ironique, intarissable, cette décision soudaine, cette sorte de rage au travail, ce désintéressement extraordinaire chez un paysan, enfin toutes ces qualités qui sont l'antipode du caractère berrichon ? Je ne sais, je n'ai pas connu ses parents, mais ils étaient bien berrichons et paysans de père en fils. Ils avaient vécu sur ce coin de terre, dans ces vieilles maisons que j'ai vu tomber en ruines dans mon enfance. Ils n'ont laissé aucun souvenir que je puisse interroger. Lui, il les a à peine connus. L'histoire du paysan est muette, et pourtant, il a dû passer là, comme partout, des exceptions frappantes, des intelligences stérilisées faute de développement, des âmes ardentes éteintes faute de combustible. Que pourrait-on raconter, même aujourd'hui qu'un paysan est un homme, de la vie de Pierre Bonnin ? Rien, en vérité. Il n'a rien fait de remarquable, et, dans cent ans d'ici, personne ne saura qu'il a existé. Et pourtant c'était un homme que je n'oublierai jamais, eussé-je des siècles à lui survivre.

Eh bien ! pourquoi ne la raconterais-je pas, cette existence ignorée qui s'est écoulée sans bruit à côté de la mienne ? Un vaillant cœur ne doit pas s'éteindre ainsi sans que quelqu'un lui rende justice, et puisque je suis là, moi qui ai pu l'apprécier, je fixerai sur un bout de papier cette vie qui va tomber dans le gouffre muet de la mort et de l'oubli.

Il est tout à fait vieux et ne sait plus son âge. Il est comme quelques vieillards de chez nous dont les extraits de baptême ont été détruits et qui n'ont point d'actes de naissance. Il se souvient de l'*année de la grand'peur*, 89. On cria dans la paroisse : « Les voilà !

voilà les brigands ! » et, sans savoir ce que ce pouvait être, tout le monde courut se cacher. La mère Bonnin emporta son petit Pierre dans les blés et ils restèrent là blottis tout le jour. — Il pouvait avoir cinq ou six ans, il en a au moins quatre-vingt-deux aujourd'hui. Il n'a pas d'autre souvenir de la Révolution et de sa famille. Il apprit, tout jeune, dans le village, l'état de charpentier, sous la direction du père Lecante. Il ne fut point soldat, à son grand regret. Il aimait la guerre et les aventures, toute sa vie il se plaignit de n'être point tombé au sort. Il se maria très jeune avec une très-jolie femme, avec laquelle il se battit le soir de la noce. Elle était fière et décidée, elle l'est encore. Lui reprocha-t-elle de trop boire ? — c'était un peu son défaut, — fut-elle coquette avec les garçons de noce ? — Je l'ignore. Il fut trois jours au cabaret, sans rentrer la nuit au domicile conjugal. Enfin il rentra et ils ont fait bon ménage jusqu'à présent ; lui, très-impérieux au commandement, elle, très-calme et lui tenant tête. A présent qu'ils vivent seuls ensemble, ils n'ont pas, pour cela, changé le vieux us des ménages rustiques. Il mange seul à une petite table, elle, tout en le servant, mange près du feu, avec l'écuelle sur ses genoux.

Le premier souvenir que j'aie de lui, c'est ce jour de noce où j'étais une enfant. Il était très-beau, des yeux

noirs comme de l'encre, un nez étroit avec de fortes
narines, la peau blanche, une bouche largement des-
sinée, la taille haute, maigre et souple. Son costume
de marié me frappa beaucoup. Il portait un habille-
ment complet de droguet gris pointillé de bleu, le gilet
long de trois doigts, les basques de la veste tombant
jusqu'aux jarrets, le grand chapeau noir relevé de
côté par un bouquet à rubans. On l'admirait beaucoup ; ses cheveux coupés courts sur le front frisot-
taient à l'oreille et rejoignaient un bout de favori noir
qui lui donnait, assurait-on, l'air d'un *vrai* bourgeois !
C'était le coq du village, effronté avec les belles,
adonné au petit vin du cru, ne songeant qu'à railler et
à taquiner ; l'esprit de saillies débordait en lui, — il
n'annonçait rien de bon, il faut bien le dire ; et quand
on lui reprochait sa légèreté, il répondait : fallait m'envoyer aux armées, j'y aurais jeté mon feu.

Mais c'était une bonne et brave nature, et aussitôt
que vinrent les enfants, il se mit à travailler comme
quatre. Le père Lecante était mort. On donna à Bonnin l'ouvrage de notre maison et des fermes, qui était
considérable ; les bâtiments étaient vieux, on con-
struisait et on réparait partout. La Révolution finie,
chacun arrangeait son nid longtemps négligé.

Le régisseur de la maison était impétueux, exigeant,
et levait volontiers sa canne sur les ouvriers engour-

dis. Pierre était prompt à comprendre, prompt à exécuter. Le régisseur fut frappé de son intelligence et l'employa exclusivement. Mais, un jour que les choses n'allaient point à son gré, il se fâcha injustement et menaça l'ouvrier qui lui répondit : Ne vous y risquez point, j'ai le sang chaud, moi ; pour une tape j'en rends dix. — La paix fut faite pour toujours.

Il travaillait avec une ardeur inouïe. Il semblait que toute la sève de ce corps robuste et de cet esprit entreprenant eût besoin de l'effort violent pour s'épanouir. Il mettait de la rage à dépecer le bois, c'était une sorte de délire ; quand il commandait l'abattage à d'autres manœuvres, il les gourmandait avec un profond mépris de leur lenteur ou de leur prudence. « Là où il est, disaient-ils, le feu s'y met. » Ils l'aimaient quand même, car il était bon et éclatait en expressions de tendresse quand il était bien aidé.

A cette ardeur de la force, se mêla bientôt l'ardeur de l'invention. Il se montra très-adroit et très-intelligent ; mais il ne savait rien, ni lire, ni écrire, ni dessiner ; aucune notion de géométrie nécessaire à son état. Il ne pouvait rien agencer, rien rectifier par le calcul. Si on lui donnait un plan défectueux, il ne s'en apercevait qu'en essayant de le suivre, et alors il entrait dans des colères épouvantables contre ceux *qui savent et ne savent pas !* Il ne se décourageait pourtant pas et reprenait son travail pièce à pièce, sauf à le retoucher dix fois ; et, comme il sentait qu'on lui avait fait perdre du temps, lui qui mettait son orgueil à faire vite, il était d'une humeur féroce, il avait la fièvre, il ne dormait pas.

Nous l'exaspérions, mon frère et moi, en allant le trouver pour jouer avec ses outils, nous faire des perruques avec ses rubans de bois, lui voler son crayon pour écrire sur les murs, ou le prier de nous raccommoder nos brouettes. Il nous injuriait, nous faisait des menaces effroyables et nous caressait un peu le dos avec sa règle. Nous n'avions aucune peur de lui, et pour cela, il nous aimait. Ces brigands-là, disait-il, savent bien que je ne leur ferai pas de mal.

Il aspirait à faire de la menuiserie, mais il y avait le père Godard qui la faisait toute et qui la faisait fort bien. Bonnin regardait avec envie les tables et les armoires qui sortaient de ses mains. Dès que le bon vieux eut été rejoindre ses contemporains dans le jardin aux orties, c'est ainsi que Pierre appelait le cimetière, il passa menuisier sans cesser d'être charpentier et charron, car toutes ces fonctions se confondent au village. Il eut alors tant d'ouvrage qu'il n'y suffisait pas, et son ardeur décuplait. Il avait des enfants à établir, il ne plaignait pas sa peine. Aimé de tout le monde, il voulait d'ailleurs contenter tout le monde. Il faut dire qu'il était jaloux de quiconque se fût présenté pour partager la clientèle, et qu'un temps vint où tout le monde se priva de choses nécessaires pour ne le point mécontenter.

Il en fut ainsi chez nous. Je n'avais plus de régisseur, je l'employais moi-même, et on a besoin de tant de choses dans une vieille maison qu'on habite toute l'année! Je ne pouvais pas l'accaparer cependant, et tout restait en souffrance. J'avais envie de lui faire des reproches quand il quittait l'ouvrage à moitié fait; mais quand il revenait, il s'y mettait avec tant de furie, que j'étais forcé de lui dire des choses tendres pour l'empêcher de se tuer.

Il gagnait de l'argent, bien qu'il n'apportât aucune âpreté dans ses exigences. Jamais il ne demanda que sa journée fût augmentée d'un centime, jamais il ne disputa avec les paysans dont la *coche* n'était pas aussi chargée que la sienne. La coche est un petit morceau de bois carré sur lequel on inscrit, au moyen d'une légère entaille, le nombre des journées de travail. On tient ce compte en partie double, et celui qui fait travailler *oublie* quelquefois de marquer un jour ou deux. Pierre Bonnin aimait mieux s'en prendre à sa mémoire qu'à ses clients. Il ne comptait guère les jours de la semaine. Il ne connaissait bien que le dimanche. Ce jour-là, il rasait avec soin sa barbe de huit jours, qui a grisonné de très-bonne heure, et il était encore très-beau avec ses cheveux argentés inégalement et rabattus sur son front. Ses sourcils épais, hérissés en buisson, laissaient percer les éclairs de son regard. Il se faisait propre et, soit chez des amis qui l'invitaient, soit chez lui où il invitait ces mêmes amis, il fêtait doucement le *pichet* jusqu'à la nuit. Ni bavard ni hâbleur, aimant à questionner plus qu'à raconter, il causait bien. Il était observateur, mais, raillant tout le monde, il ne déchirait personne ; très-incrédule en fait de religion, il laissait les autres penser *à leur mode.* Il ne s'enivrait pas ; il était gris, cela se voyait à son œil un peu éteint, à sa parole légèrement embarrassée ; mais il n'était ni querelleur ni rabâcheur, et, le lundi matin, il n'y paraissait plus. Peu démonstratif en amitié, il avait des mots qui allaient au cœur. Nulle tendresse apparente pour les siens, mais un dévouement sans bornes qui se traduisait par le travail incessant.

Sa vieille maison menaçait de lui tomber sur la tête. Il s'en fit une neuve qui aujourd'hui n'a rien de plus que les autres, mais qui, dans ce temps-là, passa pour une merveille. Elle était bien aménagée et commode : des armoires, des recoins, des rayons partout ; un petit corridor préservait du froid la chambre principale, et au-dessus de la porte d'entrée, il mit un petit panneau vitré qui fit, je m'en souviens, l'étonnement et l'admiration du pays. Personne n'était si bien logé, mais c'est qu'aussi personne n'était aussi malin.

Tout allait bien. Par malheur il y avait tout près de là un champ, que sa femme, plus positive que lui, désirait ardemment. C'était le temps de leur splendeur, la force de l'âge, l'affluence des pratiques; mais la maison bâtie et les enfants établis ou placés après avoir été pourvus d'un métier, il ne restait plus d'argent. Il céda à sa femme, il emprunta, fut pris d'une sciatique qui le tourmenta depuis lors tous les hivers, et soit un peu de désordre, soit un temps d'arrêt dans le travail, il manqua à plusieurs termes de paiement, brutalisa ses créanciers et se mit au lit, assez malade. Sur ces entrefaites, j'arrivai d'un voyage et j'appris que sa maison et son jardin étaient saisis. On allait l'exproprier. J'attendais qu'il vînt me trouver, il ne vint pas ! J'allai le voir, je l'interrogeai. Il était levé, mais il avait encore de la fièvre. Il me répondit par monosyllabes, mais sans paraître se soucier de sa situation et sans croire que ses créanciers ne lui donneraient pas du temps. N'était-il pas un honnête homme et le plus laborieux des ouvriers? Bref, il était tranquille et insouciant.

Mais les choses allaient leur train, on allait sévir quand j'envoyai vite la somme qui le dégageait.

Je le rencontrai quelques jours après. Il me parla

d'un travail que je lui avais commandé, mais, en me quittant, il me dit : A propos, vous avez payé ma dette, *c'est bien.* — Il n'ajouta même pas *merci*, et quelqu'un qui était avec moi me dit : Ces paysans ! comme ils sont ingrats ! c'est folie de les obliger. — Vous vous trompez beaucoup, répondis-je ; cet homme-ci est un débiteur tellement sûr que le service rendu par moi est à peu près nul. Il le considère comme une amabilité de ma part, rien de plus et il a raison.

Justement, quelques jours après, il m'offrit de travailler *gratis* afin de s'acquitter. Je le priai de n'y pas songer encore, et il me dit : « Vous êtes bien aimable, » et il avait encore raison. Ce n'était qu'un bon procédé. Plus tard, après s'être acquitté peu à peu, il me dit :

— Vous êtes une personne que j'aime beaucoup.

— Pourquoi ? lui dis-je. Je n'ai jamais fait grand'chose pour toi : tu ne demandes jamais rien.

— Je vous ai aimée du temps que vous étiez toute petite. Votre maman allait à la messe le dimanche, et on vous portait dans le mauvais chemin. Vous étiez princesse, vous ne vouliez pas être dans les bras de tout le monde ; mais moi, vous ne m'avez jamais refusé. Au contraire, vous veniez à moi et vous sautiez à mon cou, ma figure vous revenait. Plus tard, vous avez été terrible, vous me faisiez enrager, vous me dérangiez à tout moment ; mais quand vous me disiez :

« Mon Bonnin, je t'en prie, » je faisais vos volontés. A présent c'est vos enfants qui me dérangent et me mettent en colère ; mais, à cause de vous, je ne tape pas trop fort et je les aime aussi.

Ce moment de tendresse ne l'a jamais empêché de m'envoyer carrément promener, lorsque j'allais le voir à son atelier pour lui demander un ouvrage quand il était en train d'en faire un autre. « Otez-vous de là, me disait-il, vous êtes comme quand vous aviez quatre ans, vous m'ennuyez. » Sa vivacité était indomptable comme son besoin d'indépendance. Quand un travail ne lui plaisait pas, il le laissait, sans donner d'autre raison que celle-ci : « C'est ennuyeux. » Pourquoi tel ouvrage plutôt que tel autre ? Pourquoi aimait-il à faire des parquets et pourquoi avait-il horreur des planchers ? Il ne le savait pas, ou ne savait pas le dire. Il s'en allait, et quand on le priait de revenir, il disait : « Je ne veux pas, arrangez-vous. »

Comme il traitait tout le monde de même, il fallait bien le prendre comme il était. Il travaillait si vite et si bien quand il voulait !

Mais la sciatique devenait plus fréquente, les accès étaient plus longs, et il fallut bien appeler un homme plus jeune et moins capricieux. Bonnin y consentit, à la condition qu'il viendrait travailler *quand il voudrait et à quoi il voudrait*, et comme son remplaçant lui témoigna beaucoup de déférence, il le prit en amitié et vint sans humeur travailler à ses côtés.

Il a travaillé jusqu'à l'année dernière. Voilà que je reviens de voyage et que j'apprends qu'il ne travaille plus. Je m'informe : il est très-gêné, il a perdu son bétail, sa femme est dans le chagrin. Je vais les voir. Je le trouve, lui, dans son jardin, remuant la terre du bout d'une bêche qu'il ne peut plus pousser avec le pied. Il ne me voit pas. Je vais jusqu'à lui sans qu'il m'entende. Je lui touche l'épaule. Il se retourne et me regarde avec un sourire triste. Je lui parle, il secoue la tête. « Je n'entends plus rien, me dit-il, et je ne peux plus travailler ; me voilà fini ! » Sa femme vient ; elle est presque aveugle, mais point sourde, et encore très-active à soixante-dix-huit ans.

Elle ne me reconnaît pas ; c'est lui qui lui dit que c'est moi ; elle se met à pleurer et à me raconter d'une manière dramatique la mort de son dernier cochon. Elle se plaint de ce que le Vieux n'est plus bon à rien, elle dit qu'il faudra donc finir dans la misère après avoir tant travaillé. Comme le récit de la mort de ses bêtes menace de se prolonger indéfiniment, je l'interromps pour lui dire que j'apporte de quoi les remplacer toutes. Elle est si animée qu'elle continue son Iliade sans m'écouter. Jamais Hector de Troie ne fit verser tant de larmes que ce dernier petit pourceau qu'elle n'a pu sauver. Enfin je réussis à mettre dans son tablier l'argent que j'ai dans ma poche. Elle s'arrête toute stupéfaite et court à son vieux, assis sur une brouette renversée. Il regarde l'argent avec indifférence et puis moi, et dit à sa femme : « Je te disais bien qu'elle viendrait. C'est bête de pleurer des bêtes ! » Et puis, s'adressant à moi, il se rappelle m'avoir vue enfant et me dit : « Toi, tu as toujours été aimable pour moi, *c'est bien ;* » — et comme je m'en allais, un peu ennuyée des remercîments de la femme, il m'a dit : « Vous ne me verrez plus chez vous, c'est fini ! il faut me dire adieu. » Il m'a tendu la main, et comme il retenait la mienne, paraissant éprouver le besoin de dire encore quelque chose qui ne venait pas, j'ai réussi à lui faire entendre que s'il formait quelque souhait particulier, j'étais toujours à son service ; alors il est venu à bout de résumer cette étrange aspiration de son existence accomplie : « Je n'ai plus besoin de rien, je m'en vas sans pouvoir dire que j'ai été malheureux. J'aimais la peine. Je ne regrette que la santé... et une chose... qui ne se pouvait pas ! J'aurais voulu être soldat, devenir général — et empereur ! »

— Voilà les bêtises qui recommencent ! s'écrie la vieille ; il a toujours dit et il finira en disant toujours la même chose : il aurait voulu être empereur ! voyez-vous ça !

Je me souviens de le lui avoir entendu dire plusieurs fois quand il était gris. Il y avait donc un vertige, un tourbillon dans cette tête de paysan si solide? Une ambition démesurée avait couvé sous une grande sagesse de conduite. Était-ce l'amour de la gloire, refoulé et contenu par le sentiment de son impuissance? Quoi? qu'est-ce que c'était? C'était quelque chose assurément, quelque chose autre qu'une hallucination, qui sait? la révélation intérieure d'une puissance restée sans emploi et à laquelle lui-même n'aurait jamais su trouver un nom. Tout ce qu'il a pu manifester, c'est une énergie vitale extraordinaire, un grand amour du commandement, l'horreur de l'obéissance, une dignité de nature qui ne se pliait à aucun usage, à aucun compromis; avec cela une grande bonté de cœur et aucune des étroitesses d'esprit de son milieu. Qui peut dire ce que l'éducation eût fait de Pierre Bonnin? Il n'a laissé de tant d'heures ardemment remplies que des charpentes et des meubles d'une solidité cyclopéenne. Il n'achevait rien sans dire : « Voilà qui durera plus que moi. »

Je suis revenue triste et songeuse, par les sentiers fleuris.

Et quand je suis rentrée dans ma grande cour, où j'avais l'habitude de le voir travailler, je l'ai trouvée plus grande et comme déserte. On n'y entendra plus ce *han* formidable, ces jurons de colère, ces éclats de gaieté qui remplissaient une habitation quand le vieux Bonnin y faisait retentir son courroux ou sa joie. Était-il de mauvaise humeur? il criait aux allants et venants : « Passe vite, tu me fais bouillir le sang avec ton pas de bœuf. » Un chien levait la patte sur son bois travaillé, il lui attachait un copeau à la queue, et, en entendant les cris de la bête, on se disait : « on a manqué de respect à Pierre Bonnin. » S'il était gai il apostrophait les passants avec ironie et les accablait de ses lazzis. Il était le bruit, l'énergie et le mouvement. Tout cela est fini. Cette nature exubérante se reproduira dans d'autres hommes, mais elle s'y produira autrement, et ce qui fut ce type-là ira rejoindre le grand moule qui ne répète jamais ses épreuves.

XX

LA FORÊT DE FONTAINEBLEAU.

Voici une lettre que je reçois :

« La pétition des artistes avait obtenu auprès de M. le président de la République l'accueil le plus favorable ; néanmoins l'adjudication de la plus grande partie des lots a eu lieu au jour indiqué.

» Pour essayer d'empêcher à l'avenir d'aussi vastes mutilations, les signataires de la pétition se sont constitués en *comité de protection artistique de la forêt de Fontainebleau*, et, pour bien préciser leur but, ont voté à l'unanimité la résolution suivante :

» Que la forêt de Fontainebleau doit être assimilée
» aux monuments nationaux et historiques qu'il est in-
» dispensable de conserver à l'admiration des artistes
» et des touristes, — et que sa division actuelle en par-
» tie artistique et non artistique ne doit être acceptée
» que sous toutes réserves. »

Je ne suis pas bien au courant de ce qui s'est passé

à l'égard de la forêt de Fontainebleau, mais peu importe. Il ne s'agit pas pour moi de critiquer ce que j'ignore, il s'agit d'approuver tout effort tenté pour la conservation de ce monument naturel, très-logiquement classé par les pétitionnaires parmi les monuments nationaux. Le dépecer, le vendre, c'est l'anéantir, et je n'hésite pas à jurer que c'est là un sacrilége. Ce serait une honte de plus à ajouter aux incendies de Paris.

Triste époque en vérité que celle où, d'un côté, l'émeute détruit les archives de la civilisation, tandis que, de l'autre, l'État qui représente l'ordre et la conservation détruit ou menace les grandes œuvres du temps et de la nature. Que les unes ou les autres soient converties en ruines ou en écus, ce n'en est pas moins la destruction, et je ne sais, de ces deux vandalismes, si celui qui serait commis de sang-froid, légalement, après délibération, ne serait pas le plus stupide et le plus honteux.

Les pétitionnaires qui me demandent d'unir mes efforts aux leurs, et auxquels je donne ici une adhésion publique, invoquent avec raison le besoin des artistes et la satisfaction des touristes; mais il y a plus que cela à invoquer, car l'opinion publique est faite par une médiocrité parfaitement dédaigneuse de la petite fraction des amants attitrés de la nature. On peut, je crois, prendre la question de plus haut encore et appeler les savants à démontrer que les forêts séculaires sont un élément essentiel de notre équilibre physique, qu'elles conservent dans leurs sanctuaires des principes de vie qu'on ne neutralise pas impunément, et que tous les habitants de la France sont directement intéressés à ne pas laisser dépouiller la France de ses vastes ombrages, réservoirs d'humidité nécessaire à l'air qu'ils respirent et au sol qu'ils exploitent.

Un illustre ami, le poëte de premier ordre qui vient de nous quitter, Théophile Gautier avait des paradoxes dont il n'était pas la dupe. Il nous disait, un jour, que les plantes, étaient relativement à nous, des *suçoirs* qui absorbaient notre air respirable, et que son idéal hygiénique, à lui, était de vivre dans un jardin composé d'allées et de plates-bandes de bitume, avec de bons sièges capitonnés et des narghilés toujours allumés, en guise de parterres et de massifs.

Quelqu'un lui fit observer que si les plantes absorbaient une partie de notre alimentation aérienne, elles nous rendaient au centuple des éléments de nutrition moléculaire dont la privation nous serait mortelle. Il le savait fort bien, car il savait beaucoup, et il pouvait soutenir contre lui-même des thèses que nul n'eût mieux plaidées.

Les grands végétaux sont donc des foyers de vie

qui répandent au loin leurs bienfaits, et s'il est dangereux ou nuisible de vivre éternellement sous leur ombre directe, il est bien prouvé que supprimer leurs émanations, c'est changer d'une manière funeste les conditions atmosphériques de la vie humaine. C'est supprimer ces grands éventails qui renouvellent l'air et divisent l'électricité sur nos têtes ; c'est aussi appauvrir le sol qui est doué d'une circulation pour ainsi dire sous-cutanée.

La culture gratte, peigne, assainit cette écorce délicate. Ce sont les soins de propreté nécessaires ; mais il faut que certaines parties rocheuses ou boisées échappent à ce nivellement exagéré et conservent l'humidité qui doit féconder le sous-sol à de grandes distances. Il y a fort peu d'eau apparente dans les sables et les roches de Fontainebleau, mais le sous-sol qui a permis aux arbres d'y vivre si longtemps est à coup sûr d'une richesse extrême, et qui se communique au loin. Supprimez les arbres qui, par leur ombre, rendent au sol la fraîcheur bue par leurs racines, vous détruisez une harmonie nécessaire, essentielle, du milieu que vous habitez.

Ne rétrécissons donc pas la question. Tout le monde n'est pas capable de faire une bonne étude des chênes et des grès de Fontainebleau. Tout le monde n'a pas le goût de l'essayer, mais tout le monde a droit à la beauté de ces choses, et il y a beaucoup plus de personnes capables de la sentir que d'artistes intéressés à la traduire. Tout le monde a son grain d'intelligence et de poésie, et il ne faut pas pour cela une grande éducation de développement spécial. Tout le monde a donc droit à la beauté et à la poésie de nos forêts, de celle-là particulièrement, qui est une des belles choses du monde, et la détruire serait, dans l'ordre moral, une spoliation, un attentat vraiment sauvage à ce droit de propriété intellectuelle qui fait de celui qui n'a rien que la vue des belles choses, l'égal, quelquefois le supérieur de celui qui les possède.

La rage de la possession individuelle doit avoir certaines limites que la nature a tracées. Arrivera-t-on à prétendre que l'atmosphère doit être partagée, vendue accaparée par ceux qui auront le moyen de l'acheter? Si cela pouvait se faire, voyez-vous d'ici chaque propriétaire balayant son coin de ciel, entassant les nuages chez son voisin, ou, selon son goût, les parquant chez lui et demandant une loi qui défende à l'homme sans argent de regarder l'or du couchant ou la splendeur fantastique des nuées chassées par la tempête? J'espère que cet heureux temps ne viendra pas, mais je crois que la destruction des belles forêts est un rêve non moins monstrueux, et qu'on ne doit pas plus retirer les grands arbres du domaine public intellectuel que leurs influences salubres à l'hygiène publique. Ils sont aussi sacrés que les nuages fécondants avec lesquels ils entretiennent des communications incessantes; ils doivent être protégés et respectés, ne jamais être livrés au caprice barbare ou au besoin égoïste de l'individu. Beaux et majestueux jusque dans leur décrépitude, ils appartiennent à nos descendants comme ils ont appartenu à nos ancêtres. Ils sont les temples éternels dont l'architecture puissante et la frondaison ornementale se renouvellent sans cesse, les sanctuaires de silence et de rêverie où les générations successives ont le droit d'aller se recueillir et chercher cette notion sérieuse de la grandeur, dont tout homme a le sentiment et le besoin au fond de son être.

La forêt de Fontainebleau n'est pas seulement belle par sa végétation ; le terrain y a des mouvements d'une grâce ou d'une élégance extrêmes. Ses entassements de roches offrent à chaque pas un décor magnifique, austère ou délicieux. Mais ces ravissantes clairières, ces chaos surprenants, ces sables mélancoliques deviendraient navrants, peut-être vulgaires s'ils étaient dénudés. Les sciences naturelles aussi ont le droit de protester contre la destruction des plantes basses que ferait bientôt disparaître le dessèchement de l'atmosphère avec la chute des grands végétaux. Le botaniste et l'entomologiste sont gens sérieux qui comptent autant que les peintres et les poëtes ; mais au-dessus de toute cette élite, il y a, je le répète, le genre humain qu'il ne faut pas appauvrir de nobles jouissances, surtout au lendemain de guerres atroces qui ont souillé et détruit tant de choses sacrées dans la nature et dans la civilisation. Français, nous avons tous, ou presque tous, des enfants ou des petits-enfants que nous prenons par la main pour les promener avec l'idée, à quelque classe aisée ou malaisée que nous appartenions, de les initier au sentiment de la vie qui est en nous. Nous leur faisons regarder, là où nous nous trouvons avec eux, tout ce qu'ils doivent comprendre, un navire, un convoi de chemin de fer, un marché, une église, une rivière, une montagne, une ville. Depuis la boutique de pain d'épice où le petit prolétaire voit de petites formes barbares d'hommes et d'animaux, jusqu'aux musées où le bourgeois promène son héritier en lui expliquant comme il peut ce qu'il admire ; depuis le sillon où l'enfant du paysan ramasse une fleur ou un caillou, jusqu'aux grands parcs royaux et à nos jardins publics, où riches et pauvres peuvent s'instruire en regardant ; tout est sanctuaire d'initiation pour l'enfant ou pour l'adulte privé de développement, qui veut sortir de cette enfance trop prolongée. Je sais bien qu'il y a un prolétaire sombre ou bavard, sinistre ou passionné qui ne rêve que la lutte sociale, ne regarde rien et ne prend aucun soin d'élever son esprit au niveau du sort qu'il prétend conquérir ; mais il y a le prolétaire universel, l'enfant, c'est-à-dire l'ignorant de toutes les classes, celui qu'on peut encore former pour la vie sociale et pour les luttes mieux comprises et mieux posées de l'avenir. Celui-là, chacun de nous l'a sous la main, car c'est l'élève de son cœur, le rejeton qu'il porte dans ses bras. Il le promène, il le dégrossit, il lui explique les objets nouveaux ; si l'élève est intelligent, de bonne heure il est capable de s'intéresser à toutes les choses que l'existence lui propose de posséder par le fait ou par la pensée.

Eh bien, quand vous l'aurez conduit dans tous les centres d'où la vie sociale rayonne, ou sur tous les chemins où elle fonctionne, quand vous lui aurez appris ce que c'est que l'industrie, les sciences, les arts et la politique, il y a encore une chose dont il ne se doutera pas si vous ne la lui avez pas révélée, et cette chose c'est le respect religieux du beau dans la nature. Il y a là une source profonde de jouissance calme et durable, une immersion de l'être dans les sources mystérieuses d'où il est sorti, une notion à la fois pieuse et positive de la vie, dont vos chemins de fer, vos machines, vos navires, vos manufactures, vos théâtres et vos églises ne lui auront pas encore donné une idée nette et vraie. Il aura appris comment la vie s'emploie ou se prodigue, comment l'homme s'utilise ou se dépense ; il ne saura pas comment la vie se produit et se renouvelle, comment l'homme se sent et s'appartient. Le tumulte de l'existence sociale fait que nous agissons, la plupart du temps, sans savoir pourquoi, et que nous prenons nos passions ou nos appétits pour des besoins réels. Le recueillement est la chose qui manque le plus et dont tout nous détourne. La société est lancée à toute vapeur dans une vie artificielle de tous points, appétit ou vanité à satisfaire sous toutes les formes ; elle n'a pas d'autre but, d'autre illusion, d'autre promesse dans l'appréciation des masses.

Réagissons un peu, c'est-à-dire le plus que nous pourrons, car, hélas! ce ne sera encore qu'un peu, contre ce torrent qui emporte notre progéniture dans ses ondes troublées. Ne réduisons pas notre horizon aux limites d'un champ ou à la clôture d'un jardin potager. Ouvrons l'espace à la pensée de l'enfant ; faisons-lui boire la poésie de cette création que notre industrie tend à dénaturer complétement avec une rapidité effrayante. Eh quoi? dès à présent, le jeune homme qui sent vivement cette poésie est un être exceptionnel, car, dans la plupart des familles de nos jours, on est convaincu que contempler c'est perdre son temps, que rêver est habitude de fainéantise ou tendance à la folie. Et pourtant on est sensible à la beauté d'un paysage, et on ne voudrait pas que l'élève eût la brutalité de ne pas le voir.

Je sais cela, je le reconnais, car je ne suis pas de ceux qui font systématiquement la guerre aux bourgeois. Je n'ai jamais fait de croisade contre les épiciers. Je suis persuadé qu'on peut vendre des câpres et du girofle, et savoir que ce sont-là des plantes adorables, non-seulement parce qu'elles rapportent de l'argent, mais parce qu'elles sont gracieuses et charmantes. Je crois qu'on peut être un bon paysan et tracer un sillon irréprochable sans être sourd au chant de l'alouette et insensible au parfum de l'aubépine. Je veux même qu'il en soit ainsi. Je veux qu'on puisse être parfait notaire et poëte à ses heures en parcourant la campagne ou en traversant la Seine. Je veux que tout homme se complète et qu'on ne lui interdise aucune initiation. C'est un préjugé de croire qu'il faut savoir les délicatesse du langage, les ressources de la palette, le technique des arts pour être en soi-même un critique délicat et pour soi-même un sensitif exquis. Exprimer est une faculté acquise, mais apprécier est un besoin, par conséquent un droit universel. Que les artistes l'éclairent et le consacrent, c'est leur mission ; mais invitons tous les hommes à s'en servir pour eux-mêmes, à en avoir la jouissance et à savoir la chercher la savourer, sans se croire dispensés pour cela d'être bons épiciers, bons laboureurs ou parfaits notaires, si telle est leur vocation.

Il y a plus, une éducation exclusivement artistique n'est pas un moyen infaillible de développer dans l'homme le sentiment du beau et du vrai. Il y a là trop de discussion, trop de conventions, trop de métier ; à force d'apprendre comment il faut voir et comment il faut exprimer, il est bien possible que le disciple de tant de maîtres perde souvent le don de voir par ses yeux et de produire avec le sens qui lui est propre. La nature ne se livre pas ainsi au commandement du professeur ; essentiellement mystérieuse, elle a sa révélation particulière pour chaque individu et s'empare de lui par un procédé qu'elle ne répète pas pour un autre. Il faut la voir soi-même et l'interroger avec ses propres tentacules. Elle est éloquente pour tous, mais jamais traduisible jusqu'au fond, car elle a tous les langages, et, sous la prodigalité de ses expressions diverses, elle a un dernier mot caché qu'elle garde pour elle et que, Dieu merci, pour l'art, l'homme cherchera éternellement. Aucun peintre, aucun poëte, aucun musicien, aucun naturaliste, n'épuisera cette coupe de beauté qui toujours déborde après qu'il y a bu à longs traits. Après les plus splendides buveurs, les moindres oisillons trouveront toujours de quoi se désaltérer, et quand vous vous serez assimilé tous les artistes, tous les poëtes, tous les naturalistes, vous aurez encore tout à apprendre si vous n'avez pas vu la nature chez elle, si vous n'avez pas, en personne, interrogé le sphinx.

Quelle conquête à entreprendre pour l'homme, et je dis pour tout homme actuellement vivant ou à naître! Entrer dans la nature, chercher l'oracle de la forêt sacrée et rapporter le mot, ne fût-ce qu'un mot qui doit répandre sur toute sa vie le charme profond de la possession de son être! cela vaut bien la peine de conserver les temples d'où cette divinité bienfaisante n'a pas encore été chassée!

Car il est temps d'y songer, la nature s'en va. Sous la main du paysan les grands végétaux disparaissent, les landes perdent leurs parfums, et il faut aller loin des villes pour trouver le silence, pour respirer les émanations de la plante libre ou surprendre le secret du ruisseau qui jase et qui coule à son gré. Tout est abattis, nivellement, redressement, clôture, alignement, obstacle; si, dans ces cultures tirées au cordeau qui ont la prétention de s'appeler la campagne, vous voyez de temps en temps un massif de beaux arbres, soyez certain qu'il est entouré de murs et que c'est là une propriété particulière où vous n'avez pas le droit de faire entrer votre enfant pour qu'il sache comment est fait un tilleul ou un chêne.

Le riche a seul le droit de conserver un petit coin de la nature pour sa jouissance personnelle. Le jour où la loi agraire serait décrétée, il ne resterait plus un arbre en France. En Berry, on mutile l'orme pour nourrir les moutons, l'hiver, avec la feuille et pour chauffer le four avec les branches. Il n'y a plus que des têteaux, c'est-à-dire des monstres.

Tout le monde sait l'histoire du saule blanc en France; c'est notre plus bel arbre, celui qui atteint les plus imposantes dimensions. Il n'en reste peut-être pas trois; mais certaines régions sont couvertes de petites boules de feuillage blanchâtre ayant pour support une grosse bûche informe toute crevassée, c'est là le saule blanc, le géant de nos climats.

La plupart des grandes étendues boisées se sont resserrées. Où trouver maintenant la forêt des Ardennes? Les forêts qui subsistent sont à l'état de coupes réglées et n'ont point de beauté durable. Les besoins deviennent de plus en plus pressants, l'arbre, à peine dans son âge adulte, est abattu sans respect et sans regret. Que de colosses admirables les personnes de mon âge ont vu tomber! Il n'y en a plus, il faut inventer des charpentes en fer, on ne pourra bientôt plus trouver ni poutres, ni chevrons. Partout le combustible renchérit et devient rare. La houille est chère aussi, la nature s'épuise et l'industrie scientifique ne trouve pas le remède assez vite.

Irons-nous chercher tous nos bois de travail en Amérique? Mais la forêt vierge va vite aussi et s'épuisera à son tour. Si on n'y prend garde, l'arbre disparaîtra et la fin de la planète viendra par dessèchement sans cataclysme nécessaire, par la faute de l'homme. N'en riez pas, ceux qui ont étudié la question n'y songent pas sans épouvante.

On replantera, on replante beaucoup, je le sais, mais on s'y est pris si tard que le mal est peut-être irréparable. Encore un été comme celui de 1870 en France, et il faudra voir si l'équilibre peut se rétablir entre les exigences de la consommation et les forces productives du sol. Il y a une question qu'on n'a pas assez étudiée et qui reste très-mystérieuse : c'est que la nature se lasse quand on la détourne de son travail. Elle a ses habitudes qu'elle quitte sans retour quand on les dérange trop longtemps. Elle donne alors à ses forces un autre emploi ; elle voulait bien produire de grands végétaux, elle y était portée, elle leur donnait la sève avec largesse. Condamnée à se transformer sous d'autres influences, la terre transforme ses moyens d'action. Défrichée et engraissée, elle fleurit et fructifie à la surface, mais la grande puissance qu'elle avait pour les grandes créations elle ne l'a plus et il n'est pas sûr qu'elle la retrouve quand on la lui rede-

mandera. Le domaine de l'homme devient trop étroit
pour ses agglomérations. Il faut qu'il l'étende, il faut
que des populations émigrent et cherchent le désert.
Tout va encore par ce moyen, la planète est encore
assez vaste et assez riche pour le nombre de ses habitants ; mais il y a un grand péril en la demeure,
c'est que les appétits de l'homme sont devenus des
besoins impérieux que rien n'enchaîne, et que si ces
besoins ne s'imposent pas, dans un temps donné, une
certaine limite, il n'y aura plus de proportion entre
la demande de l'homme et la production de la planète.
Qui sait si les sociétés disparues, envahies par le désert, qui sait si notre satellite que l'on dit vide d'habitants et privé d'atmosphère, n'ont pas péri par l'imprévoyance des générations et l'épuisement des forces
trop surexcitées de la nature ambiante ?

En attendant que l'humanité s'éclaire et se ravise,
gardons nos forêts, respectons nos grands arbres, et,
s'il faut que ce soit au nom de l'art, si cette considération est encore de quelque poids par le temps de
ruralité réaliste qui court, écoutons et secondons nos
vaillants artistes ; mais nous tous, protestons aussi,
au nom de notre propre droit et forts de notre propre
valeur, contre des mesures d'abrutissement et d'insanité. Pendant que, de toutes parts, on bâtit des églises
fort laides, ne souffrons pas que les grandes cathé-

drales de la nature dont nos ancêtres eurent le sentiment profond en élevant leurs temples, soient arrachées à la vénération de nos descendants. Quand la terre sera dévastée et mutilée, nos productions et nos idées seront à l'avenant des choses pauvres et laides qui frapperont nos yeux à toute heure. Les idées rétrécies réagissent sur les sentiments qui s'appauvrissent et se faussent. L'homme a besoin de l'Éden pour horizon. Je sais bien que beaucoup disent: « Après nous la fin du monde ! » C'est le plus hideux et le plus funeste blasphème que l'homme puisse proférer. C'est la formule de sa démission d'homme, car c'est la rupture du lien qui unit les générations et qui les rend solidaires les unes des autres.

Nohant, 6 novembre.

XXI

L'AUGUSTA.

Je rendrai compte de cet ouvrage comme s'il n'était pas d'un auteur qui me tient de près, et que, en tant que personne privée, j'aime par-dessus tout. Je ne croirai pas tomber dans le péché de partialité en disant que je fais grande estime de son livre. Si les gens mal disposés pour nous, ou d'un goût différent du nôtre, me donnent tort, d'autres plus bienveillants ou plus portés à encourager certaines tentatives me donneront raison.

Moi, je suis d'avis qu'on peut, qu'on doit même, à propos d'ouvrages nouveaux, raisonner sur le roman, qui est, relativement à la grande consommation qu'en fait notre époque, un produit d'art de création récente. Jadis un roman suffisait aux plaisirs d'un ou de plusieurs siècles. Aujourd'hui on en veut presque un nouveau pour chaque jour. Sans prétendre que le roman soit d'invention nouvelle, on peut donc dire que son développement répond à des besoins nouveaux, et c'est dans ce sens qu'on peut le considérer comme un art qui appartient spécialement à nos temps modernes.

Ne faisant point ici de critique, mais faisant de la recherche et de l'examen, comme on étudie les choses de la nature sans prétendre à faire de la science, je me demande s'il y a un procédé pour faire le roman, et si chacun n'a pas le droit d'avoir le sien une fois pour toutes, ou d'en changer quand il lui plaît. Je ne vois rien d'absolu à proposer sur ce point. Tout procédé d'école me paraît une entrave. Je regarde l'art du roman comme l'art libre par excellence, libre comme la parole humaine qui permet à quiconque sait s'en servir de raconter une fiction à sa manière, si toutefois il a une fiction intéressante dans l'esprit. Alors tous les moyens sont bons et tous servent d'étude à celui qui cherche la meilleure manière; mais, quoi qu'on en puisse dire, cette meilleure manière sera toujours la manière quelconque dont se servira le plus grand esprit.

Ceci posé, on peut se plaire à voir le même auteur se servir de divers procédés. Un jour Balzac, le maître du roman français en notre siècle, prit fantaisie de publier des contes drôlatiques, et, pour ne pas les rendre trop accessibles aux esprits grossiers qui eussent fait abus du sujet, il chercha à les écrire dans le style et l'orthographe de Rabelais. De cette façon, le livre était une sorte de trésor réservé que les érudits, gens sérieux de leur nature, pouvaient seuls aborder. Du moins telle était la pensée de Balzac, avait-il tort ou raison? Le tort eût été de *manquer sa sauce*, comme il disait, ou de la faire si savante que le génie de Balzac s'y fût noyé; c'est ce que je craignais et je le lui disais. Heureusement, il ne dépendait pas de lui que cet accident lui arrivât. De telles tentatives sont sans danger pour les individualités de cette force.

Théophile Gautier, en écrivant la préface du *Capitaine Fracasse*, promit au lecteur de faire parler ses personnages comme ils eussent parlé *en leur temps*. L'auteur n'y devait point paraître, et l'ouvrage *n'aurait d'historique que la couleur du style*. Dieu merci, ces promesses ne furent point tenues. L'admirable forme de Gautier l'emporta sur toutes les prédilections archaïques; les quelques expressions anciennes qu'il y enchâssa de loin en loin y firent tache, et les passages de premier ordre qui furent les plus goûtés sont ceux où l'auteur reparut, tout comme Balzac avait reparu dans ses contes drôlatiques, en dépit d'un parti pris encore plus absolu.

C'est que ce ne sont pas seulement les mots et les

tours de la langue qui changent, ce sont les nuances d'idées qu'ils expriment. La simplicité ou la recherche du langage tiennent à une certaine forme de la civilisation, et les plus grands esprits d'une de ces époques (fût-elle littérairement supérieure aux autres) manquent pourtant de telle observation, de telle appréciation qui appartient historiquement à une autre époque. Pour qui voudrait absolument rester dans la couleur exacte et soutenue d'un âge déterminé de l'humanité, il faudrait écarter sans pitié certaines idées d'un autre âge. Il y a de ces idées d'aujourd'hui que des langages plus anciens ne peuvent pas rendre, et même sans remonter bien haut dans le passé, on mettrait difficilement dans la bouche des personnages certaines impressions qu'ils ont peut-être vaguement ressenties, mais dont ils n'ont pas cherché à se rendre compte ou qu'il n'auraient pas bien su formuler.

Avec une sincère et très-certaine modestie, l'auteur de *l'Augusta* s'est souvent préoccupé de la manière de résoudre le problème historico-littéraire que je viens d'examiner et dont nous avons souvent devisé ensemble en faisant des études de vieux langage. Un peu absorbé depuis longtemps dans des recherches d'histoire naturelle et lisant pourtant les choses littéraires à ses heures, doué d'une très-vive et féconde imagination que l'étude des objets positifs semble plutôt enflammer qu'éteindre, un de ses amusements, qu'il m'a fait souvent partager, est de s'isoler par moments du milieu actuel et de se représenter sa propre existence à une époque quelconque du passé. Il a peint cette situation de son esprit dans le roman de *Callirhoé*, où, en étudiant des vestiges de l'antiquité étrusque et romaine, un homme de notre temps s'éprend tellement de l'époque qu'ils lui retracent, qu'il croit en retrouver le souvenir et se met naïvement à raconter sa propre histoire au temps de l'invasion des Gaulois à Rome. Ce rêve s'empare tellement de lui, que ce devient une conviction et qu'il croit reconnaître dans toutes les personnes qui l'entourent des amis et des ennemis avec lesquels il a vécu jadis.

Après *Callirhoé*, Maurice Sand, tout en s'occupant incidemment d'archéologie et d'histoire, fut saisi impérieusement par la vision du moyen âge et, voulant me faire le résumé de ses lectures et de ses recherches, il se mit en riant à me raconter, à la première personne, la vie d'un chevalier du treizième siècle, comme, dans *Callirhoé*, Marc raconte la vie d'un Gaulois conquérant. Ceci m'amusa et m'intéressa tellement que je l'engageai à l'écrire. Alors, sa grande facilité de composition aidant, il fit *Raoul de la Chastre*, un roman qui ressemble tellement à une chronique traduite d'un bout à l'autre du même écrivain, qu'elle fut prise au sérieux par les descendants de certaines familles. Alexandre Dumas père m'écrivit à ce sujet, après beaucoup d'éloges pour l'auteur : « C'est un livre extraordinairement réussi ; je cherche en vain le *procédé de facture*, je ne peux pas le saisir. »

Le procédé était très-simple. L'auteur avait dépouillé absolument toute personnalité littéraire ou philosophique, pour s'identifier avec un type qui n'a plus d'analogue aujourd'hui. Il avait compris profondément ce que devait être, au temps de saint Louis et de Philippe le Hardi, un preux vu en pleine réalité historique ; comme quoi une forte et généreuse nature, lancée dans ce milieu à demi barbare, devait avoir mené la vie d'un héros et d'un bandit, d'un sensualiste effréné et d'un excellent père de famille ; comme quoi il devait croire au diable et fort peu à l'Église, avoir de temps à autre des sentiments de vrai chrétien et même des aperçus philosophiques admirables (en approchant de Roger Bacon, ce grand prophète de la science) et puis retomber dans la merveillosité enfantine de son milieu, traiter avec mépris la royauté en se faisant chef de bandes, ne point connaître le patriotisme français comme peut l'entendre la France aujourd'hui constituée, courir les aventures, faire, de son chef et à ses frais, croisades et conquêtes, enfin devenir un riche et puissant seigneur, rassasié de galanteries et gorgé de butin : au demeurant le meilleur époux du monde, loyal chevalier et grand redresseur de torts. Ces incompatibilités, effrayantes aujourd'hui, avaient alors leur raison d'être si naturelle que leur brutalité est une civilisation relative quand on se représente les autres classes de la société de cette époque, l'ouvrier synonyme d'esclave, l'artiste, le trouvère obligés de se faire valets, le paysan rendant un culte obscène à Satan pour obtenir la stérilité des femmes et n'avoir pas d'enfants à nourrir, etc., etc. La corruption de cette époque est sans voile et sans frein. La bonne humeur d'un héros qui traverse sans faiblir et sans s'étonner aucunement toutes les aventures tragiques et burlesques de ce milieu formidable, en passant par l'oubliette et la torture, sans parler de maint coup de lance ou de masse d'armes, pour arriver à être un satisfait et un heureux de son temps : voilà certes une conception hardie et dont l'exécution exigeait un souffle extraordinaire, un parti pris sans défaillance et un certain désintéressement du *qu'en dira-t-on*. Ceci est une vaillance littéraire à encourager.

Le livre a, en effet, scandalisé les personnes qui veulent que l'auteur soit responsable de tous les faits et gestes de ses personnages. Celles qui savent ce que c'est qu'un livre vrai, bien conçu et bien exécuté d'un bout à l'autre, en ont fait le plus grand cas ; et quant à celles qui veulent connaitre la vie et la couleur d'une époque déterminée, elles l'ont lu avec intérêt et profit, — moi, la première.

La figure de don Juan a beaucoup préoccupé notre génération. Un catholique sincère, M. Laverdant, esprit très-chercheur et très-original, lui aussi, a fait un *Don Juan* où se trouvent des pages d'une grande profondeur et d'une réelle beauté. On peut recommencer cent fois la légende de don Juan, à tous les points de vue ; c'est presque un mythe comme Faust qui représente la lutte de l'esprit avec la matière. Don Juan lutte ouvertement pour la matière contre l'esprit. Il est dans Rabelais, car chaque âge a eu son don Juan et son Faust, et si l'on veut bien y réfléchir, tout homme pensant a suivi, en rêve ou en réalité, une de ces deux voies. Maurice Sand a regardé l'une et l'autre dans son roman : il a vu passer Raoul, don Juan barbare dont l'instinct triomphe, et Roger Bacon, Faust, victorieux de l'enfer. Raoul est comme le corps énergique et sensuel du treizième siècle, que traverse un fugitif rayon de lumière intellectuelle, projeté sur lui par Bacon. Bacon est une de ces prodigieuses apparitions de l'éternelle vérité jetées comme des manifestations divines au milieu des ténèbres sociales.

Bacon, au treizième siècle, prédisait les conquêtes scientifiques, philosophiques et industrielles du dix-neuvième. Il ne faut plus dire que Maurice Sand a fait parler Bacon à sa fantaisie; il faut lire Bacon : c'est le succès que Maurice Sand a le plus ambitionné.

Je ne passerai pas en revue les autres ouvrages de mon fils, qui sont la suite et la conséquence de son procédé naturel : l'espace de ma causerie est limité; seulement, avant d'aborder son dernier roman publié en volume, *l'Augusta*, je parlerai du *Coq aux cheveux d'or*, un livre étrange et curieux entre tous.

Le *Coq aux cheveux d'or*, c'est le nom d'un guerrier scythe qui a pour rival un volcan ! Bizarre donnée qui n'est pourtant pas une pure fantaisie. Nous sommes ici en pleine mythologie des temps antéhistoriques, et quand on se plonge dans ces premières notions dont les vestiges épars dans la mémoire des hommes ont fourni la matière de tant de livres savants et curieux, on est littéralement ébloui de l'imagination de l'homme primitif. Que sont nos contes de fées, les récits merveilleux de l'Orient, le fantastique des Allemands et des Slaves, les rêves grotesques ou sombres du moyen âge, en face de ces traditions de l'esprit humain à son premier essor ? Tout est prodige pour lui, comme pour l'enfant qui personnifie tous les phénomènes dont il est frappé. Il y avait de quoi tenter un homme qui aime à recueillir et à conserver les choses précieuses que la vogue dédaigne. Nul meilleur herbier pour ces plantes dont le sol nouveau ne se revêtira plus, que les feuillets d'un roman. L'auteur de *Callirhoé*, fidèle à son travail de rétrospectivité, écrivit ce roman où il mit en scène des êtres tantôt moitié dieux moitié hommes, tantôt moitié hommes moitié monstres. Tous les berceaux de l'antiquité religieuse lui furent bons pour saisir et récolter ces étranges figures symboliques parmi lesquelles la race humaine se débattit en sortant de son propre berceau. Rien d'étrange et pourtant de grandiose comme certaines de ces figures ; rien de merveilleux comme leur rôle au milieu des sociétés naissantes. Le roman du *Coq aux cheveux d'or*, sous une forme rapide et colorée, met en scène le dieu Ptah, ce génie des feux souterrains que *le coq*, le guerrier sauvage, doit combattre et dompter pour lui enlever la prêtresse Hemla, sa fiancée. Après maints travaux herculéens, le coq, c'est-à-dire Némeith, enlevant son amante, est surpris dans sa fuite par le déluge. Le tableau du cataclysme qui va anéantir l'Atlantide est vraiment vaste et terrifiant, et c'est par un moyen digne d'une pareille scène que les amants y échappent. Hemla a reçu de sa mère mourante une amulette, présent de Prométhée, son aïeul, qu'elle ne doit ouvrir qu'en présence de la mort. Elle l'ouvre, il en sort un rayon de soleil qui dissipe les nuages. Les amants arrivent sur la terre scythique, où ils deviendront la souche de la race caucasienne.

Ce roman se lit comme un conte de fées, et c'est pourtant la condensation des travaux les plus sérieux des érudits. Bien peu de personnes ont le loisir ou le goût de lire ces ouvrages respectables qui exigent, pour être appréciés, des études spéciales préalables. Maurice Sand a mis à la portée de tous un récit des plus animés où, en quelques heures, on peut être initié à la fabulation multiple de nos origines historiques.

Dans *l'Augusta*, Maurice a été encore une fois, comme on dit familièrement, *empoigné* par la vision d'une époque qu'il étudiait pour son instruction personnelle. Il goûtait vivement les travaux de MM. Thierry, et, au milieu de ce qu'il y a de bon et de mauvais dans les sources où ces grands historiens ont puisé avec tant de discernement, il saisissait l'intuition de la vie au cinquième siècle de notre ère. Il était frappé de certains rapports de cette époque avec la nôtre, et, comme je craignais de le voir s'engager dans des temps trop reculés pour être bien compris dans un roman, il me répondait avec raison que l'homme du bas-empire, par sa situation, ses idées, ses goûts et son langage, était beaucoup plus rapproché de nous que celui du moyen âge. « On peut, disait-il, faire d'un Caïus Claudius Umbo, Gallo-Romain quelconque, un personnage beaucoup plus intelligible aujourd'hui que le Raoul de la Chastre du treizième siècle. L'essai me paraît plus facile. Nous avons là des auteurs féconds en détails et une langue écrite, un latin de décadence qui a sa couleur. Je vois aussi les personnages comiques, anciens types que j'ai rencontrés et comme pris aux cheveux dans mes recherches sur l'origine des séries des *masques et bouffons*. Ces empereurs d'Orient sont des beaux Léandre, ces Huns formidables ont du matamore, et Sidoine Apollinaire est le pédant de la troupe. Les femmes marquantes de cette époque sont supérieures pour l'instruction à celles d'aujourd'hui, et quant à l'époque elle-même, elle se caractérise par des luttes religieuses aboutissant au scepticisme général comme de nos jours. »

Le lendemain, il me lut la première lettre de Claudius Umbo et je lui conseillai fort de continuer. Les documents qui nous restent de cette époque sont précisément en grande partie sous forme de lettres. Il m'a paru piquant de voir un roman, pris si loin dans le temps passé, revêtir sans aucune gêne cette forme épistolaire qui oblige les personnages à parler eux-mêmes, sans aucune interprétation philosophique dictée par le narrateur. C'est une très-bonne étude de latinité spéciale, et le rôle d'Eugenius Creticus est un remarquable spécimen de cette littérature à la fois chrétienne et païenne qui a eu son droit de cité comme une autre. Les coutumes, les mœurs et les situations matérielles sont décrites et choisies sans que l'on sente nulle part l'étalage d'érudition, le *fait exprès* de l'auteur. La vie vraie coule à pleins bords à travers ce livre. Écrit et publié dans *la Liberté* de M. de Girardin, à la veille de l'invasion, il a une couleur de douloureuse prophétie et semble signaler les causes prochaines de nos désastres. Pourtant ces désastres n'étaient pas plus prévus à Nohant qu'à Paris ; mais en pénétrant dans la peinture d'une grande dissolution sociale de la race latine, la vision du narrateur devait forcément faire apparaître la nouvelle crise.

Comme les autres romans de Maurice Sand, *l'Augusta* marche rapidement à travers les aventures, les combats, les revers, les passions et les entreprises. J'ai toujours eu pour opinion que, dans un sens ou dans l'autre, événements ou sentiments, un roman devait être avant tout romanesque. Dans sa manière d'envisager le roman de chronique, Maurice rejette avec raison le sentiment idéalisé. Il ne veut avoir ni opinion ni doctrine à faire entrer de force dans la tête de ses personnages. Pour lui, ils ne sont pas des êtres d'exception, ils personnifient des fractions étendues de la race à laquelle ils appartiennent. Ils sont famille, tribu, espèce, comme dans les classifications qui lui servent à étudier la nature; car on l'a senti, de nos jours, Edgar Quinet l'a démontré excellemment, l'histoire de l'homme ne suit pas d'autres lois de développement que celles qui président au développement de la planète.

Mais si Maurice Sand fait abstraction des particularités trop accusées de l'individu, s'il ne cherche pas à lui infuser l'idéal romanesque, il trouve de reste, dans le milieu si bien étudié où il le place, l'intérêt romanesque de la situation et de l'action. Si presque tous ses romans sont de consciencieux essais d'histoire sociale, tous sont ce qu'on appelle *amusants* au premier chef, même pour les lecteurs qui ne pénètrent pas le sérieux de son effort et de son but. C'est un esprit bien portant et bien nourri, par conséquent jamais ennuyé ni découragé devant son sujet, jamais tourmenté de l'accueil qu'on lui fera, et n'écrivant que sous le coup d'une obsession d'esprit bien tenace. Il faut, dit-il, que cela me vienne en rêvant et me force à le déblayer; il faut que je me sente entouré de revenants qui me parlent et remuent autour de moi; sans cela je n'ai nulle envie d'écrire.

Il y a pourtant de vrais éclats de génie naturel et de

poésie spontanée dans ces chauds récits où la peinture à grands traits domine l'analyse raffinée. Ils sont rapides, ces moments de réflexion des personnages, mais ils portent à fond. J'ai été très-frappé du récit que Claudius Umbo, échappant à des ravisseurs qui l'ont emmené au loin, fait de sa course à travers des pays inconnus, au milieu du débordement des barbares. Dans le cours pressé de ses vicissitudes, il rencontre l'hospitalité d'un chariot. Une femme de la tribu des Acatzires, qui a perdu son père, ses frères et son mari dans la mêlée, l'accueille, l'aime naïvement et devient sa compagne en accomplissant le rite d'invoquer la lune. Ils voyagent, c'est-à-dire qu'ils fuient ensemble à travers « un pays dévasté, sans ressources, sans
» habitants, des bourgades en ruines, des amas de
» décombres, des bois, des marécages, des plaines
» couvertes d'ossements humains blanchis par le so-
» leil et la pluie, restes des massacres qui ont dépeuplé
» ces malheureuses contrées. » Des bandes d'affamés et de désespérés passent comme des vautours sur ces terres abandonnées, tuant et dévorant ce qu'ils trouvent. Une de ces bandes rencontre le chariot où Kolotza vient de mourir de cette peste qui accompagne les grandes invasions. Au moment où Claudius se dispose à l'ensevelir, la bande s'empare de lui, délie ses bœufs de trait pour les manger, pille le chariot, le brise et

jette le cadavre aux loups, qui accourent aussitôt que les bandits s'éloignent. Claudius blessé, attaché au timon redressé du char, revient à lui « par un clair de » lune si brillant qu'il croit voir la terre couverte de » neige. » Il rompt ses liens, rassemble « les tristes » restes de ce qui fut Kolotza », et les ensevelit comme il peut sous une pierre :

« Te dire, Marius, dans quelle contrée de la Ger-
» manie se trouve cette tombe, je ne le saurais. Ma
» vie est devenue un rêve et certaines parties de ce
» rêve sinistre sont comme noyées dans l'écroulement
» d'un monde. »

Un peu plus loin je trouve un tableau largement tracé du côté tragique de l'époque ; c'est un ermite qui a accueilli le fugitif mourant de faim et qui l'exhorte en vain à se faire égoïste : « Ne vois-tu pas, mon fils,
» que le temps où nous vivons est la fin du monde ?
» Tout s'en va à la fois, les vieux et superbes empires
» s'écroulent et les nations civilisées ne possèdent
» plus la terre. Elle est ravagée par des hommes
» nouveaux qui, eux-mêmes, vont disparaître, car ils
» n'ont pas compris l'Évangile et leurs forfaits épou-
» vantent le ciel... Il est impossible que tu puisses
» trouver, dans ces temps de désolation, le moindre
» bonheur ou seulement le moindre repos sur la terre.
» Tout est remis en question, la propriété n'est plus

» qu'un vain mot, la famille est un enfer, l'amour un
» trafic. La guerre est partout, et pour vivre en paix il
» faut se faire une vie de troglodyte au fond des bois
» et dans le creux des roches. »

La figure d'Attila est tracée de main de peintre. On la voit, on l'aime presque, tant elle est vivante et humaine. Mais j'en ai dit assez, et je demande pardon au lecteur d'avoir parlé de mon fils sans excès de modestie. Il me paraîtrait pourtant fort injuste que l'affection m'interdît d'être juste envers lui.

XXII

ENTRE DEUX NUAGES.

Nohant, 3 décembre 72.

Durant cette quinzaine politique, les esprits ont été remplis de nuages et de tempêtes. Ils se sont mis à l'unisson de l'atmosphère qui influe plus qu'on ne pense sur le caractère et sur les idées de l'homme.

Au milieu du déluge qui nous claquemure à la campagne, il y a des jours printaniers d'un charme extraordinaire. Le 21 novembre et le 1er décembre particulièrement ont été chez nous de véritables fêtes de la nature. Le 1er décembre, c'était avant-hier, j'ai véritablement vécu sans me souvenir de mon âge et de mes sabots. J'ai marché avec autant de plaisir et d'entrain que j'eusse pu le faire, il y a une soixantaine d'années. Cela n'intéresse que mes enfants et mes amis, je le sais bien, mais si j'écris cette promenade, c'est pour les amants de la nature, comme on disait en mon jeune temps, et toujours avec mon petit espoir et mon grand désir de rappeler un peu à elle les esprits trop vivement préoccupés des choses positives.

Ce n'est point qu'il faille les oublier et donner sa démission d'être social. Il ne faut que s'en distraire quand l'occasion s'en présente, et la belle occasion qu'une invitation faite par le ciel rose et la terre verdoyante! Maladroit qui, pouvant s'y rendre, la laisse échapper ou la dédaigne.

A midi, mon fils m'appelle : « La carriole est attelée, les enfants y sont déjà et crient après toi. — Il fait donc beau pour tout de bon? — Eh oui, ne le vois-tu pas? — Je lisais la séance. — Nous la lirons en route. Viens vite, les beaux jours sont rares et les belles heures courtes! »

Le temps de prendre *Jeannette*, une serpette, une *pelle-à-main*, et me voilà prête. Vous savez bien tous ce que c'est que *Jeannette*? Non? Si je vous dis que c'est *la boîte de Dillénius*, cela vous paraîtra bien pédant. Je pense comme vous d'avance et j'aime bien mieux ce bon petit nom champêtre que les amateurs de botanique sans prétention ont donné à la boîte de fer-blanc peinte en vert qu'ils passent à une courroie et qu'ils portent sous le bras, pour rapporter de la promenade les plantes de quelque intérêt sans qu'elles soient flétries.

Aujourd'hui, toutes les fleurs seront amusantes, car elles sont rares, et d'ailleurs nous changeons de terrain, nous quittons le calcaire pour entrer dans le granitique, et la flore que nous allons trouver là nous offrira beaucoup de sujets que nous ne voyons pas dans le rayon des courtes promenades.

D'abord il faut s'installer dans la voiture avec l'outillage. Le mien est bien modeste et tient peu de place, il est tout sur moi. Celui de mon fils est plus considérable; c'est d'abord un *troubleau*, sorte de sac en forte toile, monté sur un cercle de fer et armé d'un manche très-résistant, car cet instrument fait un rude travail. Il est destiné à *faucher* l'épais et rude tapis des fougères et des bruyères. Si je souligne faucher, c'est parce qu'il ne fauche qu'en apparence et ne détruit ni ne blesse aucune plante. Il se promène avec énergie, de droite et de gauche, comme ferait une faux dans les foins; mais, dans une main habile, il n'offense point la végétation, car il a à recueillir intacts les petits êtres délicats et intéressants qui l'habitent. Ces êtres, qui nuisent aux arbres des forêts, sont tout profit pour le naturaliste qui récolte des milliers de jeunes chenilles, lesquelles seront emportées dans les toutes petites Jeannettes qui garnissent les poches de l'entomologiste, et iront passer l'hiver dans de grandes boîtes garnies de toile métallique, approvisionnées chaque jour de la nourriture qui leur convient. Parmi ces chenilles ainsi récoltées, beaucoup sont sans intérêt peut-être, on le saura quand elles auront plusieurs fois changé de peau ; quelques-unes auront du prix, à coup sûr, car la science est encore loin de connaître toutes les larves des lépidoptères catalogués : elle ne sait presque rien de leurs différents états, et c'est par suite de cette absence de renseignements qu'elle prend souvent des variétés pour des espèces et des espèces pour des variétés. La chenille si méprisée par ceux qui ne connaissent pas son rôle dans la nature est pourtant, dans la mystérieuse existence de l'insecte, l'être véritable qui détermine l'espèce. Il est déjà virtuellement mâle ou femelle, et c'est en lui que la prévoyance est le plus développée. Il ne connaît pas l'amour, il le prépare pour une autre existence. Après avoir choisi avec un invariable discernement la nourriture qui doit l'amener à son développement et à sa dernière *livrée,* vêtement lisse, épineux ou velu, de telle ou telle couleur, il file ou tisse le cocon où il doit s'enfermer pour sa métamorphose en chrysalide ou bien le filet auquel il doit la suspendre ; certaines espèces, très-nombreuses, choisissent la terre fine, humide ou sèche qui convient à l'enfouissement de la momie toute nue.

Il y en a partout, dans les racines de tous les arbres,

dans les feuilles roulées ou dans les tiges de toutes les plantes, dans les nervures des feuilles, dans l'intérieur des branches, dans la capsule des graines, dans la poussière des arbres morts, dans la glume des graminées, dans les vases des étangs, dans la moelle des roseaux; partout enfin où il y a élément de végétation, une végétation animale installe son avenir et attend son heure.

Outre le troubleau qui doit recueillir les chenilles, une large manne placée sur la voiture doit rapporter toute une petite prairie des plantes destinées à les nourrir pendant l'hiver, et que notre calcaire ne produit pas; on les emporte en motte et on les plante autour de l'habitation d'hiver des chenilles. Elles ne vivront pas chez nous, mais elles resteront fraîches assez longtemps pour qu'on puisse y couper à mesure l'alimentation de ce peuple très-vorace. Ces plantes sont principalement le genêt pileux, assez rare dans nos environs. Il est très-joli, très-lisse en apparence; mais ses petites feuilles, ses tiges et ses calices sont couverts d'un duvet blanc soyeux très-riche à la loupe; ses grappes mignonnes sont encore fleuries cette douce année, au 1er décembre.

Et puis, nous devons rapporter quatre espèces de bruyères, la callune vulgaire, la bruyère cendrée, la bruyère à balais, et la quaternée qui est, à mon gré, la plus jolie. Nous n'avons pas trouvé là la plus belle de toutes, la vagabonde. J'ai peut-être mal cherché.

Mais ce n'est point là tout notre chargement : nos petites filles ne veulent pas priver *leurs enfants* d'une si belle promenade. Il faut trouver place pour leurs poupées, avec manteaux, manchons, ombrelles et accessoires. Aurore a en outre sa couffe de sparterie pour rapporter des objets d'histoire naturelle à son usage, cailloux roulés bien ronds et bien roses, touffes de mousses microscopiques pour faire des jardins et des forêts sur une assiette, cupules de glands desséchés et galles des feuilles de chêne où elle ne trouve plus les petits cynips qui les ont produites au printemps, qui s'y sont métamorphosés en mouches, et qui, à la fin de l'été, ont percé leur boule pour s'envoler ; enfin il faut songer que les petites auront faim et soif dans deux heures, et la Jeannette au goûter prend la place d'honneur au milieu des autres.

L'air est suave, le soleil est chaud, nos chevaux vont vite ; les jeunes blés couvrent les terres d'un tapis déjà épais, mais à travers lequel on aperçoit encore le sol rougeâtre. Grâce aux reflets du soleil bas qui, en cette saison, caresse de plus près, c'est un revêtement de velours riche sur la plaine toujours mollement ondulée de notre vallée noire. Une légère vapeur argente les lointains. Dans les creux inondés, chaque sillon est un miroir ardent. Des volées de corbeaux, recevant le point lumineux sur leur plumage lisse, brillent aussi au soleil comme des escarboucles. Des pies affairées fouillent brusquement les mottes de terre mouillées, et se disent avec aigreur des choses malséantes à propos d'un fétu. Chacun pour soi, c'est le mot des partis.

Vous voyez que je lis mon journal à travers tout cela. Ces disputes parlementaires, c'est le vent et la pluie d'hier et de demain. La lutte, vue de loin et en gros, se résume en deux idées dominantes qui se prennent aux cheveux.

Quelles que soient les nuances, deux opinions se partagent la représentation nationale du moment. L'une affirme que l'homme doit se soumettre à un principe d'autorité placé en dehors de l'homme; — l'autre, que l'homme doit tirer son autorité de lui-même. La raison et la vérité sont de ce côté-là, et la vraie religion aussi. Dieu n'a pas fait entrer dans son plan universel le caprice personnel de la répression. S'il n'exerce dans aucune occasion une autorité contraire aux lois qu'il a établies, il n'a chargé aucun de ces êtres microscopiques qui s'intitulent le genre humain de sévir à sa place. Il est fort étrange d'en voir une fraction prétendre au droit de commander en son nom. Sont-ils donc un peu dieux eux-mêmes? Tiennent-ils au moins de la nature des anges pour s'imposer à notre respect? Je ne vois point cela et personne ne le voit. Ces saints personnages ont trop de haine, de violence et surtout d'ingratitude pour nous convaincre que l'idéal serait d'être commandé et fouaillé par eux.

Les autres manquent encore d'union et de discipline suffisante, bien qu'ils aient fait de notables progrès, d'ailleurs; ils ne représentent pas en assez grand nombre l'aspiration et la décision de la France actuelle; mais leur faible majorité répond à une majorité immense qui se manifestera mieux une autre fois, soyons-en sûrs, à moins qu'une conspiration ne bouleverse encore nos destinées. Au centre de ces bourrasques, je vois poindre un rayon de lumière. Je ne veux pas comparer M. Thiers au soleil, mais il n'en est pas moins revêtu à mes yeux d'une clarté toute nouvelle dans l'histoire et qui doit servir d'étincelle à un nouveau courant d'électricité patriotique. Voici enfin un homme qui met l'amour du pays et la probité politique au-dessus de tout, au-dessus de lui-même, de ses propres sympathies, de ses propres croyances, peut-être de ses propres illusions, faisant abstraction de tout pour respecter la liberté humaine autant qu'il est possible dans ces temps de malheur où la nécessité semble y mettre de si cruelles entraves. Tandis que la passion monarchique crie au monde scandalisé : « Dieu veut que tout ceci soit accompli à notre profit ; » tandis que la voix républicaine murmure avec plus de raison : « Hors la liberté de conscience, point de salut, » un vieillard se lève et dit : « Vous ici, ajournez vos espérances ; vous là-bas, renoncez à vos ambitions. Me voilà tout seul et désarmé entre vous. Brisez-moi, broyez-moi, vous ne me ferez pas dévier de ce que je crois être le salut de la France. »

Que cet homme puisse se tromper dans des questions de détail plus ou moins importantes, je n'ai pas à m'en préoccuper en ce moment suprême. Je vois une grande chose, un souverain de circonstance, qui est tout seul de son parti, c'est-à-dire qui représente l'absence absolue de parti pris, et qui, à cause de cela précisément, est aujourd'hui l'esprit de la France; fétiche pour les uns, idéal de désintéressement intellectuel pour les autres. Puissance de la droiture, nous ne sommes donc pas perdus, puisque tu brilles au-dessus de nos conflits multiples, puisque tu t'imposes en ne tenant compte d'aucun de nous, à force de tenir compte de tous ! Cela ne s'était point encore vu, et, pour produire un tel fait, il fallait une situation sans précédents comme celle où nous sommes arrivés.

Donc, ce matin, la brise est pour nous à l'espérance et nous arrivons au bord de l'étang, qui est pour nous le but de notre course de deux heures. A notre approche, une volée d'oiseaux aquatiques s'est enlevée et tourne éperdue à travers champs, pour revenir se cacher dans les roseaux. Nous les regardons sans pouvoir les définir. Sont-ils oies ou canards sauvages, hérons ou cigognes? Ils sont noirs en dessus, blancs en dessous, ils ne font entendre aucun cri qui révèle leur nationalité. D'ailleurs, nos petites ne nous laissent pas le temps de les observer. L'étang, grossi par les pluies, se déverse en torrent dans les prairies situées au-dessous de son niveau actuel. En été, il n'a pas cette richesse, et voici une de ces grâces de l'arrière-saison dont les enfants sont ravis et dont il faut tenir compte. L'eau est vive et limpide, elle sort bouillonnante et tournoyante de son chenal étroit et saute au hasard dans les prés, en franchissant les roches de granit où fleurissent encore quelques brins de serpolet au milieu des mousses fraîches et veloutées. Cette eau est charmante, elle forme des cascatelles qui ont leur bruit et leur écume. L'endroit est insignifiant dans la belle saison, le pays affreusement sec; aujourd'hui il a une beauté inouïe. L'hiver est agréable aux champs, quoi qu'on en puisse dire ; il a ses acquisitions et ses parures.

On a beaucoup défriché ces terres depuis quelques années. Elles n'ont plus qu'en quelques parties le caractère de solitude qu'elles avaient autrefois. Pourtant c'est encore un désert : peu d'habitations, une population disséminée, invisible, des collines basses qui se relèvent insensiblement sous une légère toison d'herbe maigre, charmante en ce moment-ci avec ses tons roux et doux qui émoussent tous les contours ; un silence profond y règne. Nous entrons dans les bois, la voiture nous suit au pas. En dépit de la saison diluvienne, les chemins de sable et de gravier sont secs et unis. Leurs marges sont encore parées de touffes de germandrée au feuillage *chagriné*; quelques épis de ces fleurs encore pures, quelques rameaux de bruyères pourprées, de temps en temps une belle scabieuse d'un rose violacé, bien épanouie, et montrant avec une ambition, peut-être déplacée en décembre, ses capitules en boutons, tous les ajoncs en train de fleurir, ceux-ci fleuriront tout l'hiver ; de délicates guirlandes de milleperluis rampant, traçant des arabesques sur le sable, des entrelacements de violettes canines, encore bien feuillées, de grandes feuilles de pulmonaire tachetées de blanc, des massifs de jeunes pins tranchant sur le bronze florentin de la feuillée flétrie des chênes, voilà tout le spectacle; mais la brune automnale dorée par le soleil jette sur tout l'ensemble une harmonie enchantée. Par moments les longues avenues font l'illusion d'un printemps qui s'éveille et frissonne au bout des branches.

Mon fils fauche avec dextérité pendant que ses filles, assises sur des souches de chênes coupés, où j'ai étendu mon manteau, déjeunent gaiement. Sylvain nous suit toujours avec la voiture, tantôt essuyant avec des feuilles sèches ses chevaux fumants, tantôt arrachant les plantes qui doivent remplir la manne. Ce n'est pas un mince chargement avec la terre des mottes. Je ne sais pas si les chevaux comprennent ce dont il s'agit. Ils regardent et suivent d'eux-mêmes en reniflant d'un air aimable.

Sylvain est avec nous depuis 1845. Il est un peu plus notre maître que notre domestique, mais quand les petites sont de la partie, il est toujours de bonne humeur, il les aime follement et elles le lui rendent.

Après le goûter, on avance dans le bois. Le petit monde trotte à ravir et ramasse mille objets dont il connaît la destination fantastique. Impossible de comprendre pourquoi les poches se remplissent de pierres et de branches mortes qu'on voit reparaître le lendemain et qui figurent dans les jeux, comme si ces pierres et ces broussailles apportées de la promenade avaient une valeur ou une signification particulière. Les loups ne se montrent pas, bien que nous cherchions leur piste. Il paraît qu'ils ne sortent des fourrés que les jours de brume épaisse. J'aperçois mon fils occupé à coudre. Quelle singulière idée! Le troubleau avait un trou par lequel se sauvaient lestement les chenilles capturées. Il a son attirail complet, il fait une reprise et se remet en chasse tout en sueur. Je ne sais pas comment il soutient durant trois heures cette gymnastique. Enfin le soleil baisse tellement qu'il nous aveugle. Il est rouge dans un ciel étincelant. Nous repartons avec cent kilos de mottes, deux ou trois cents chenilles et quelques fleurettes. A peine en voiture, les petites filles s'étendent sur leur banquette, on les enveloppe, et, tenant leurs poupées dans leurs bras, elles ne font qu'un somme jusqu'au gîte. Mais quel appétit à dîner et quel bal le soir jusqu'à neuf heures!

Voilà comment nous avons fêté le 1ᵉʳ décembre et la fin d'une crise qui ne fait que commencer! Serons-nous gais dans trois jours? La vie coule ainsi entre deux rives menaçantes et quand on a savouré un jour de repos, de soleil et d'espérance, on se dit que c'est toujours cela de pris. N'est-ce pas l'image de la situation générale?

Prenons-les, ces jours de grâce et de merci ; c'est Dieu qui nous les donne puisqu'il nous a donné une âme pour en apprécier la beauté et un corps pour en apprécier la bénigne influence. Il y a eu aussi de belles nuits où le ciel semblait donner le spectacle d'une féerie. Avez-vous vu, à Paris, dans la nuit du 27 au 28 novembre, la pluie d'*étoiles filantes* ? Ici, il s'est fait, dans le ciel nuageux, des éclaircies qui m'ont permis de compter sur la seule constellation d'Orion vingt-huit chutes en deux minutes ; un peu plus tard, tout le ciel ayant été balayé par un coup de vent, il est devenu impossible de les compter et de les voir toutes. En quelque endroit que les yeux fussent attirés, c'était une danse de lampes s'allumant et s'éteignant sans interruption au bout de leurs cordons lumineux. Cela ressemblait à une fête céleste où, en guise de fleurs, on semait des astres sur le passage de quelque invisible déité. Nous avons dû, dans la soirée, rassurer nos domestiques qui étaient très-effrayés.

Mais il n'est point de fête sans lendemain. Nous apprenons que, sur tous les rivages, cette nature, si belle à voir dans nos vallées tranquilles, est inclémente et brutale. Les fleuves débordent et la mer se soulève. L'homme, quelque philosophe ou résigné qu'il soit, n'a jamais sujet d'être content sur la terre, et l'on comprend bien qu'il ait toujours aspiré à trouver un refuge dans quelque paradis arrangé à sa guise. Il eût été logique de lui dire : « Espère, tu souffriras moins. » Mais on lui a dit : « Souffre toujours et n'espère rien en ce monde. » Et l'homme ignorant a donné sa démission, tandis que les habiles de la doctrine régnaient sans contrôle et satisfaisaient leur passion de commander à ce monde méprisable. Les voici qui, après avoir compté leur troupeau dans les pèlerinages, organisent le *combat*, et jettent le gant à la France de Voltaire et de Rousseau ; mais ce gant, personne ne le ramassera, il est usé, il n'est plus à l'usage des vivants d'aujourd'hui, il appartient au squelette du passé. Il y a des doctrines mortes qu'on ne discute plus. Ce qu'il faut défendre, c'est le droit divin que toute conscience droite a conquis de s'appartenir et de repousser l'autorité qui s'impose par un sacrilége, le plus audacieux, le plus coupable que l'homme puisse commettre, l'usurpation du pouvoir au nom de la divinité. Les loups sont plus innocents. Ils mangent les moutons parce qu'ils ont faim, comme les colimaçons mangent les fleurs. Ni les uns ni les autres ne prétendent qu'un des leurs a été choisi par le ciel pour satisfaire son appétit de combat et de domination sur les autres. Faudra-t-il donc oublier la race humaine et aller vivre avec les animaux des forêts et des champs?

Non ; mais remarquons que la nature a horreur du faux, et n'oublions pas que l'homme fait partie de la nature. Il prétend y occuper la première place. Qu'il se nourrisse de mensonge, il tomberait à la dernière.

FIN.

TABLE

		Pages
I.	A Charles Edmond...	1
II.	....	1
III.	....	37
IV.	Réponse à un ami...	53
V.	Delacroix...	72
VI.	A Charles Edmond...	91
VII.	Réponse à une amie...	107
VIII.	....	126
IX.	....	145
X.	A Rollinat, journal...	162
XI.	Les Idées d'un maître d'école...	179
XII.	....	194
XIII.	....	213
XIV.	A Charles Edmond...	231
XV.	La Révolution pour l'idéal...	244
XVI.	L'homme et la femme...	258

	Pages
XVII. Le Père Hyacinthe............................	272
XVIII. Un livre curieux...............................	279
XIX. Pierre Bonnin. A M. Ivan Tourguéneff.........	297
XX. La Forêt de Fontainebleau....................	315
XXI. L'Augusta.....................................	331
XXII. Entre deux nuages............................	348

CLICHY. — Imp. PAUL DUPONT, 12, rue du Bac-d'Asnières.

www.ingramcontent.com/pod-product-compliance
Lightning Source LLC
Chambersburg PA
CBHW050545170426
43201CB00011B/1576